装备采购成本
控制理论与实践

马惠军　主编

中国财经出版传媒集团

经济科学出版社
Economic Science Press

图书在版编目（CIP）数据

装备采购成本控制理论与实践/马惠军主编 . —北京：经济
科学出版社，2018.9
ISBN 978 - 7 - 5141 - 9746 - 4

Ⅰ. ①装… Ⅱ. ①马… Ⅲ. ①武器装备 - 采购成本 - 成本
控制 - 研究 - 中国 Ⅳ. ①E243

中国版本图书馆 CIP 数据核字（2018）第 213589 号

责任编辑：王 洁
责任校对：蒋子明
责任印制：王世伟

装备采购成本控制理论与实践
马惠军 主编
经济科学出版社出版、发行 新华书店经销
社址：北京市海淀区阜成路甲 28 号 邮编：100142
总编部电话：010 - 88191217 发行部电话：010 - 88191522
网址：www. esp. com. cn
电子邮件：esp@ esp. com. cn
天猫网店：经济科学出版社旗舰店
网址：http: //jjkxcbs. tmall. com
北京季蜂印刷有限公司印装
710 × 1000 16 开 18.75 印张 340000 字
2018 年 9 月第 1 版 2018 年 9 月第 1 次印刷
ISBN 978 - 7 - 5141 - 9746 - 4 定价：60.00 元
（图书出现印装问题，本社负责调换。电话：010 - 88191510）
（版权所有 侵权必究 打击盗版 举报热线：010 - 88191661
QQ：2242791300 营销中心电话：010 - 88191537
电子邮箱：dbts@ esp. com. cn）

PREFACE 前言

  武器装备作为战争的物质基础，是构成军队战斗力生成模式的基本要素之一，对战争的胜负起着至关重要的作用。武器装备是一种特殊商品，其使用价值必须从生产领域转入消费领域才能体现出来，而武器装备采购是连接装备生产和装备消费的重要环节。

  武器装备采购是军事采购的组成部分，其采购活动必须受到军事采购法规的约束。改革开放以来，我国的经济运行方式发生了深刻变化，已由原来的计划经济转变为社会主义市场经济，装备采购市场的经济特性也逐渐显现，市场机制的作用愈加明显。当今时代，人们既要面对战争的威胁，又要应对经济全球化的挑战，"黄油与大炮"的矛盾将长期存在，其根本原因在于：人们从事生产的资源是有限的，而人们的需求是无限的。武器装备采购经费是国家财政经费的一部分，其开支是对国家经济建设资源的分割。在装备采购经费一定的情况下，加强成本控制是提高装备采购效益的必然要求，这就需要运用相关理论工具分析如何合理使用采购经费实现军事效益最大化。

  信息化条件下的武器装备采购是一项复杂系统工程，具有技术要求高、研制周期长、不确定因素多等特点。随着社会主义市场经济改革的不断深入，装备采购市场活力不断增强，装备采购效益不断提升，但也产生了信息不对称、垄断等现象，市场失灵和政府失灵的问题兼而有之，影响了装备采购成本控制效果，武器装备采购"拖、涨、降"现象普遍存在。从国防建设的实际来看，随着技术的发展，装备性能越来越先进、结构越来越复杂、使用维修技术要求越来越高、装备发展投入越来越大。在现有的国情军情条件下，加强成本监控机制建设，从粗放式管理向精细化、集约化管理转变就成为装备经济研究

1

领域急需解决的问题。

装备的发展需要理论指导。目前我军装备发展正处在一个重要时期，特别是信息技术的广泛应用，引发了世界军事领域一场新的军事变革，形成了以信息化为主要标志的竞争态势。面对有限的国防资源，各发达国家在普遍重视发展高技术装备的同时，从"经济可承受性"角度加强对装备采购经费控制问题进行研究，形成了系统的装备成本控制理论，并用来指导装备采购实践。装备采购成本控制理论研究在我国还处于发展阶段，既存在机遇，也面临挑战。随着社会主义市场经济的发展，我国装备采购制度改革不断深入，装备采购成本控制研究进入了一个新的时期，涌现了一批比较全面、系统、有一定深度的研究成果。与此同时，我们也必须看到，当前我军装备发展、使用、管理与保障的内在机制和外部环境，已经或正在发生重大变化，装备建设面临许多前所未有的新情况、新问题，只有通过深化装备成本控制理论研究探索解决之道。

习近平主席在党的十九大报告中指出，"全面推进军事理论现代化"，装备成本控制理论是军事理论的重要组成部分，加强装备成本控制理论研究是新时代赋予我们的历史责任。在新的历史时期，军队承担拓展国家安全战略和军事战略视野，立足打赢信息化条件下局部战争，建设世界一流军队职能使命，也承担着有效应对多种安全威胁、完成多样化军事任务的重任。中国是一个发展中大国，经费有限，装备需求的无限性和装备供给的有限性之间的矛盾将长期存在，装备成本控制理论研究环境和条件变化从未像今天这样巨大，装备成本控制理论研究应当并且能够大有可为。在这样的背景条件下，本专著借助现代成本控制理论和西方经济学相关的理论工具，以课题研究成果为基础，结合大型装备研制活动特点，梳理构建装备采购成本控制理论体系，以专题的形式研究并提出控制装备采购成本的对策与启示。本书共分为四个部分：绪论，装备采购成本控制理论基础，外军装备采购成本控制实践，我军装备采购成本控制实践与对策。

本书由陆军勤务学院国防经济系马惠军教授编著，黄飞、于会宾、谢超、鹿庚、张星昊、余昌仁、张琼等同志参与了相关课题的研究工作，在此一并感谢。本专著的出版对构建具有我军特色、体现时代要求的装备理论具有基础作用，可以作为院校相关专业研究生及培训班的专业教材和参考用书。希望本书的出版，能积极推动装备经济理论研究和实践应用的深入，满足装备经济管理人才培养需要。由于作者水平有限，其中的不足之处恳请广大读者斧正。

编著者

2018 年 6 月

CONTENTS 目 录

绪　　论

一、研究背景与意义

（一）研究背景

步入 21 世纪以来，我国综合国力不断加强，国际地位稳步提升。然而，世界某些发达国家始终将中国的崛起视为隐形威胁，不断挑起事端，影响并威胁着我国安全稳定发展和利益拓展战略的实施，当前我国正处于多种安全威胁相互交织的态势中。因此，大力加强国防和军队建设，提升部队战斗力，建设与我国国际地位相称、与国家安全和发展利益相适应的巩固国防和强大军队，是切实维护国家安全稳定和核心利益拓展的重要保证。

大型装备的发展是推进我军现代化建设的重要抓手，是战斗力提升的重要基础，是实现新形势下强军目标的重要要素。2014 年，习近平主席在全军装备工作会议上强调，"当前和今后一段时期是我军装备建设的战略机遇期，也是实现跨越式发展的关键时期，必须牢牢把握新形势下的强军目标，加快建立符合使命要求的装备体系。"落实习近平主席指示精神，实现自主创新和自主研制，突破当前我军大型装备研制中的技术瓶颈，实现我军装备建设的跨越式发展，必须不断加大对大型装备研制活动的投入力度。大型装备研制活动是国家科技实力和工业实力的集中体现，具有技术要求高、研制周期长、不确定因素多等特点，所需投入的全过程成本巨大。例如，我军某型号歼击机的研制经费高达 70 亿元；美军的 JSF 项目的研制估计成本高达 415 亿美元，同时，大型装备研制活动的不确定性使得"拖、涨、降"现象普遍。根据美国国际战略研究中心的数据显示，2010 年美军正在进行的大型装备研制项目有 98 项，总成本预计 1.68 万亿美元，超支高达 4020 亿美元。我国还是发展中国家，无论是民生工程还是各行业的发展都需要国家的财力投入，庞大的采购全过程成本开支会形成巨大的国家负担。所以，如何在现有的国情军情条件下，强化装备采购成本控制，构建有效的装备采购全过程成本监控机制，就成为了当前装备经济领域急需解决的问题。

世界经济一体化的进程正迅速改变世界的格局，推动其形成和发展的动力来自近年来迅猛发展的信息技术。从整个国民经济发展层面来看，跨入 21 世纪，信息技术和互联网的高速发展及对制造业的渗透、影响，使得"运用信息技术改造传统产业""以信息化带动工业化"的步伐加快，已成为我国"走新型工业化道路"国家战略。从国防建设的实际来看，随着技术的发展，装备性能越来越先进、结构越来越复杂、使用维修技术要求越来越高、装备发展投入越来越大，传统的装备保障观念和手段已经不能适应新军事变革中装备保障的需要，武器装备建设发展实行信息化改造和保障成为装备保障的必然趋势。作为军队信息化和机械化复合发展的重点任务，把握武器装备成本控制规律，尽快摸索出一条适合我国国情和军情、统筹协调好装备现代化建设和经济可承受性关系的新路子，是我军装备现代化建设的重大问题。

（二）研究意义

1. 现实意义

信息技术和各种高新技术广泛应用于武器装备，不但提高了武器装备的科技含量，更极大提升了武器装备的采购成本。特别是对大型装备而言，其成本的飙升更是惊人。据统计，F-117A 隐形轰炸机每架约 2 亿美元，F-35 攻击机每架约 2.58 亿美元，海狼级攻击型战术潜艇每艘约 14.81 亿美元。同时，我国装备采购合同定价模式采用成本加成本基数的 5% 作为利润的价格形成机制，极大地助长了军工企业生产成本攀升的欲望。作为采办方的军事装备部门，采用事后审价确定价格的管理模式，忽视装备成本形成过程的监控，以及对确定装备价格的合理性缺乏科学依据，使得装备采购成本得不到有效的控制。作为装备供应商的军工企业，由于在装备采购中存在信息优势和自然垄断的特性，因此在合同签订前会做出"逆向选择"的行为，在合同签订后会出现"道德风险"的行为，从而导致部分军工企业不但不愿意主动采取措施降低成本，更是有意炮制虚假成本信息，以提高利润水平。这就要军方必须加强装备采购成本监控，特别是全过程的成本监控，以提高有限装备经费的使用效益。因此，有必要从理论上对这些问题进行深入研究，力求从制度创新和机制设计上探求解决办法。

2. 理论意义

（1）加强装备成本研制理论研究是武器装备现代化发展的必然要求。随着我军装备建设规模越来越大，品种越来越多，技术含量越来越高，装备维修和改造费用急剧增大。当前，我国正集中力量进行经济建设，国防经费非常有限，军费开支不论同世界发达国家相比，还是与周边部分国家和地区相比，无论从绝对数，还是从占 GDP 的比重看，都处于较低水平，装备发展需求与有限军费支撑的矛盾日益凸显。因此，只有重视和加强装备采购成本费用控制研究，节约使用我军有限的装备费用的总体开支，才有可能以最低的经济代价，取得最优的军事效益和经济效益，保持装备持续稳定不断地发展，以适应国家军事战略的需要。

（2）加强装备成本控制理论研究有利于形成全过程成本控制理念。多年来，传统的"重性能，轻费用""以最低研制、采购费用为经济原则"等非科学观念一直在我军装备发展中占主导地位。武器采办过程的管理分散在军方和国家机关的多个职能部门，装备全寿命管理理念尚未在装备建设中全面体现，以成本为核心的管理理念还比较薄弱。只有深入进行武器装备建设成本控制理论问题研究，培养质量意识和效益意识，才能彻底摒弃这些观念，从全系统、全寿命的角度认识装备经济的一系列问题，以适应新时代装备发展模式的变化。

（3）加强装备成本控制理论研究是社会主义市场经济发展的必然要求。近年来，我国对国防工业系统在优化系统结构、培育竞争机制等方面深化改革，装备采购和合同保障的市场化步伐日益加快，装备采购途径和技术改造渠道日益增多，这给国防工业系统带来了机遇和挑战，客观上要求军工企业和军队相关职能部门提高成本管理水平，主动采取各种限费降费技术。信息化改造成本控制，对于市场双方而言都是一种双赢的结果。对于军工企业来说，从短期看，成本控制可以赢得合同与订单，取得合理的收益；从长远看，成本控制可以促进自身建设与发展、提高市场综合竞争力，增强长远发展的实力与潜力。而对于军方来说，有效控制采购及维修改造成本，将极大节省有限的装备发展经费，切实提高部队和装备业务部门的决策能力和管理能力，有力促进装备科学化、规范化、长效化发展。要实现以上目标，都需要武器装备建设成本控制理论作为支撑。

（4）加强装备成本控制理论研究有利于提高装备可靠性和维修性。研究表明，在装备寿命周期费用中，使用和保障费用是其主要组成部分，而可靠性、维修性又是影响使用和保障费用的关键因素。同时，可靠性、维修性的提高会使装备系统效能进一步提高，起着"兵力倍增器"的作用。因此，开展武器装备建设成本控制理论问题研究，不仅可以引起人们从全局角度提高对装备可靠性、维修性的重视程度，也可以推动我军装备可靠性和维修性水平的提高，加快部队战斗力生成模式的转变。

二、文献综述

（一）国外装备采购成本控制相关研究

美军在装备采办成本监控方面，虽然没有专门的成本监控机构，但其装备采办计划制定、合同订立、合同监管、合同审计、合同支付五种职能分别由不同的机构具体负责，从而既发挥了各机构之间相互协作关系，也发挥各机构之间相互监督与牵制作用。特别是，美军对装备采办成本的有效监控主要体现在对装备采办合同定价和依法监控上。目前，美国国防采办合同采用固定价格合同、成本补偿合同、奖励型合同、不确定交付合同、时间材料工时和意向合同、协议六大类，每一大类中又分为若干小类，并相应地采用不同定价方法（魏刚，艾克武（2005））。不同的合同类型，意味着合同双方需要承担不同程度的风险和费用，意味着军方需要采用不同的成本监控方式。为此，一方面，美军把装备采办成本监控的大部分工作放在合同签订前标底价格（合理成本及报酬率）的分析、测算与决策上。另一方面，在合同签约后，美军利用建立的武器装备合同数据信息收集系统，采用挣值法对装备采办成本与进度实行全过程的监督与控制（张连超（1998）；赵澄谋（2007））。同时，合同商定期向军方提供企业费用数据报告、费用执行状况报告、费用/进度状况报告和合同经费现状报告，从而实现装备采办成本的有效监控。美军也十分重视装备采办成本的依法监控，形成了较为完备的法律法规体系，主要有《武装部队采购法》《合同竞争法》《反托拉斯法》《国防采办条例》《联邦采办条例》及《联邦采办条例国防部补充条例》《美军合同定价参考指南》《美军合同定价手册》等。这些法律、法规与手册，为装备采办成本监控提供了有效的法律依据与支撑。总体而言，美军在装备采办成本监控方面，建立了相互制衡的采办管理体制，实施了严格的合同成本审查，采用了综合的成本监控方法，建立了完善的竞争机制，制定了健全的法规制度。

19世纪末，英国会计学家埃米尔·卡克在《工厂会计》中提出将成本核算由账外转到账内，是成本管理第一次革命。20 世纪初，科学管理之父泰勒根据科学测定材料和劳动力消耗标准，作为用工领料的标准，为标准成本法和责任成本法的诞生奠定了基础，这称为成本管理第二次革命。20 世纪 40 年代，特别是第二次世界大战以后，由于企业规模的不断扩大和市场竞争的日益激烈，促使企业广泛推行职能管理和行为科学管理，以提高企业的竞争能力，从而迫使企业在成本管理控制上不断开拓新的领域。1947 年，美国通用电气公司工程师麦尔斯（Miles）首先提出"价值工程"（Value Engineering）的概念，实现功能与成本的"匹配"，尽量以最少的单位成本获得最大的产品功能，使事前成本控制得到发展。1954 年，英国管理学家德鲁克（Drucker）提出的"目标管理理论"进一步推动了成本管理思想的发展，并最终形成了目标成本管理理论体系。20 世纪 60 年代初期，日本的丰田汽车公司创立了"成本企画"理论，使目标管理理论得到了广泛的应用。限定的成本范围即是成本企画最关键的因素，成本企画的起点即是确定目标成本。1984 年，美国的罗宾·库珀（Robin Cooper）和罗伯特·卡普兰（Robert Kaplan）在总结前人理论的基础上，系统提出了"ABC 作业法"。ABC 作业法强调作业成本计算和作业管理，通过作业价值链与成本动因的模型建立，揭示成本信息的真实含义，此为第三次成本管理革命的开始。1990 年，沃麦克、琼斯等在他们的研究著作《改造世界的机器—精益生产的故事》中，第一次以"精益生产"的概念精辟表达了精益生产方式（丰田生产方式）的内容。1996 年在《精益思想》中，将精益生产方式上升至理论，总结出五个基本原则：顾客价值、价值流程、操作流程、拉动式生产系统、尽善尽美的渐进式精益思想。1992 年，科斯凯拉（Lauryi Koskela）将"精益思想"运用于项目的精益管理中。近 60 多年来，国内外施工项目管理理论和实践普遍提出和运用了质量、成本、进度三大目标的理念。美国的费根堡姆建立了最早的"质量成本控制体系"模型，把质量与经济效益联系在一起。克亨（Khang）等提出了应用三大目标关联的线性规划模型研究质量、成本、进度的相互关系。阿特金森（Atkinson）等针对施工项目质量、成本、进度的"铁三角"管理方式存在的弊端，提出了一种新的标准框架——方形线路法。加德纳（Gardiner）等针对施工项目质量、成本、进度的管理方式存在的不足，提出将净现值法作为施工项目健康运行的持续监控方法。

在技术改造成本控制模式方面，凯文（Kevin）认为信息技术可以为工业带来改革。他们提出信息技术为工业带来技术改造体现在三方面：经济、制度及文化。汤姆（Tom Mens）将分类法用在企业技术改造中，指出了四种典型的改造工具，同时提出了改造模型的执行步骤。克劳斯（Clouse）从系统的角度研究了技术创新过程，通过相关实验，指出系统思考有益于企业进行合理的技术创新。塞格尔（Sagar）将技术改造引入能源领域，指出技术的创新可以改进开采的有效率，从而提供更充足的能源。海蒂（Heidi）通过采集 1450 个德国公司数据研究，指出采用不同的企业创新组织，将带来不同的利润结果。他们提出四种对创新组织的绩效测评方法，为企业未来进行组织创新提供了参考意义。最引人关注、应用最广泛的技改成本控制方法，是基于美国国防部的挣值绩效分析法。挣值理论起源于美国空军一次性项目微人导弹（Minuteman Missile）的研发，后来大量应用于国防投资项目。挣值的独特之处在于用预算和费用来衡量工程项目的进度。挣值法已在国外使用多年，形成比较完善的理论体系，具有较强的可行性和可操作性。英国项目管理大师在《高级项目管理》一书中写道："以挣值为基础的绩效分析为管理提供了一种有效的分析项目数据的方法，每一个管理者和团队都能快速可靠地获得对他们绩效的测量结果。用任何一个项目控制的结构化方法都可以进行绩效测量，但是成本与进度控制系统方法是最佳的。"

（二）我国装备采购成本控制相关研究

孙永广、汪嘉漫、吴宗鑫对时间和费用都具有不确定性项目的进度计划的风险性进行了研究，提出了以净现值的期望值为优化目标的数学模型（DSPSP），描述如何权衡财务费用的节省和推迟现金流入的风险；沈菊琴、陈军飞、欧阳芳讨论水利工程建设项目进度和成本的风险，建立了基于三角分布的网络计划进度和成本风险评价的随机模拟模型，为评价工程项目的风险及成本控制提供了依据；马国丰、王爱民、屠梅曾采用 TOC（约束理论）五步骤法详细地讨论了项目进度和成本的关系，对进度延迟提出了相应对策；王振强、刘玉杰、于九如对大型工程项目风险管理的理论与方法进行了探讨与研究；吴唤群、莫连光、高幸等分析了传统的工程进度调整方式在进度、成本管理上的不足，提出人机对话模式与相应的算法；陈远样、周高平应用灰色系统理论建立了投资风险灰色关联辨识模型，该模型能进行投资风险的识别，并确定其主要风险因素；张利荣、王素梅应用模糊数学理论，建立多基元模糊算法预测成本，为成本控制提供较好的依据；孙继德、沈继红将价值工程应用到工程项目中，价值管理是对价值工程的发展，对价值工程和价值管理进行了比较分析；李潘武、李慧民利用方法进行各部之间的重要性评估，通过对企业内部资源的定量分析，并与全社会同行业平均资源的对比分析，提出施工企业资源的合理分配方案及评定方法；尹建伟、韩伟力等详细研究了一个正在执行的项目如何在目标的驱动下调整项目工期，并且给出了公平语义、算法的理论依据及实现算法。

郭宜辉在《企业技术改造的成本》一文中，将技术改造成本归结为财务成本、质量成本、技术成本、人工成本和实施方式成本五个大类；关伟在研究企业技术改造的系统论与二重性、探讨企业技术改造应遵循的系统原则的基础上，构建了基于系统论的企业技术改造模型，并进一步结合系统功能理论分析了企业技术改造系统的优化问题；陈子义结合工业企业技术改造项目中存在的问题进行分析，对合理选择项目、严格论证程序、控制关键环节等方面进行了探讨，指出加强对新项目投资风险控制，确保工业企业技术改造收益最大化的观点；王建军指出企业技术改造前要正确选择产品对象，着眼于先进的科学技术水平，提出从静态和动态两个方面对项目进行投资技术经济分析，深刻分析了一些国有企业技术改造投资效益低下的原因，提出了提高技术改造项目效益的五点对策及措施；徐松杰从纺织企业技术改造特点出发，构建了纺织企业技术改造效果的测评指标体系，建立了技术改造效果定量测评的主成分分析模型，同时以河南省棉纺织企业为对象进行实证分析，表明了该方法有助于企业提高技术改造的投资决策水平；倪杨简述了项目后评价的组织机构及后评价工作过程，同时总结提炼出项目后评价的经验与做法。

在挣值成本法研究方面，清华大学吴之明教授于 1995 年首次把"挣值"的概念引入项目整体化管理的研究，并提出"项目投资三值监控指标"。国内的许多学者也有对挣值管理原理分析和方法的介绍。戚安邦教授在挣值法能够集成工程项目成本、进度的基础上，提出引进更多中间变量的研究思路，使项目的成本、质量、进度、风险、资源等进行动态的全面集成管理。陆宁教授针提出综合考虑施工项目质量、成本、进度三大目标可靠性综合控制技术的全新理念，从一定程度上提出了解决了针对质量、成本、进度的研究与实践总体处于相互独立和割裂的问题；杨春节提出进度控制与成本控制结合的同步控制在计算机集成平台上动态的实现；马国丰在项目实施过程中，根据当前的项目系统和环境的主要矛盾设计控制 6 个目标为进度保证、质量保证、成本保证、技术保证、安全保证、计划保证，以条件熵度量分析目标的相对重要性，运用双基点法建立了柔性控制决策的定量分析方法，实现项目目标的整体优化。

在作业成本法研究方面，邓铁军在分析施工组织目标系统关系基础上，应用施工可靠性原理，提出施工成本控制可靠性分析方法；刘津明根据"最大流最小截"理论，使工期—成本优化在计算机上得以实现，是实现成本控制的有效途径；汪万军等将作业成本与经济增加值指标集成，提出作业—资本项目关系（ACR）分析以解释每一作业耗用各项资本的金额，通过产品完全成本信息—经营成本与资本成本，提高决策的科学性和有效性；黄定轩运用进化博弈理论建立了基于收益—风险的建筑项目管理模式进化博弈模型，为项目提高利润能力及选择劳务清包提供了理论基础；宋彩萍对影响工程项目利润的主要因素进行分析，得出速度、激励、评价是提高利润弹性的有效途径；杨晓林利用神经网络 BP 算法构建工程估价模型，建立计算机辅助系统，更快速准确地进行工程估价；张建平将 4D 模型理论及相应数据管理机制，建立建筑物及施工场地 3D 整体模型与施工进度计划的信息集成，实现施工进度、人力、材料、设备、成本和场地布置动态管理和优化控制。

目前，关于装备采办成本控制的内容有所涉及，如戴汇川在《基于 QFD 的装备成本控制方法》中，强调应立足于用户需求分析、重要度评判、功能分析、质量功能及成本的展开、功能评价及方案创新等要素，并以某型装甲车辆为例，运用层次分析法（AHP）确定用户需求，并计算相对重要度，再划分整个装备的功能系统，建立相关关系矩阵，从而确立功能权重，将目标成本根据权重进行分配，估算各部分实际成本，根据功能评价公式，确定是否需要进行方案创新；刘小东在《采购成本控制》中以如何控制承包商采购成本为出发点，提出了控制采购成本的方法和手段，主要方法有：ABC 层次分析法、合理确定订购数量和时间、订货数量优化分配和第三方物流；于绪文在《我军军工产品成本核算及成本控制研究》中通过对军品成本核算中的完全成本法和制造成本法进行比较，从成本核算的角度入手提出成本控制的方法；许卫宝在《武器装备采办经费全过程控制研究》中分析了装备采办经费增长的主要因素，阐述了实现装备采办经费控制的目标和战略要求，从全系统、全过程、全员额采办经费控制的思想，提出了经费控制的主要工作思路，侧重于定性的理论探讨；张庆轩在《军品成本管理与审核》中从全寿命费用管理和控制的角度谈到装备成本控制，强调全寿命费用的全过程控制和全系统控制。此外，部分研究还着眼于军工科研单位的成本控制，如孟凡生认为，有效控制科研成本的基础是建立科学的科研成本预算管理模式，在科研项目的实施过程中应该采取按季度进行滚动的项目成本预算模式；倪越星对军工科研单位成本管理存在的问题进行了总结并提出了相应的对策建议，认为应该在军工科研单位成本控制中引入战略成本控制并加强成本控制的约束与考核；陈彦等对航天军工科研单位成本费用控制现状进行了总结，提出航天军工科研单位应该加强对设计费用、直接材料、外协费用以及专用费用的内部控制；徐新乐等从装备科技成果推广应用与装备改造融合这一视角，认为目前我国装备科技成果的推广应用与装备改造的融合，不仅缺乏可操作性的指导政策和协调管理机构，而且还缺少融合成果评估机制，为此推进装备科技成果推广应用与装备改造的融合，迫切需要以装备改造需求为牵引，以科技成果为引导，制定促进融合的政策法规，构建互融工作机制，加强融合信息管理。

三、概念界定

（一）装备采购

装备采购是使军品从生产领域进入使用领域的重要环节，直接关系到军队质量建设和战斗力的提高，在军队信息化建设过程中占有重要地位。

装备采购是指军队为履行军事职能而对武器装备及其他军用物资的选择和购买。装备采购包括对军事通用品的采购和对武器装备等军事专用品的采购。

中华人民共和国成立后，广泛使用军品订货方式。这个时期的军品生产属于完全计划性和指令性供应，基本没有生产者和购买者的分类，也没有装备采购市场，具有浓厚的产品经济色彩。随着我国社会主义市场经济体制的建立和发展，装备采购的内容和环境发生了巨大变化，原来僵化的指令性供应制度已不再适应生产力的发展，也不符合基本的经济规律，军事装备的订货形式开始融入市场因素，装备采购广泛使用。1997 年 3 月颁布的《中华人民共和国国防法》对有关装备采购作了原则性规定。1999 年 3 月颁布的《中华人民共和国合同法》，1999年 8 月颁布的《中华人民共和国招标投标法》对军品采购均作出相关规定。2002年 10 月颁布的《中国人民解放军装备采购条例》，是规范中国人民解放军武器装备采购工作的第一部基本法规。2003 年 12 月，总装备部下发了《装备采购计划管理规定》《装备采购合同管理规定》《装备采购方式与程序管理规定》《装备承制单位资格审查管理规定》和《同类型装备集中采购管理规定》等配套规章，2006 年 2 月总装备部发布《国防科研试制费管理规定》，使军品采购法规体系趋于完善。

装备采购工作的基本任务是贯彻执行党中央、中央军委关于军队建设的方针、政策，科学制订军品采购计划，以合理的价格采购性能先进、质量优良、配套齐全的军品，保障军队作战、训练和其他各项任务的完成。

装备采购工作必须以新时期军事战略方针为指导，以作战需求为牵引，以提高部队战斗力为标准，遵循政府采购制度的基本原则，积极引入竞争、评价、监督、激励机制，贯彻效益最佳的方针，统一领导、分级实施、依法管理、安全保密。

（二）信息化改造

武器装备信息化改造主要是利用电子信息技术和产品，按照建设信息化军队、打赢信息化战争的要求，研究建立信息化武器装备体系，并对现役武器装备实施系列化改进的措施，包括采用加装、嵌入和升级等方式进行的信息化改造，即加装信息技术装置，对原有装备进行升级换代或将其与信息系统相连接，使其具备原先不曾有的信息探测、传输、处理、控制和对抗等功能，从而使武器装备的机动性能和作战效能得到成倍的提高，体系对抗的整体水平得到跃升，装备全寿命周期的成本投入结构得到有效优化。

对传统机械化装备进行信息化改造，是迅速提升装备作战和保障效能的有效途径。武器装备信息化改造因为具有"双十效应"，受到了世界主要军事强国的普遍青睐：一是平台改造可以迅速提升传统机械化武器装备的作战和保障效能，与新研相比，改造一代武器装备平台的经费只需 1/10，周期可缩短 2/3；二是平台改造可以大幅提高武器装备的作战效能，使总体作战能力平均提高十倍以上[①]。利用高新技术特别是信息技术改造现役装备，改进和提高装备战术技术性能，是装备信息化建设的重要内容。国外典型数据统计表明，现役装备信息化改造所需费用只是研制同等能力新系统的 33% ~40%，而改进周期更缩短至研制同等能力新系统的一半左右。发达国家军队利用信息技术改造的武器装备约占现役武器装备总量的 40% ~50%[②]。美军按照"聚焦后勤"理论，不失时机地在保障装备平台上嵌入各种电子、信息设备，使其变得"耳聪""目明""脑灵"。一些国家的

---

① 阮方. 对武器装备平台信息化改造的若干思考［J］. 中国电子科学研究院学报，2006（2）：1－2.
② 吴海翔. 关于我军装备改造的几点思考［J］. 国防技术基础，2006（5）：36.

成功经验表明，在研发新型后勤装备的同时，大力改造现有后勤装备，通过"附加""嵌入"等方式，使其具备定位导航、数据传输、智能操作、自动检测等信息化功能，促成装备升级换代，形成使用一代、改造一代、新研一代、储备一代的良性发展。

（三）成本控制

成本是为实现特定经济（军事）目的而发生的资本耗费，控制是通过改变控制对象的构成要素，或其构成要素之间的联系方式，使其按一定目标运行的过程。为此，成本控制可以理解为成本管理者对生产经营过程中的资本耗费过程进行规划、调节，促使成本按预期方向发展的过程。成本控制过程是成本"决策—计划—调节—协调—激励"的一体化过程，它们的理论基础、方法体系、组织结构均包含在成本控制系统之中。

成本控制是为了达成目标所采取的方法、程序和措施。具体来讲，就是在武器装备研制的各个决策点，通过采用各种控制方法和策略，将发生的各种实际成本与目标成本指标进行对比、检查、监督，随时纠正发生的偏差，使实际成本控制在目标成本指标的范围内，保证成本预测目标的实现。成本控制的基本特点是只需规定目标成本以及评审节点，具体的成本控制计划由装备改造单位自己制订，可以充分发挥其控制成本的主动性。对武器装备成本进行有效控制，可以保证项目的财力资源得到有效利用。可以采用的具体控制策略有：定费设计、成本/进度控制系统（也称收益值项目管理法）、全寿命费用管理等。可以采用的成本控制技术主要有：网络分析、风险分析、效费分析、价值工程和系统工程等。可以根据武器装备改造的特点和具体预测控制过程的实际需求，引入成本控制策略和控制技术，并进行适当改进。

（四）信息化改造与成本控制

1. 信息化改造与成本控制的关系

对武器装备进行信息化改造因具有较高的效费比，即用较少的经费和较短的时间获得性能较高的武器装备，因而是装备建设走跨越式发展的有效途径。一是信息化改造可以节省大量经费和缩短研制周期。据美军统计，对装备进行信息化改造，通常可以节省 $1/3 \sim 1/2$ 的费用，研制周期缩短一半以上。美军利用激光制导装置对普通炸弹进行改装后，其精度基本上接近空地导弹和巡航导弹，但价格仅为空地导弹的 1/5，巡航导弹的 1/10。二是信息化改造可以大幅度提高装备性能。美军的 M1A2 坦克与 M1A1 坦克相比，捕获目标时间缩短了 45%，目标切换时间缩短了 50% ~ 70%；AH - 64 攻击直升机经过信息化改造后其杀伤力提高了 4.2 倍。三是信息化改造可以延长装备寿命。装备半个多世纪的 B - 52 系列战略轰炸机，通过结构延寿和信息化改造，综合性能得到很大提高。据美军预言，B - 52H 将服役到 2040 年。在发达国家军队中，用高技术改造的武器装备占现役武器装备总数的 40% ~ 50%①。

2. 影响装备信息化改造成本增长的主要因素

在认识到装备成本增长的趋势基础上，只有进一步分析装备成本增长的原因，才能有针对性地提出解决问题的思想和方法。研究表明，影响装备信息化改造成本增长的主要因素有以下几个方面。

（1）性能因素。装备战术技术性能与信息化改造成本有密切关系。一方面，随着武器装备复杂程度的提高，采用的新技术、新材料越来越多，造成改造费用增加。同时，由于现代装备是一个复杂大系统的综合平衡体，一个领域性能水平的提高，往往带来其他领域的改进和提高，造成装备改造整体费用的急剧上升；另一方面，随着人们认识的不断提高，更加强调现代装备系统作战效能，由此引起对装备可靠性、维修性、保障性等性能要求的不断提升，装备可靠性、维修性、保障性等特性对其信息化改造费用、使用和保障费用均有不同程度的影响。

（2）物价因素。在影响装备费用的外在因素中，物价变化是最主要的因素之一。物价上涨通常会引起装备费用更大幅度的上涨。根据英国国防部公开的资料表明，1990 年前的 30 年间，英国护卫舰的实际价格上涨 20 倍左右，但是扣除通货膨胀因素的影响之后，舰船实际费用的上涨约为 4 倍。我国自 20 世纪 70 年代后期以来，装备成本上升较快，其中一个重要因素就是物价上涨的影响。

（3）人员费用因素。人员费用是造成装备费用增长的另一个主要原因。随着整个社会人们生活水平的不断提高，人员耗费明显提高，而且现代装备研制、生产、使用和保障所需人员素质有了很大提高，从而造成人员费用急剧增加，它体现在包括装备改造在内的研制、生产、使用和保障各个阶段。

（4）体制及管理因素。现代装备从研制、生产到使用和保障，周期长、环节多，节点管理不善，治理不严，以及诸如经济政策、立法、制度和组织结构存在

---

① 阮方. 对武器装备平台信息化改造的若干思考 [J]. 中国电子科学研究院学报，2006 (2)：1 - 2.

的弊端，是导致武器装备费用上涨的又一重要原因。某一环节不加强管理，都可能造成不应有的浪费，这种现象国内外均有不少实例。例如，根据美国有关法令对所谓"销售费用"的规定，通用动力公司把参加巴黎航空展览的100多万美元的费用、斯佩里公司把17万美元广告费，甚至许多公司把高级职员的旅行费、娱乐费等费用，都可以纳入国防部合同的间接费用中，这种把与执行合同无关费用计入技术外包合同的"间接费用"，往往导致装备研制改造的间接费用超过直接费用。又例如，竞争是市场经济的内在要求，价格是竞争的重要内容和前提，一旦装备信息化改造实行市场外包，自由竞争将是促使改造成本下降的一大因素。据估计，通过提高竞争性合同的比例，能使美国国防部的武器装备费用减少1/3。从装备信息化改造的整体流程来看，推行"一站式"的服务（也就是装备的研制与后续技术支持实现一体化和集成化）将有助于减少改造成本，这必然要求装备承研方应能实现自主经营、自负盈亏、自我发展、自我约束，表现出相当的自主性特征，而这些都与传统的高度集中的装备经费管理产生冲突，从而影响装备改造成本。

3. 控制装备信息化改造成本的原则

（1）处理好装备发展与装备信息化改造费用之间的关系。在一定时期内，国防资源是有限的，尤其在我国现有情况下，新型装备的发展费用和现役装备的使用、保障和改造费用之间的矛盾非常尖锐，影响装备的长远发展和部队战斗力的生成转换，对此必须科学地加以协调。

（2）处理好重点改造和一般改造的关系。在制定装备信息化改造计划时，应分清先后主次，不能搞"一刀切"，更不能搞全盘抓。在装备项目上，应根据不同装备在现代战争中的地位和作用，优先满足主战装备与引进装备改造和更新的需要；在作战方向上，应重点加强作战准备方向装备保障力量投入；在改造顺序上，应优先保证应急作战部队需要。

（3）处理好平时改造与战时改造的关系。在平时建设中，必须考虑战时需要，加强装备人力资源、物质资源和信息资源等方面的建设。

（4）处理好改造计划与改造管理的关系。必须采取多种有效方法，处理好装备信息化改造费用的供需矛盾和供管矛盾。一方面，费用短缺，会造成装备失修严重；另一方面，管理落后，使本来就少的费用不能很好地产生应有的效益。因此，必须切实加强对装备改造计划工作的组织和领导，向管理要效益、要保障力、要战斗力。

第一章

装备采购成本控制理论基础

装备成本是承研承制单位为研制、生产或修理一定数量和质量的装备面发生各种活劳动和物化劳动的货币表现，包括研制成本、生产成本和维修成本等形式。装备成本是装备价格的重要构成内容，科学、准确合理地确定装备成本是控制装备价格、提高装备采购效益的基础性工作。

第一节　装备采购成本控制概述

一、装备成本的作用

（一）装备成本是装备生产耗费的补偿尺度

承制单位作为独立的商品生产者，要维持单位再生产和扩大再生产，必须要保证正确的生产过程中的成本耗费。而装备成本作为价值范畴，是装备价值中"补偿价值"的等价物，则可以通过装备成本确定为达到某一生产目的而耗费了多少资金，从而为承制单位维持简单再生产或扩大再生产提出资金补偿的标准。而剩余产品价值的装备价值扣除补偿价值后的剩余部分，是资本积累的源泉。由此可见，装备成本耗费水平不仅制约着承制单位的生存，而且还影响着承制单位的扩大再生产，也制约着承制单位的发展。因此，装备成本作为补偿尺度对承制单位的发展具有重要的影响。

（二）装备成本是制定装备价格的重要依据

装备价格是装备价值的货币表现。但装备价值不能直接计算，装备价值是通过装备生产成本来反映和计量的。装备价格的制定应体现价值规律的要求，并使装备价格涵盖装备生产成本符合国家的经济政策。行业内的不同承制单位生产同类装备的成本，在不同的时期虽然是有差别的，但在一定时期内同类装备的平均成本应该是制定装备价格的基本依据。

（三）装备成本是综合反映企业工作质量的重要指标

装备成本作为承制单位管理的一项重要指标，对承制单位生产经营的各种环节，如生产过程中劳动耗费、管理过程中的管理成本几乎都在装备成本中体现出来。因此，装备成本综合反映了承制单位的生产技术、生产能力、经营状况和经营管理水平。

二、装备采购特点、方法和程序

（一）装备采购特点

装备采购活动与一般商品活动相比有很大区别，主要表现在以下几个方面。

1. 采购保密性强。军品采购无论在品种、数量、技术方面都存在军事保密和工业保密问题，对一些新型高技术武器装备的采购，其生产技术的密级程度会更高。因此，军品采购不仅在正式招标或谈判订购时有范围限制，而且在合同签订后，军队和军工企业保密机关，要对准许接触这些密级材料的企业和研究机构进行严格的保密管理和监督。

2. 采购运行过程复杂。信息化军队建设面临着信息化武器装备建设任务，而信息化武器装备采购存在着技术、费用、进度、计划等风险，具有大量不确定性。军品采购特别是大型武器装备系统的采购不再是某一阶段性的经济活动，而是逐渐向研究、生产、维修一体化发展，贯穿于武器装备论证、研制、生产、购置、使用、维修直至退役的全周期、全过程。随着市场化进程加快和军品采购复杂性增强，传统的阶段性"军品采购"的概念外延已与全过程化的"军品采办"趋向一致。

3. 宏观调控力度大。由于军品具有特殊的使用价值，国家必须加以严格控制，不能自由买卖，计划管理占主导地位，宏观调控贯穿军品采购全过程。这种宏观调控的作用表现在三个方面，一是军品采购决策权高度集中，军品采购的品种、数量和时限，必须严格按照军方的购置计划和进度要求执行；二是国家通过制定有关法律法规，确立军品采购在合同、生产、价格、运输等方面的优先权；三是军品的价格虽然由供需双方协商确定，但必须经过需求方的严格审核。

4. 采购合同管理特殊。军品，尤其是武器装备等军事专用品，直接为军队战斗力生产服务，有较高的战术和技术性能，因而军品采购合同中具有军方直接管理合同的内容，甚至直接向生产企业派驻军事代表，建立常驻厂方的管理机构，对合同执行过程实施全面指导。

（二）装备采购方法

为了规范军队军品采购工作，提高装备采购效益，保证军品采购质量，军品采购工作必须以新时期军事战略方针为指导，以作战需求为牵引，以提高部队战斗力为标准，遵循政府采购制度的基本原则，在军品采购过程中积极引入竞争机制，适时地推行竞争性采购。我国现行装备采购方式主要有公开招标、邀请招标、竞争性谈判、单一来源采购、询价等方式。

1. 公开招标。是指采购方按照法定程序，向全社会发布招标公告，邀请所有供应商参加招标，由采购方通过事先确定的需求标准从所有投票人中择优选出中标供应商，并与之签订政府采购合同的采购方式。一般而言，采购金额达到规定的限额标准以上、通用性强、不需要保密的军品采购项目，可充分发挥市场竞争作用，形成规模效应，适合采用公开招标方式采购。

公开招标的方式必须遵循基本的程序，主要有成立招标小组，组建评标委员会，拟制招标文件，报批招标文件，发标、投标、开标、评标以及定标等。

2. 邀请招标。是指采购方因采购需求的专业性较强，有意识地向具备一定资信和业绩的特定供应商发出招标邀请书，由被邀请的供应商参与投标竞争，从中选定中标者的招标方式。一般而言，采购金额达到规定的限额标准以上、符合以下情形之一的采购项目宜采用邀请招标采购方式：一是涉及国家和军队安全、有保密要求不适宜公开招标采购的；二是采用公开招标方式所需时间无法满足需要的；三是采用公开招标方式的费用占装备采购项目总价值的比例过大的。

邀请招标采购的基本程序可参照公开招标的基本程序要求。

3. 竞争性谈判。是指采购方通过与三家以上的供应商进行谈判，从中确定最优中标人的一种采购方式。一般而言，采购金额达到规定的限额标准以上、符合下列情形之一的军品采购项目，可以采用竞争性谈判方式：一是招标后没有承制单位投票或者没有合格标的的；二是采用招标方式所需时间无法满足需要的；三是因技术复杂或者性质特殊，不能确定详细规格或者具体要求的；四是不能事先计算出价格总额的。采用竞争性谈判的采购方式，采购方应当在非公开的状态下遵循一定的基本程序，如成立谈判小组，拟制谈判文件，报批谈判文件，确定邀请参加谈判的承制单位名单，谈判，确定承制单位并将其最终的审定结果通知所有参加谈判的承制单位等。

4. 单一来源采购。是指采购方只能从一家承制单位采购军品的采购方式。一般而言，符合下列情形之一的，可以采用单一来源方式采购：一是只能从唯一军品承制单位采购的；二是在紧急情况下不能从其他军品承制单位采购的；三是为保证原有军品采购项目的一致性或者服务配套的要求，必须继续从原军品承制单位采购的。采用单一来源采购方式应当在非公开的状态下遵循一定的程序：成立谈判小组，拟制谈判文件，报批谈判文件，谈判，报批谈判结果等。

5. 询价采购。询价采购是指采购方向有关承制单位发出询价单让其报价，在报价的基础上进行比较并确定最优军品承制单位的采购方式。一般而言，采购金额在规定的限额标准以上、不需要保密，且符合下列情形之一的采购项目，可以采用询价采购方式：一是通用性强，规格、标准统一，货源充足的项目；二是价格变化幅度较小的项目。采取询价采购方式应当遵循一定的基本程序：成立询价小组，确定被询价的承制单位名单，询价，确定承制单位，将审定结果通知所有被询价的承制单位。

三、装备采购成本构成

马克思成本价格理论指出，资本主义商品的成本价格，就是资本家在生产商品中所耗费的资本价值，也称为资本主义生产费用。一般商品的价值构成，分为三个部分：已消耗的生产资料价值（C），劳动者为自己劳动所创造的价值（V）和为社会劳动所创造的价值（M）。在经济学中，$C + V =$ 成本，$M =$ 利税，商品价格＝成本＋利税。装备同其他商品一样，具有使用价值和价值，装备使用价值的特殊性，使得装备价格主要受商品价值、货币价值和国家政策的制约，市场供求关系对其影响不大。

1. 装备价格制定主体。《军品价格管理办法》规定，列入装备价格管理目录的装备由国务院价格主管部门制定价格，其中部分装备也可以由国务院价格主管部门委托工业主管部门与军队装备订货部门制定价格。这一规定体现出国家对装备价格实行统一管理、国家是装备价格制定主体的原则。

2. 装备价格构成。在社会主义市场经济条件下，装备作为商品，其价格仍然是价值的货币表现。以价值为基础确定装备价格，是价值规律的客观要求。按照原总部有关规定，装备价格由装备定价成本和按装备定价成本5%的利润率计算的利润两部分组成。两个或者两个以上生产单位生产同种同质装备的装备价格，原则上应当由有关生产单位平均的装备定价成本和按平均的定价成本5%的利润率计算的利润两部分组成。

作为特殊商品，装备价格的确定也区别于其他商品。一方面，装备价值量的确定，既要考虑部门内、行业内的比价关系，又要考虑个别生产者生产该种装备的价值量。另一方面，装备价格的确定，一般只考虑装备生产过程中的劳动耗费，而对于社会的那部分劳动量（利税），则由国家政策直接控制，其中利润率取5%为定值，税金为零。

装备定价成本是指制定装备价格时所依据的"计划成本"，包括制造成本和期间费用两部分。制造成本包括直接材料、直接工资和其他直接支出、制造费用、装备专项费用。期间费用包括管理费用、财务费用，管理费用和财务费用，按照财政部颁发《工业企业财务制度》规定的开支内容执行，其分摊办法是根据国家批准保留的装备生产能力和装备生产任务等情况而具体确定。流通费用人为地规定为零，原因是装备具有消费对象的确定性，是由军队代理国家订货和购买，并按指令性计划进行交付和结算，流通渠道简单。

这样，装备价格模式即为：装备价格＝定价成本＋定价成本×5%。它是一种典型的成本加成的定价模式，体现了国家"保本、低利、免税"的政策，具有较强的政府定价特征。装备价格构成可用图1－1描述。

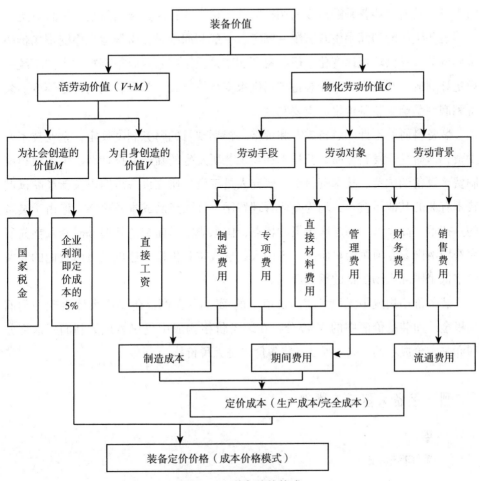

图 1 –1　装备价格构成

从图 1 –1 可以看出，装备价格的形成具有特殊性。一方面，装备价值量取决于部门内社会平均劳动量的大小，但同时个别劳动量也是一个不容忽视的因素，因为装备生产具有垄断性，在确定某种装备价值量从而制定装备价格时，既要考虑部门内、行业内的比价关系，又要考虑个别装备生产者生产该种装备的价值量。另一方面，装备价格的确定，一般只考虑装备生产过程中的劳动耗费，而对为社会劳动所耗费的量，即利税部分，是由国家政策直接控制的，它不受市场及供求变化的影响，这在很大程度上决定了装备价格的相对稳定。

3. 装备价格特点。从装备价格构成可以看出，我国装备定价模式具有以下特点：

装备价格不能实行完全的市场价格。由于装备使用价值的特殊性形成双边垄断市场，政府对装备采购市场的调控非常严格，实行决策导向与全过程的调控。

装备生产的利润率由政府统一制定。一般利润率是在市场运行中受市场价格机制调节，随供求规律变化，但装备利润率是受国家宏观政策调控，由国家统一规定计划成本利润率，不受装备市场供求变化影响，一般在长期内稳定不变。装备利润率是确定装备价格的重要基础。

装备科研费不计入装备成本和价格。根据现行的财务制度规定，企业技术开发费，即研究开发新产品、新技术和新工艺所发生的新产品设计费、工艺规程编制费、设备调试费、技术资料费、研究人员工资、研究设备折旧以及新产品试制技术有关的其他经费等，均为企业管理费用，计入产品成本及价格。但由于装备的高技术、高投入、高层次决策的特点，国家规定目前装备新型号研制及预先研究费用由国家专项拨给科研费，不计入装备成本和价格，这也是目前我们的装备价格低于国际市场价格的重要原因。

装备价格构成中无税。商品价值中的 M 部分在商品价格中大体表现为利润和税金，而装备价值中的 M 部分，在装备价格构成中仅仅表现为利润，这部分利润是定价成本的5%，所以，装备价格是无税价格。

四、装备采购成本类别

（一）目标成本

目标成本是为实现目标利润所应达到的成本水平或应控制的成本限额，是装备生产企业未来一定期间成本管理工作的奋斗目标。装备生产企业必须在切实保证实现目标利润、满足国防需求的前提下，结合有关装备产品的市场、价格水平及合理的利税要求，合理确定未来一定期间的目标成本。

按照目标成本进行管理，要求一个企业在一定时期内应当确定总的奋斗目标，如利润总额，资金利润率等，并据以指导、组织、动员职工为完成企业的总目标努力奋斗。围绕这个总目标，企业各个部门、各个环节乃至每个人都应当制定自己的奋斗目标，如产量目标、成本目标、技术目标、资金目标等，并制定相应的措施，以保障目标的完成。实行目标管理可以提高装备企业管理工作的主动性、计划性，克服盲目性，提高装备企业的经营管理水平。

（二）标准成本

标准成本是一个应计成本水平，即在正常生产经营条件下预计应该发生的原材料、人工及制造费用的成本，以此为标准对实际成本进行控制，以便提高效率，降低产品成本。本质上，标准成本是指在正常和高效地运转情况下制造产品的成本，而不是指实际发生的成本。

根据标准成本管理，要通过对成本中心各个成本指标及其成本的细化分析，寻找规律以设定相应的成本标准及预算因子，运用标准与实际对比揭示差异并分析的方法，实施对成本的事前、事中和事后的全过程控制，通过对成本中心成本绩效的衡量，着力于成本改善，并运用成本标准服务于经营决策的成本管理体系。在武器装备生产过程中使用这种方法，能将成本控制与成本核算有机结合起来，军厂双方通过对武器装备生产各要素进行分析、预测和计算，科学拟制武器装备成本管理计划，为武器装备科研或订货合同创造有利条件；按照规划组织生产，降低武器装备研制生产风险，减少浪费；通过对武器装备生产成本的审核，确保成本真实可靠和合理定价。以上这些，对我军武器装备实现全系统、全寿命费用管理，提高军费使用效益具有重要意义。

（三）定额成本

定额成本是对某一产品设计方案或者在采取某项技术改造后，按产品生产的各种现行定额消耗和当期正常费用预算编制的成本限额。定额成本的意义并不只在于军工产品的成本水平，而是确定构成该产品的所有零部件、不同的生产加工程序及各项消耗的定额标准，以用于控制军工产品生产过程中各项消耗水平。因而，定额成本包括产品零部件定额成本、部件定额成本、工序定额成本、半成品定额成本、在产品定额成本以及某成本项目定额成本等。

定额成本管理，能够在各耗费和费用发生的当时反映和监督脱离定额（或计划）的差异，加强成本控制，从而及时有效的节约生产耗费，降低产品成本；同时便于进行产品成本的定期分析，有利于进一步发掘降低成本的潜力，进而提高成本的定额管理和计划管理工作的水平。

（四）变动成本

变动成本是指那些成本的总发生额在相关范围内随着业务量的变动而呈线性变动的成本。变动成本与固定成本是相对的概念。固定成本是指那些成本的总发生额在相关范围内不随业务量的变动而呈线性变动的成本。采用变动成本法，就要在产品成本的计算中，以成本性态分析为前提，只将变动生产成本（直接材料、直接工资和变动制造费用）作为产品的内容，而将固定生产成本（固定制造费用）和非生产成本（营销费用、管理费用、财务费用）作为期间成本，按贡献毛益确定程序计量营业损益来计算。

根据变动成本管理，符合"费用与收益相配合"的会计原则要求。从而便于划清责任，有利于成本控制和业绩评价。一般来说，变动生产成本的高低最能反映军工企业生产部门和供应部门的工作业绩。例如，直接材料的节约和超支就可以通过事前制定标准进行日常控制。另外，变动成本法提供的信息可以用于科学的区分产量变动引起的成本升降和成本控制工作的影响，从而对有关责任单位做出恰当的、实事求是的评价。

（五）责任成本

责任成本是以成本责任中心为主体所汇集的，隶属于该主体经营权范围，并肩负有相应经济责任的可控制成本。不同于产品成本以特定时空范围的产品为生产费用对象，责任成本落实到各责任中心，按责任中心进行核算、控制和考核，从而将成本核算和责任控制紧密结合起来。装备责任成本核算和管理程序主要有以下几个步骤：划分责任成本中心、确定装备责任成本范围、编制装备责任预算，分解其责任、制定内部价格结算体系、实施装备责任日常控制、组织装备责任成本核算并编制报告、装备责任成本考核与激励。

根据责任成本管理要求，要采取责任成本与产品成本双轨制核算模式。装备生产成本是装备定价的基本依据，是一套通用的，符合会计准则和会计制度要求的完整体系。所以，我们要通过相互独立的账户体系，分别核算责任中心的责任成本和产品成本，但两者不发生联系，以保证两方面的可靠性和有用性。从而，加强内部成本管理，独立充分地发挥企业管理作用，便于成本控制。

第二节　装备采购成本控制的基本方法

一、参数法

（一）参数法主要思想

若新系统与以前的老系统类似，且老系统的物理特性、性能参数、费用数据存在，则可利用它们通过一定的数学方法建立起系统费用与系统特征（尺寸、性能等）之间的关系。同样地，分系统的费用也与它们的物理和性能属性相关，这样建立起来的关系式反映了费用与各主要特征参数（通常称为费用驱动因子）之间的普遍规律，因而称为费用估算关系式。此方法称为参数法（Parametric Method），建立费用估算关系式的数学方法可以根据问题的特点而灵活选择。由于参数法的实质是从已建立的数据库外推，因此有一点必须予以强调，就是在使用参数法时，首先要判断数据库中过去的历史数据能否充分具有与未来新系统数据的共同性，其使用范围不能不加限制地加以推广。

参数法可在研制早期就加以应用。由于参数费用模型仅依靠对系统有限描述的物理和其他参数，而不必对系统详细设计参数有过多要求，所以在系统早期阶段（如方案论证阶段）即可使用。研究表明，系统早期阶段的决策对寿命周期费用具有决定性影响，因此参数法的这一优点显得十分重要。参数法费用估算关系式一旦建立，即提供了一系列输入参数与相关费用的逻辑关系，这些关系式可以重复、快速、廉价地使用，因此可以用于一个系统的多种可能方案的费用估算。此外，由于参数法采用系统的性能参数和构型方案等参数作为输入，从而在一定程度上避免了人为偏见造成的影响，准确性高。该法不仅可以提供预期的费用估算值，还可提供置信区间，可应用于研制初期的技术经济权衡分析或按费用设计的方法中，以及为厂商提供价格建议、为政府提供价格评估等，因而备受重视。

（二）参数费用估算模型

参数费用估算方法采用系统特征参数作为输入，通过参数费用估算模型

（Parametric Cost Estimating Model，PCEM）来建立特征参数与相应费用之间的联系，并以此来估算系统全部费用或其中重要部分费用。复杂系统的参数费用估算模型通常由很多内在相关的费用模型组成，构成参数费用估算模型体系，并经计算机化，以方便使用。由此可见，参数费用估算模型实际上也是现实系统的一种反映。

参数费用估算模型的基本形式可用下式表示，

即：$C = f(x_1, x_2, \cdots, x_m)$

式中，C 为费用，$x_i(i = 1, 2, \cdots, m)$ 为费用驱动因子或其组合。

最早出现的参数费用估算模型可追溯到第二次世界大战时期。战争导致前所未有的对军用飞机品种和数量需求，那时已偶尔出现了一些参数技术用来估算费用。

1936 年，赖特（T·P·Wright）在"航空科学期刊"（Journal of Aeronautical Science）上提出了统计估算费用的思想。Wright 还在文中给出了历经多年生产的飞机费用估算方程，也就是后来所谓的学习曲线，在第二次世界大战早期，工业界工程师已采用学习曲线来预测飞机费用。20 世纪 40 年代末，美国空军开始研发喷气飞机、导弹和火箭等武器装备。军方提出了对稳定的、高水平的费用分析人员的需求，以评价备选方案。1950 年，军方建议兰德公司对此进行独立分析。经过多年努力，兰德公司成为航空界最早研究费用估算的代表，其研究的系统性也最强。1951 年，兰德公司已建立起了飞机费用和一些参数，如速度、航程和高度等的费用估算关系式，并满足统计要求。把所收集数据按飞机类型（如战斗机、轰炸机、运输机等）分开后，便得到了曲线族，每一条曲线对应不同的产品水平或复杂程度，20 世纪 60 年代，该技术已可应用于航空航天系统的各个阶段了[1]。目前，在建立的费用估算模型和费用估算软件中，绝大多数都是采用参数法建立起来的[2]。

（三）参数费用估算模型应用

美国军方的飞机系统研制主管部门与系统分析部门、美国各主要航空制造公

---

[1] Obaid Younossi, Michael Kennedy, John C Graser. Military Acquisition Costs：the Effects of Lean Manufacturing［R］. Project Airforce RAND，MR－1370－AF，2001.

[2] 目前国内装备的参数模型大多是全系统级的费用模型，很少有分系统级的费用模型。由于全系统级研制费用参数模型的精度和可信度都比较低，所用系数在小数点后 3 位甚至 4 位，在最后一位加 1 或减 1，通常会对总费用产生百万元甚至千万元的影响。

司以及其他一些有关单位都研究、建立或使用过相关参数费用估算模型。美国的计划研究公司（PRC）早在1965年就建立了PRC547模型，1967年又在此基础上作了改进，建立了PRC-547-A模型。建立这些模型的主要目的是发展可用于效费比研究和评审合同商建议书的适当技术。美国J·沃森·诺亚奇联合公司受海军作战部部长委托，在1973年建立了FR-103-USN模型，其目的主要用以审查飞机的研制和生产费用。美国格鲁门航宇公司在1976年建立MLCCM模型，该模型全名是"模式全寿命费用模型"，1980年又在样本中补充了F-15A、F-16A、A-10A等新飞机的数据，对原模型进行了更新。美国兰德公司（RAND）受美国军方委托，在此领域开展了大量工作，开发了飞机研制与生产费用系列模型（Development and Procurement Costs of Aircraft，DAPCA），其目的是改善对新武器系统研制、生产费用的估算方法。1967年就开始提出第一种模型DAPCA Ⅰ，1971年建立DAPCA Ⅱ，1976年建立了DAPCA Ⅲ模型，1984年建立DAPCA Ⅳ模型。随后，又根据新型飞机发展情况，提出了包括最新型的F/18E/F、F-22等十多个机型数据的参数费用估算模型[①]。

　　DAPCA Ⅰ模型的样本包括29种第二次世界大战后的各类型的空军、海军飞机，其中有战斗机、攻击机、轰炸机、货运机、加油机和教练机等，都是研制后经批准生产投入服役的。大部分是涡轮喷气式飞机，有个别是螺旋桨飞机，速度从低亚声速到马赫数（Ma）2.2。样本中大部分的费用数据和工时数据来自合同商。DAPCA Ⅱ模型所用样本基本上与DAPCA Ⅰ的相似，只是取消了几架较老的螺旋桨飞机。

二、等工程价值比法

（一）等工程价值比法主要思想

　　等工程价值比是指两个国家各自研制同一技术产品，按各自经费统计口径计算所需费用的比值（按各自货币计算或同一货币计算均可）。有了这一比值后，就可以借用国外的有关费用模型来对本国的工程项目进行费用估算。参数模型应

---

　　① Bornen H E. A Computer Model for Estimating Development Procurement Costs of Aircraft（DAPCA Ⅲ）[R]. RAND R-1854-PR, 1976.

用的一个基本条件是待估算装备与模型所含样本不能有太大的区别，因而，对于一个技术跨度较大的装备，该方法在进行数据外推时将存在较大风险。等工程价值比法（Equal – Engineering – Value – Rate Method）是解决这一问题的途径之一。20 世纪 60 年代，欧洲航天界就曾借用当时美国大量航天技术经验数据，通过欧洲与美国的研制工程成本分析比较，来预测、估算欧洲航天技术发展项目的经费。这种估算方法思路比较清晰、简单，以国外类似武器系统费用为样本进行回归，得到参数费用模型。再以中、外等工程价值比进行修正，得到我国同类武器系统的参数费用模型，这是一条可行的途径。由此得到的参数模型有一定的参考价值，同时也可在一定程度上弥补我国样本少、数据不全、统计不准、分析基础薄弱等问题。该方法在应用中应当注意，不同国家之间的技术经济比较研究是一个十分复杂的问题，往往不是通过某些个别型号研制费用的单个对比就可得出结论，因此对其实现过程必须做细致分析。

（二）等工程价值比费用估算模型

为了得到动态的等工程价值比，应对两国原有的、相关的技术领域进行比较分析。求取等工程价值比最简单而可靠的方法，是分别对两国相应的技术领域建立动态的技术参数成本模型，即：

$$C_A = C_A(X_i, T_A, t_A) \tag{1-1}$$

$$C_C = C_C(X_i, T_C, t_C) \tag{1-2}$$

$$R_i(X_i; T_A, T_C; t_A, t_C) = \frac{C_A(X_i, T_A, t_A)}{C_C(X_i, T_C, t_C)} \tag{1-3}$$

式（1-1）表示 A 国以 T_A 年的技术研制技术产品 X_i，按 t_A 年度不变价格统计所有经费的数值。式（1-2）表示 C 国以 T_C 年的技术研制技术产品 X_i，按 t_C 年度不变价格统计所有经费的数值。式（1-3）表示 A，C 两国分别以 T_A，T_C 年的技术研制技术完全相同的技术产品 X_i，用 t_A 及 t_C 年度不变价格统计所耗经费的数值比。有了这一比值后，就可以借用国外的有关费用模型来对本国的工程项目进行费用估算。

（三）等工程价值比费用估算模型应用

在防空导弹武器领域，国内历经全寿命的型号少，且数据非常匮乏，不足以供参数法使用。而与此同时，国外在相关领域开展了多年研究探索，已开发出较为成熟的研制参数费用估算模型，因而如何将国外开发的相关参数费用估算模型科学、合理地为我所用，解决我国防空导弹武器改制费用预测问题，具有紧迫而现实的意义。

1. 模型形式与样本数据

采用非线性模型，形式如下：

$$Y = C_0 X_1^{\varepsilon_1} X_2^{\varepsilon_2} \cdots X_p^{\varepsilon_p} \tag{1-4}$$

利用收集到的某国改制的防空导弹武器有关数据作为样本[①]，如表 1 - 1 所列：

表 1 - 1　　　　　　　　　　　　费用模型样本数据

序号	改制费用 Y/百万美元（2015 年）	最大有效射程 X_1/km	目标容量 X_2/个	发射质量 X_3/个 kg	飞行速度 X_4/Ma
1	287.85	5	1	84	2.5
2	294.46	3.6	1	9	2.0
3	354.02	6	1	16	2.0
4	441.90	7	2	45	1.0
5	863.54	19	2	602	2.5
6	925.40	37	2	1404	2.5
7	956.18	46	1	627	2.5
8	1108.38	46	2	636	2.5

2. 改制费模型的建立

针对样本数据，运用回归分析方法选择费用驱动因子，最终选择最大有效射程 X_1 和目标容量 X_2 作为模型变量，在此基础上得到改制费用估算模型为：

$$Y = 148.6482 X_1^{0.4786355} X_2^{0.2836744} \quad (2001 \text{ 年百万美元}) \tag{1-5}$$

考虑到资金的时间价值，运用费用变换指数使模型动态化为：

$$Y = 148.6482 X_1^{0.4786355} X_2^{0.2836744} (1 + \overline{TOA_A})^{t_A - 2001} \tag{1-6}$$

式中 $\overline{TOA_A}$ 为某国平均费用变换指数（取 0.065）；t_A 为估计年份。

---

① 赵英俊. 基于等工程价值比的防空导弹武器费用模型 [J]. 系统工程理论与实践，2001（6）.

3. 等工程价值比求取

以上建立的费用模型是针对某国样本数据，不能用于估算国内型号，应采用等工程价值比方法予以修正。通过调研，得到国内同类装备的具体参数及对应费用如表 1 – 2 所列[①]：

表 1 – 2　　　　　　　　　　国内型号改制费用

序号	改制费用 C_C/百万元（2015 年）	最大有效射程/km	目标容量/个
1	130	8.5	2
2	200	8.5	3

把表 1 – 2 中两个型号的参数代入式（1 – 4）中，可以得到两个型号在某国环境下的改制费分别如下：

C_{A1} = 252.076 百万美元（2000 年），C_{A2} = 282.79 百万美元（2000 年），C_{C1} = 130 百万元（2000 年），C_{C2} = 200 百万元（2000 年）

由此可得两种型号装备的等工程价值比分别为：

R_1 = 252.076/130 = 1.939（美元/元），R_2 = 282.79/200 = 1.414（美元/元）

取上述等工程价值比平均值为 1.68。

4. 改制费用模型的修正

用该等工程价值比平均值修正式（1 – 4），得到适合国内型号的改制费用模型为：

$$Y = 88.481 X_1^{0.4786355} X_2^{0.2836744} (1 + \overline{TOA_A})^{t_C - 2001} \qquad (1 – 7)$$

可以看出，通过采用等工程价值比模型，解决了在我国通常情况下受样本数据限制，难以建立费用模型的问题，可为项目早期阶段进行费用粗略估算提供必要支持。

三、作业成本法

（一）作业成本法主要思想

作业成本法（Activity Based Costing，ABC）是指以作业为核算对象，通过成

---

① 曹龙，刘晓东. 基于等工程价值比的远程战略轰炸机研制费用估算 [J]. 航空计算技术，2006 (36).

本动因来确认和计量作业量，进而以作业量为基础来分配间接成本的费用计算方法。作业成本法认为"成本对象消耗作业，作业消耗资源"，将产品的形成过程看作是为最终满足用户需求而设计的"一系列作业"的集合体，形成由此及彼、由内到外的"作业链"。每完成一项作业要消耗一定的资源，而作业的产出又形成一定的价值，转移到下一作业。按此逐步推移，直到最终把产品提供给用户。因此，"作业链"也表现为"价值链"，作业的转移实质上是企业内部价值的逐步积累与转移，最终形成转移给顾客的总价值。可以看出，作业成本的实质就是在资源耗费与产品耗费之间借助作业这一"桥梁"来分离、归纳、组合，然后形成各种产品成本。作业成本核算是一种以"成本动因"（Cost Driver）理论为基本依据，根据产品生产或企业经营过程中发生和形成的产品与作业的关系，对成本发生的动因加以分析，选择"作业"为成本计算对象，归集和分配生产经营费用的一种成本核算方式。这里所谓的"成本动因"就是指决定成本产生的那些活动或事项，是成本由作业向产出分配的标准，该方法一经提出，即受到了普遍的重视。

作业成本法计算体系的一大特点是把着眼点放在成本发生的前因后果上。从前因看，成本是由作业引起，一项作业的必要性如何，要追踪到产品的设计环节。它可以把费用分解到任意所需要的层次上，然后"跟踪"生命周期（设计—制造—使用—维护）的"作业/行为"，将费用分解到材料、人力、装配、采购等环节。正是在产品的这些环节，决定了产品生产的作业组织和每项作业预期的资源消耗水平，以及通过作业的逐步积累所能取得的顾客愿意支付的代价。从后果来看，作业的执行及其完成实际耗费了多少资源，这些资源的耗费对提供的产品做出了多大贡献，对这些问题及时进行动态分析，可以提供有效的信息，促使作业成本管理把重点放在产品设计和全面质量管理这些基本环节的改进和提高上。因此，作业成本法与传统成本计算方法的最大区别不仅在于制造费用分配方法与传统成本计算法的不同，更在于作业成本法从以"产品"为中心转移到以"作业"为中心上来。与其说作业成本法是一种先进的成本计算方法，不如说作业成本法是一种实现成本前馈控制与反馈控制相结合，成本计算与成本管理相结合的"全面成本管理系统"。

（二）作业成本估算模型

根据作业成本法的原理，作业成本估算计算程序可分为两个阶段六个步骤[①]。第一阶段是将制造成本分配到同质的作业成本库，并计算每一个库的分配率；第二阶段是利用作业成本库分配率，把制造费用分配给产品，计算产品成本。上述步骤如图1-2所示：

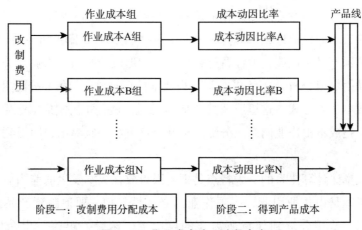

图1-2　作业成本法二阶段内容

实际操作步骤如下：①识别和定义选择主要作业；②归集资源费用到同质资本库；③选择成本动因；④计算成本库（Cost Pool）分配率；⑤把作业库中的费用分配到产品中去；⑥计算产品成本。根据作业成本法原理，作业成本即一定时间内作业所占用或耗费资源的货币表现，可表述如下：

$$C_{wi} = \delta_i D_i \qquad\qquad (1-8)$$

式中，C_{wi}为第i组作业的作业成本，δ_i为成本动因比率，D_i为成本动因。

四、仿真法

（一）仿真法主要思想

考虑到影响费用的多个因素变化情况具有一定的不确定性，这种不确定性不

---

① 高福友．基于作业成本法的产品成本预测系统［J］．工业技术经济，2006（25）．

能通过收集样本予以消除，因此，采用计算机为工具、以蒙特卡洛技术为支撑的仿真法（Simulation Method），来模拟一项研究与发展（R&D）计划，每项 R&D 活动和每次决策都由模型进行。从现在向前一段时间的仿真，不是通过任务成功而使计划完成，就是通过因技术失败（或受时间、预算的限制）而使计划中止。计划的每次仿真代表研究与发展的一种可能结果。在进行了若干次这样的仿真之后，可以得到结果的统计样品，包括成功的概率和计划成本。该法在完成费用估算的同时，还能进行费用估算不确定性分析。

采用仿真模型估算方法理论上可完成装备不同寿命阶段和不同层次的费用估算，这主要依赖于所能收集到的数据的详细程度。仿真估算模型的优点主要体现在：（1）可使系统模型化更加接近实际；（2）对数据点不需要更多的校核；（3）对任何细节均可使之模型化；（4）非常适合进行灵敏性分析；（5）风险本身即为输出的一部分。仿真估算模型的缺点在于所需数据量大，模型的建立所需的人力和时间巨大。

（二）费用仿真模型

目前，已开发了多个费用仿真模型，这里以装备使用和保障费用分析模型（Operation and Support Cost Analysis Model，OSCAM）为例加以介绍。

装备使用和保障（O&S）费用是装备寿命周期费用的主要部分，因而，如何更为准确地估算装备 O&S 费用，一直受到军方的高度关注，它对于及早发现影响 O&S 的主要因素，进行权衡分析，以及制定 O&S 计划都具有重要的支持作用。但是，由于现代武器装备使用、维修和保障系统工作环节多，影响因素复杂，因而采用传统的费用估算方法在估算 O&S 费用时有一定的困难，最为突出的问题在于，传统的估算方法难以充分反映装备 O&S 的动态过程。在这一背景下，英国和美国国防部专家于 1996 年 8 月提出了开发仿真模型估算装备 O&S 费用的计划，也就是后来的 O&S 费用分析模型（Operation and Support Cost Analysis Model，OSCAM）。最初的模型主要针对海军舰船系统，后来不断扩展至其他装备①。

OSCAM 模型在描述装备使用维修保障各种活动时主要采用系统动力学（System Dynamics，SD）方法。系统动力学方法是由美国麻省理工学院以福雷斯

①　Gregg M Dellert. An Analysis of the Impact of Reliability and Maintainability on the Operating and Support (O&S) Costs and Operational Availability (AO) of the RAH－66 Companche Helicopter［D］. Naval Postgraduate School, Monterey, California, 2001. 12.

特（J. W. Foreester）教授为首的系统动力学小组于 20 世纪 50 年代创立并逐步发展起来的一门方法论学科，是一种系统思考和分析的理论方法和工具，其实质是研究系统动态行为的一种计算机仿真技术。该技术以控制论、系统论和信息论中的基本原理为基础建立系统动力学模型，以计算机模拟技术为手段进行仿真试验，其目的是用所获得的信息来分析和研究系统的结构和行为，为正确决策提供科学的依据。系统动力学方法将问题分解成不同的部分，并针对每一部分开发因果图，用因果图来表示系统中变量的因果关系，用箭头将有因果关系的变量连接起来，箭尾表示变量原因，箭头表示变量的结果。若变量 A 增加引起变量 B 增加，或 A 减少引起 B 减少，则记为 A + →B，并称为正因果关系。这样，整个系统变量就由许多复杂的正、负因果关系构成。采用因果图的方式可直观地反映原因和结果的变化情况，从而使复杂系统内部的相互作用关系变得更加清楚和简便。

在 OSCAM 开发过程中，研究人员需要完成以下几项主要工作：一是结合具体装备使用维修保障实际情况和特点，识别出其中所有的主要过程环节，厘清各过程环节之间发生的时间关系和维修保障资源交换关系，并制订出详细的工作计划；二是针对每个过程环节展开详细分析，分析结果要能够为绘制装备 O&S 各项活动的因果图提供支持，各项活动之间的相互联系和影响在因果图中可以全面地得到反映，最终在此基础上可构造出系统动力学模型；三是采用相近或参考系统进行模型初始化；四是对建立的仿真系统进行结果分析，并对系统模型进行修正；五是模型应用。当建立的系统模型经验证和修正认为反映了研究对象使用、维修和保障费用变化的内在规律后，所建立的系统就可以用来预测新系统的 O&S费用了。

开发上述 O&S 费用仿真系统，需要开发人员、主管机构、装备的 O&S 人员共同努力，在系统开发过程中需要处理不同层次的工作，相互协调，因而花费时间较长，同时也需要大量的数据做支持。OSCAM 在建模中充分利用了美国海军的 "O&S 费用可视化和管理"（The Visibility and Management of Operating and Support Costs，VAMOSC）数据库系统。OSCAM 采用的其他相关工具还有数据管理工具（Data Management Tool，DMT），它主要用来对平台和设备更详细地加以模型化，因为有的用户可能对识别哪些部分是影响系统费用的主要因素更感兴趣。这时，数据管理工具可以在局部的 OSCAM 使用以完成 O&S 费用估算。另外，还开发了参数费用估算模型，以便识别数据变化趋势。

第三节 装备定价理论基础

一、装备定价理论基础

在市场经济中，价格是经济参与者相互之间联系和传递经济信息的媒介，表明了经济资源配置的情况。价格是商品经济特有的表现形式，当社会出现分工，生产资料和产品为独立的私人所有时，以交换为目的的商品生产便产生了。马克思对价格所下定义："以货币表现的价值"①，这是马克思从质和量两方面，用最精辟的论述对价格所作的概述。

装备价格是一个既离不开一般商品价格又独立于一般商品价格的概念。美国《联邦采购条例》认为，"价格"是成本加适用于该合同类型的全部酬金或利润；而中国《国防采购词典》将"价格"定义为政府为采购某项系统或装备支付的金额，同时认为价值是以耗费的资源为代价所获得军事价值的度量，它与敌人付出的代价（受到破坏、欺骗或反击）成正比而与系统费用成反比关系。

按照马克思关于价格的定义，可以将装备价格定义为：装备价格是装备值的货币表现，即军队对装备承制单位提供的产品或劳务，通过交换形式支付的货币。装备价格体系则是指各种装备价格及其构成之间相互联系、相互制约的有机整体。

（一）装备价格机制

价格机制是指价格形成及其运行的内在规律，以及人们运用其规律管理价格、调节社会经济活动的过程与形式。装备价格机制是国防经济市场调节机制之一。

价格机制在市场总的供需关系基础之上发挥作用，由同类经济行为主体之间的竞争而形成。在商品、劳务、生产要素市场，当供给量小于需求量时，产生买方竞争，为争取购买行为的满足，买方相互竞争的结果使原有价格上升；当供给

---

① 马克思恩格斯全集（第 25 卷）[M]．北京：人民出版社，1974：397.

量大于需求量时，产生卖方竞争，为争取合适的销售份额和销售数量，卖方竞争结果使价格降低；当供给量与需求量均衡时，产生相对稳定的市场价格。商品价格机制的作用表现在四个层次上。[①]

1. 价格形成机制。是指价格的决定，即各种经济主体参与价格形成的权力的配置关系，以及由此决定的价格形成、变化等基本原理，它是价格机制的基础和核心。由价格决定的客观依据和定价体制组成，此二者的结合决定了价格在经济运行中变化的方向与幅度。

2. 价格运行机制。是指价格与其他市场经济要素之间相互联系、相互作用和相互制约，从而调节市场经济运行的机理。具体表现为价格的运行和变化过程中其功能发挥的形式和条件，价格变化与其他经济机制的作用形成的内在关联性或相互作用的机理及特定的管理制度。

3. 价格约束机制。是规范价格合理形成和有序运行并发挥作用的机理，即价格行为和价格运行必须服从价值规律、供求规律和竞争规律以及国际或者国家有关价格的法律、法规、制度和政策的制约。

装备采购价格机制的作用与市场机制是不同的。当国家采取军事订货形式时，装备市场一般为合同价格制，价格机制对装备供给与需求量的变化影响比一般市场要小；当装备采购采取市场方式时，由于买方垄断，生产同种装备的生产者为在市场竞争中取得较高的占有率，必然会降低装备价格，会节约国防消耗。

4. 价格调控机制。价格调控机制是指政府为保证价格体系的有效运转，对价格运行进行间接调控而建立的组织原则、方式方法及相关的各种措施。其作用对象是极少数重要商品价格和价格总水平。有效的价格调控机制可分为两个层次：一是宏观调控体系和调控机制，如运用财政政策、货币政策等手段从经济总量上对价格总水平的运行进行调控；二是调控市场价格的制度，如实行某些商品价格政府定价或指导价、某些商品提价申报等办法，对重要商品、特殊产业的市场价格进行必要的调节。

（二）装备定价方法

不同的市场类型会导致不同的定价方法。通常的定价方法有以下几种：[②]

---

① 王德章. 价格学［M］. 北京：中国人民大学出版社，2009：32–35.
② 王建国，李鸣. 装备采购基础理论研究［M］. 北京：国防工业出版社，2009：240–243.

1. 成本导向定价。是以商品成本为基础，加上预期利润和应纳税而确定的销售价格。这是一种最简单的定价方法，其计算公式为：

$$商品价格 = \frac{总成本 + 预期利润}{商品数量} = \frac{总成本 \times (1 + 成本利润率)}{商品数量}$$

成本导向定价法在实际运用中可以分为以下几类。

（1）成本加成定价法。这种方法是在单位产品成本的基础上，加上一定比例的预期利润作为产品的售价。由于利润的多少是按一定比例反映的，这种比例习惯上称为"几成"。公式为：

$$单位商品价格 = 单位商品成本 \times (1 + 成本加成率)$$

式中，加成率为预期利润占产品成本的百分比。

成本加成定价法历史悠久，在西方国家广为应用研究。它的优点是计算简单，简便易行，价格盯住成本，不必因需求的变化而频繁地调整价格。卖方保本寻求合理收益，买方无须因供不应求付出过高价格，比较符合政府定价要求。这种方法的缺点是忽视了市场竞争和供求状况的影响，市场机制不充分，缺乏灵活性。同时，加成率是一个估计数，缺乏科学性，难以准确得知对应价格水平的市场销售量，从而使固定成本的分摊缺乏准确性和合理性。当加成率确定后，产销量越大，单位固定成本分摊额就越低，从而商品单价就低，由此可能丧失一部分应得利润；反之，产销量小，单位固定成本分摊额就越高，商品单价高，军方难以承受。

（2）损益平衡定价法。这是在预测市场需求的基础上，以总成本为基础的定价法。企业销售量达到预测需求量时，实现收支平衡，超过了平衡点就是赢利，低于此数即为亏损。这一预测的需求量，即为损益平衡点。该方法利于经营者从保本入手，确定最佳品种结构及经营规模与价格组合，其公式为：

$$单位产品保本价格 = \frac{固定成本}{损益平衡点产量} + 单位产品变动成本$$

或

$$损益平衡点产量 = \frac{固定成本}{单位产品价格 - 单位产品变动成本}$$

因此，在保本价格基础上加上预期盈利，即为商品价格，用公式表示为：

$$商品价格 = \frac{固定成本 + 预期盈利额}{销售数量} + 单位产品变动成本$$

损益平衡定价法是一种定量评价价格变动效果的增量分析方法。一般价格变动对利润会产生价格效应和数量效应两种影响。前者起作用时，降低价格会减少利润，但数量效应会因销售量增加而使总利润上升。当价格效应小于数量效应量，降低价格可增加利润；反之亦然，提价可获利。

（3）变动成本定价法。又称为目标贡献定价法，即以单位变动成本为定价基本依据。加入单位产品贡献，形成商品价格。公式为：

$$单位产品保本价格 = \frac{变动总成本 + 预期边际贡献}{预期产品产量}$$

公式中的边际贡献就是销售收入减去变动成本后的收益。预期的边际贡献也就是补偿固定成本费用和企业的盈利。由于边际贡献会大于、等于、小于变动成本，所以企业就会出现盈利、保本或亏损三种情况。当市场竞争激烈，或产品市场寿命周期较长，固定成本的补偿期很长；或产品线较多，固定成本已在其他产品中得到补偿。在上述情况下，为了提高产品的竞争能力，可以以变动成本为依据确定价格，通过产品的量产销售获取利润。

2. 需求导向定价。这是一种以需求为中心，以顾客对商品价值的理解和对价格的承受能力为基础的定价方法。主要有认识价值定价法和需求差异定价法两种。[1]

（1）认识价值定价法。这是以消费者对商品的认识程度和主观价值判断为依据来制定价格，即根据消费者为获得某种产品愿意支付的金额来确定产品价格。认识价值定价法的特点是按市场需求而不是按生产成本来定价，定价顺序与成本定价正好相反。其过程如图 1 - 3 所示。

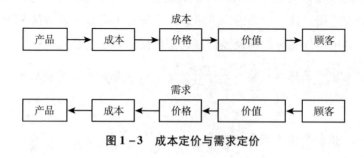

图 1 - 3　成本定价与需求定价

（2）需求差异定价法。就是对同一产品根据不同的需求因素制定差别价格的

---

① 翟建华. 价格理论与实务［M］. 大连：东北财经大学出版社，2009：145 - 146.

方法。需求差异定价法以不同时间、地点、消费者群、产品的差异作为定价的主要依据。例如，优惠价与市场价的差别是区分购买者的定价；工业用盐与食用盐的价格差别，反映了消费性质和用途上的区分。时令产品的季节差价、产销地之间的地区差价等，都属于需求差异定价。这是一种比较常见的定价方法。

可见，需求定价是成本定价方式的逆过程。基于消费者对产品价值的认知，即市场反映出的需求情况，企业制定一个目标价值，并在这个目标价值和价格的引导下设计产品，决定成本规模。

3. 竞争导向定价。竞争导向定价是依据同行业竞争对手的价格并结合企业产品的竞争能力，选择有利于市场竞争的价格来定价。

这种定价的特点是，企业价格盯住同行业竞争者的价格。只要竞争对手的价格不变，即使本企业产品的成本、需求与该价格无多大关联，产品价格也不会变；若是竞争对手的价格变化了，虽然本企业产品成本、需求不变，产品价格也会发生变化。

（1）投标定价法。即密封投票定价法，它主要用于投票交易方式中。例如，建筑包工、大型机器设备制造、政府大宗采购等。一般由卖方公开招标，买方竞争投标，密封递价，卖方依据一定标准择优选择"中标"者，买卖双方最后签约成交。投标递价，以竞争者可能的递价为转移，但不能低于边际成本，否则并不能保证适当利益。递价投标过程实际是一个竞标者博弈的过程。

（2）随行就市法。是竞争导向法中较为适用的一种。行市定价的原则是，企业按照同行业的平均价格水平来定价，因为当需求弹性很难测量时，企业觉得行市价格代表行业中关于价格的集体智慧，总会有适当的收益，同时也避免价格战。

（3）渗透定价法。是以打进某市场或扩大市场占有率、巩固市场地位为目标的定价方法。它的特点是价格偏低，低到什么程度完全取决于竞争形势，而不考虑成本，采取这种定价方法时，成本和利润需要经较长时间才能收回。渗透价格虽然比市场流行价格要低，但是不像倾销价格那样相差悬殊，而且着眼于维持一段较长的时间，并有可能进一步下降，以应对竞争形势的变化。

（4）拍卖定价法。就是商品所有者或委托代理人事先不作具体定价，而在拍卖地点进行公开叫卖，根据不同买主的报价，选择一个对卖方有利的价格，即不再有人竞争的最高价格作为成交价格的一种方法，常用于文物、古董、高档艺术品、房地产、机器设备等的变卖。应用此种方法，可以加快交易速度，有利于对闲置资产的处理。

（三）价格形式

价格形式是价格形成机制的基本内容，是由于价格形成方式不同所形成的不同价格类别。《中华人民共和国价格法》对我国现行的价格形式作了明确的规定："国家实行并逐步完善宏观经济调控下主要由市场形成价格的机制。价格的制定应当符合价值规律，大多数商品和服务实行市场调节价，极少数商品和服务实行政府指导价或者政府定价。"从中可以看出，我国商品定价有三种方式，即政府定价、政府指导价和市场调节价。

1. 政府定价。是一种指令性的计划价格，是国家行使管理职能的一种以行政手段占主导的对经济生活的直接干预。主要可分为中央定价和地方定价两种形式。前者是指由国家发展和改革委员会与国务院业务主管部门，按照价格管理权限统一制定的商品价格和收费标准，后者是指由省（市）、地、市、县各级管理部门根据价格管理权限制定的商品价格和收费标准。政府定价具有高度的宏观计划性、相对稳定性、严肃的政策性和指令性。政府定价中，国家是唯一的定价者，企业是受价者，政府定价主要涉及一些关系国计民生的或者生产经营具有高度垄断性的，或缺乏竞争和供求缺乏弹性的商品。

2. 政府指导价。也属于计划价格的范畴，是一种指导性的计划价格。从企业的角度来说，这种价格形式减轻了对企业自主定价的束缚，使之从完全的受价者转为拥有有限定价权力的定价者。政府指导价主要有以下三种形式：

（1）浮动价格。政府对部分重要商品规定基准价格和上下浮动幅度，由生产者、经营者在规定的浮动幅度范围内自行制定和调整具体价格。

（2）定率价格。政府对重要商品规定差率（如进销差率、地区差率、批零差率等）和利润率，生产者、经营者按照规定的差率或利润率制定商品价格。

（3）限制价格。政府对某些商品变动规定的极限价格，又有最高限价和最低保护价之分。最高限价是商品的封顶价格，为了保护消费者利益和控制价格上涨而制定；最低限价是商品价格的经济底限，能够保护生产者利益，提高生产者积极性。

政府指导价也具有宏观计划的特性，但相对于政府定价而言，在具有一定程度约束力的同时又具有一定程度的灵活性，因而它适用于一些对人民生产关系密切的商品价格和收费标准。

3. 市场调节价。是指由生产者或经营者自主制定，通过市场竞争形成的商品价格和收费标准，要求实行市场调节价格的生产者、经营者应当遵循公平、合法和诚实信用的原则。

市场调节价的定价主体是企业，这种价格形式主要包括企业定价和集体贸易价格两种。前者是企业综合市场信息制定的价格，后者是由买卖双方协商议定而成的价格，这种价格形式主要出现在农村集市或城市农副产品市场上。与政府定价和政府指导价这两种计划性价格相比，市场调节价格的特点主要体现在：直接、自动地反映商品价值和市场供求的变化，能够及时、灵活地自动调整平衡商品价格使之适应市场需要；能够引导生产、经营者根据市场供求组织生产和流通；在市场经济体制下，市场调节价能使价格体系更趋合理。

（四）装备价格作用

1. 有利于促进装备资源的合理配置和社会劳动的优化组合。人类社会资源是有限的，有限的资源能否得到合理的利用，关键是能否以最小的投入获取最大的产出。装备价格具有杠杆作用，合理的装备价格能够改善生产布局，合理配置装备资源。因为，一旦某产品投入劳动高于社会总劳动对它的分配比例时，多余产品不会主动退出市场，因此价值得不到实现，价格也只有下落；反之，某产品投入劳动低于社会总劳动对它的分配比例时，价格也只有上升。正是装备价格的下落与上升调节着装备研制生产企业的规模、结构和方向，从而达到促进社会资源合理优化的目的。

2. 有利于促进军工企业提高产品质量。价值是价格形成的基础，任何企业的任何产品，只有当个别劳动时间等于社会平均劳动时间时，才会获得平均利润；只有当个别劳动时间低于社会平均劳动时间时，才能获得超额利润；而个别劳动的时间高于社会平均劳动时间时，只会亏损。因此，合理的装备价格能够促使企业改进生产工艺，通过技术改造、加速产品更新换代，提高产品质量。

3. 有利于调节各方面的经济利益关系。装备价格属于交换范畴，它是各方经济利益的集中体现，因此，装备价格的变动直接涉及各方经济利益的调整。装备价格提高，或装备价格降低，必然引起各经济主体的经济利益变动。随着市场经济体制的发展与完善，装备市场将更加成熟，装备价格的形成机制将多样化，装备价格调节各经济主体间经济利益将日益明显。

二、装备采购价格形成

价格形成是指商品在生产和流通过程中价格的确定。价格形成的基础是价值或其转化形态——生产价格。装备价格是装备价值的货币表现，即军队对装备承制单位提供的产品或劳务，通过交换形式支付的货币。一般来说，价格的形成是以商品的价值为基础并由供给和需求关系决定的。但是，由于国防工业部门在装备研制生产市场的垄断地位，使装备价格与其他竞争性产品的价格形成机制有所不同。

（一）制定装备价格原则

1996 年 3 月，总装备部颁发《装备价格管理办法》，规定国家对装备价格实行统一管理、国家定价，使我国的装备价格形成了自身的特色，主要表现在：

一是反映价格规律；二是在维护国家整体利益的前提下，兼顾生产方和使用方的利益，正确处理当前利益和长远利益的关系；三是在考虑装备生产过程中所需的必要补偿和生产单位的合理收益的前提下，统筹考虑军事装备购置费的有效、合理使用；四是实行装备定价成本制度，定价利润按定价成本利润率计算，保本微利；五是在正常生产、合理经营、批量订货和原材料价格不变的条件下，同种同质装备原则上实行同种价格。

（二）装备定价形式

在现代经济条件下，一般商品价格是在市场中由供求双方经过竞争、讨价还价后自发形成的。装备价格与一般商品价格相比，其更强调以成本为基础。而且供求双方的市场力量均有限，无论是卖方或是买方其都只能在既定的"定价规则"中确定装备价格，很少借由市场自发形成，基本上是由国家价格主管部门根据制定价格的程序和定价规则来确定，因此，政府定价是装备采购的主要形式。[①]

《中国人民解放军装备采购条例》规定了六种装备采购方式，分别是公开招标采购，邀请招标采购，竞争性谈判采购，单一来源采购，询价采购，总装备部认可的其他装备采购方式，这六种采购方式也决定了装备采购不同的定价形式。

---

① 王建国，李鸣. 装备采购基础理论研究 ［M］. 北京：国防工业出版社，2009：271 - 274.

对于新型研制装备，由于这些装备的价格缺乏可比性和市场认同性，装备的供给者一时难以确定计划成本，装备需求方也不能自行提出令人信服的价格标的。只能实行成本补偿定价形式。其基本做法如下：

1. 供需双方对既定的装备通过价格协商，制定一个基础价格。如果在装备制造过程中不发生任何风险费用，这个基础价格即为该装备的最终价格。

2. 供需双方商定装备制造过程中发生的哪些风险费用可以进行成本补偿。例如，在制造期间国家财经政策变化、物价指数变化或费用变化导致成本大幅上升，或者是重大技术修改、技术挫折造成不可预见费用的发生等。

3. 供需双方确定进行成本补偿时各自的权利和义务，以及成本补偿的具体方法。例如，当发生的风险费用为基础价格的 5% 以内时，全部由供给方独自承担；当发生的风险费用为基础价格的 5%～15% 之间时，由双方共同承担其中的50%；如发生的风险费用超过基础价格 15% 以上时，超过基础价格 15% 以上部分全部由需求方承担。

4. 需求方既有承担风险费用的义务，也有监督风险费用形成的权利。也就是说，需求方可对供给方的成本发生情况进行跟踪调查和必要控制。

三、装备采购价格的控制思路

（一）垄断条件下成本加成模型分析

按照经济学理论，竞争行业在价格等于边际成本的点经营，而垄断行业在价格大于边际成本的点经营，于是，与竞争厂商相比，垄断厂商的价格较高，产量较低。

价格与产量的变化会影响收益，其关系式表示为：

$$\Delta R = p\Delta q + q\Delta p$$

式中 R 为收益，p 为单位价格，q 为产量。

两边同除以 Δq，得到边际收益 MR 表达式：

$$MR = \frac{\Delta R}{\Delta q} = p + q\frac{\Delta p}{\Delta q}$$

变形整理后得：

$$MR = \frac{\Delta R}{\Delta q} = p\left[1 + \frac{q\Delta p}{p\Delta q}\right] = p(q)\left[1 + \frac{1}{\varepsilon}\right] \qquad (1-9)$$

式中 ε 表示需求价格弹性，$\varepsilon = \dfrac{\Delta q/q}{\Delta p/p}$

在垄断条件下，需求弹性为负值，式（1-9）可以记为：

$$MR = \frac{\Delta R}{\Delta q} = p\left[1 + \frac{q\Delta p}{p\Delta q}\right] = p(q)\left[1 - \frac{1}{|\varepsilon(q)|}\right] \qquad (1-10)$$

式（1-10）中，如果 $|\varepsilon(q)| = 1$，那么边际收益为零，产量变化不会使收益发生变化。如果需求是无弹性的，$|\varepsilon(q)| < 1$，边际收益为负，说明产量增加使收益减少。对装备进行垄断定价，假设定价的目标是要实现利润最大化，那么，企业就决不会把价格定在需求弹性小于1的水平上，这表明，在需求曲线缺乏弹性的点上经营不可能实现利润最大化。也就是说，垄断经营决策的产量只能出现 $|\varepsilon(q)| > 1$ 的区域。

按照最优定价理论，边际收益等于边际成本，对（1-10）式进行变化有：

$$MC = p(q)\left[1 - \frac{1}{|\varepsilon(q)|}\right] \qquad (1-11)$$

式（1-12）可变为：

$$p(q) = MC(q^*)\bigg/\left[1 - \frac{1}{|\varepsilon(q)|}\right] \qquad (1-12)$$

式（1-12）中，q^* 表示最优产量。

上式表明，垄断厂商最优的市场价格等于边际成本加成，式中加成数取决于需求弹性，由 $\left[1 - \dfrac{1}{|\varepsilon(q)|}\right]$ 式给出，由于垄断厂商总是在需求曲线有弹性的点经营，所以，$|\varepsilon(q)| > 1$，从而加成数大于1。

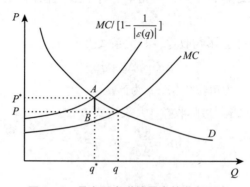

图 1-4 具有不变弹性需求的垄断厂商

如果需求弹性不变，既 $\varepsilon(q)$ 是个常数，垄断厂商将按边际成本的固定加成定价，如图1–4所示。图中，曲线 $MC\big/\left[1-\dfrac{1}{|\varepsilon|(q)}\right]$ 以边际成本的某个固定比例高于边际成本 MC；最优的产量水平位于 $p=MC\big/\left[1-\dfrac{1}{|\varepsilon(q)|}\right]$ 的 q^* 处。

从图1–4可以看出，垄断厂商最优产量低于完全竞争条件下的最优产量，而价格高于完全竞争条件下的价格。在不变弹性约束下，垄断厂商按照成本加成方式定价，是能够获取垄断利润的，其垄断利润的大小等于 AB 的值，而 AB 值的大小只与成本和加成率有关。

（二）现行装备价格模式弊端

我国现行装备采购是政府定价，并且按照成本加成的定价模式运行，具有较强的计划经济色彩，在计划经济体制下对稳定装备价格、保证装备采购任务完成起到了重要作用。但随着市场经济运行程度的加深，这种成本加成的价格模式存在着一些问题。

1. 装备价格随成本虚高而上涨。由于生产的垄断性，装备特别是大型武器装备不存在完全意义上的社会平均生产成本或社会平均必要劳动时间，同一产品，由于各生产企业成本不同价格也就不同，可以说个别生产成本或个别劳动时间构成了装备定价成本。按照"成本价格"模式，装备生产成本越高，则 AB 值越大，垄断利润也就随之越高，这无疑会极大地助长企业虚增装备成本。此外，随着技术进步，大型复杂装备越来越多，配套层次也越来越多。企业的装备生产利润将在各级配套中重复累加。处于最低层次的配套厂家生产成本少，利润也少，而处于最高层次的总装厂，通过配套产品总装，不仅获得自己的加工成本利润，还要获得配套产品的成本利润，结果造成各个企业争当总承单位，以获得外围配套利润。由此，导致装备价格不断上涨。

2. 装备价格未与技术含量挂钩，高附加值没有得到体现。随着全球军工领域高技术的迅猛发展，技术创新已成为装备发展驱动力。从成本加成定价模型看，装备价格主要与制造成本关系密切，但没有体现出科研成本大小。装备特别是高技术武器装备的高技术特性和生产管理的复杂性，生产装备既需要各种特殊的物化劳动，又需要付出高技术和复杂的活劳动消耗，对物化劳动进行再加工，创造出新的更高的价值，这种高技术复杂劳动创造的新价值必然远远高于一般劳动创造的新价值，这种新价值就是装备的附加值。由于国家对装备定价实行限制性的低利润政策，这部分附加值在装备价格中未能得到体现和合理补偿。

3. 对装备质量要求缺乏敏感性。目前的定价模式只与成本挂钩，装备在部队的使用质量要求没有得到体现。在市场竞争中，质量好的商品，其销售价格就高，而质量不好的商品，企业必须降价销售。装备也是商品，装备价格必须适当反映军方对质量的评价意见，装备价格一般应高于成本，但质次的也可以低于成本，这样才能反映装备价格规律，引导企业在提高质量和性能上下功夫，从而保护军方的根本利益。当前有些装备质量不好，但价格较高，交付部队后故障频繁，不仅不能及时形成部队战斗力，而且还造成很大经济损失。

4. 限制了军工企业的发展。通过技术创新与技术改造降低必要劳动时间、提高生产效率是现代企业降低成本、增加利润的根本手段。而按照现行装备"成本价格"模式，制造费用、管理费用不论高低统统可以列入生产成本，在装备价格中得到全成本补偿，而通过技术改造降低成本反而会降低产品价格，减少利润。此外，装备是高科技、高投入、高风险的产品，应该是高附加值、高利润，而装备"成本价格"模式中5%的利润率太低，远远低于其他工业部门的利润率。这种装备定价模式会抑制企业技术创新与技术改造的动力，限制现代军工企业的发展。

5. 流通费用在装备价格中没有显现。一般商品的价格由生产成本、利润、税金和流通费用组成，而在装备价格构成中无流通费用，原因是装备具有消费对象的确定性，是由军队代理国家订货和购买，并按指令性计划进行交付和结算，流通渠道简单。但是，在装备的交付过程中，实际上是需要花费一定费用的。例如，装备由承制单位运输到指定的交付地点，需要花费的运输费用、保险费用、押运费用；又如部队接装所花费的接装费用等。这些流通费用有的按照有关规定计入了装备成本，有的由装备采购费用直接支出，但没有在装备价格构成中直接显现。

（三）装备合同价格的优化

要实现武器装备信息化，就必须把有限的装备建设经费管好、用好，使其发挥最大的经济效益。如果某些装备的价格虚高，就会使一部分军费不能真正用在装备建设上面。相反，如果某些急需发展的装备保持低利润，又会限制军工企业积极性，制约武器装备发展。因此，必须从我国国情出发，逐步改革装备的定价模式，提高装备采购效益。

1. 发挥价格的经济杠杆作用，形成按社会平均成本计价机制。价格机制是市场机制的重要组成部分，竞争是市场经济条件下提高装备经济运行效率的根本，由成本导向定价向竞争导向定价转变是提高装备采购效益的重要途径。要健全开放式武器装备科研生产格局，引导社会资源进入装备研制领域，改进装备市场准入和退出制度，完善有利于公平竞争的政策。为此，进一步完善政府投资管理，对承担同类装备科研生产任务的企事业单位实行同等投资政策，形成公平的竞争环境，改变"一厂一价"的个别成本计价模式，降低成本与价格。

2. 改变军事专用品价格的低利政策，促进装备制造业发展。以工业部门平均利润率为参考，确立动态的装备利润率，优化装备研制利润构成，使军工企业具备自我积累、自我发展的能力。通过能力建设，使国防科技工业企业做大做强，产业结构不断优化。

3. 加强成本过程控制，变传统的事后审价为事先控制。按照成本加成模式定价，对成本实施有效控制是降低价格的核心。但由于存在信息不对称，装备研制过程存在费用不可见和不可控的问题，军方只是在项目完成以后组织审价，这种事后监督的方式几乎无法控制研制过程中成本的增加和虚高。必须在现有体制框架内，建立过程成本披露和过程成本监控两大机制，实行严格的过程控制，提高装备采购经费使用效益。

4. 实施分类定价模式，形成合理的装备价格形成机制。装备是个复杂的系统，存在不同的类别，定价模式单一缺乏针对性，而分类定价则是一种合理的价格形成机制。对独家生产或寡头供给的装备项目实行国家直接经营，政府定价采取成本导向形成价格，加强成本控制是这种定价方式的核心，国家是唯一的定价者；对垄断竞争市场下的装备项目实行供需双方协商定价，国家监管，采取需求导向形成价格，企业是有限权力定价者；对军民通用装备项目实行市场调节定价，国家监管，通过竞争导向形成价格，保证军民通用品同质同价，企业是定价主体。

第二章

外军装备成本控制实践及启示

在有限的装备费条件下，如何最大限度地提高装备费的使用效益，保障武器装备建设适应军事斗争准备的需要，无疑是摆在我们面前的一项艰巨任务。"他山之石，可以攻玉。"世界军事强国对武器装备费的管理不但起步较早，而且是在市场经济发展比较成熟的条件下进行的，积累了较为成熟的管理经验与方法，值得借鉴。为此，我们主要选择在信息化武器装备投资和全寿命费用管理方面具有代表性的美国、日本、俄罗斯等国进行研究，从宏观上了解和把握这些国家军费、装备费的态势，并通过研究和比较，对其装备费结构及其投向进行详细分析，力求揭示外军信息化武器装备体系投资使用的规律和特点，提出我军装备费使用和全寿命费用管理方面的建设性意见，为搞好我军信息化武器装备体系投资管理提供参考。

第一节　世界主要国家装备建设投资规律研究

一、世界主要国家信息化武器装备体系投资分析

（一）当前全球武器装备建设经费规模及强度分析

1. 外军军费规模。斯德哥尔摩国际和平问题研究所在 2010 年的报告中指出，2010 年军备竞赛的继续使世界和平面临巨大威胁，而自然资源是国家间关系紧

张和许多冲突的主要原因，此外核武器的存在加剧了这种威胁。为确保国家安全，抵御尚未出现的邻敌，各国不断增加军费开支，这加剧了战争、冲突及使军备竞赛狂热的可能性。据该研究所的报告，2010年全球军费开支达到1.63万亿美元（2008年为1.4万亿美元，2009年增加到1.53万亿美元）。在全球160多个国家中，美国军费开支一直遥遥领先，依然稳居"龙头老大"的位置。2010年美国军费开支为6980亿美元，占全球军费开支的43%。

2010年军费增长幅度最高的地区是南美洲，增幅5.8%，总额达633亿美元。欧洲的军事开支下降2.8%，因为政府要削减成本来抑制预算赤字。其中欧洲的中部和东部以及希腊的军费削减较为严重。亚洲地区近年经济表现疲弱，导致2017年的军费开支只增长1.4%。表2-1是2017年世界军费开支排名前10位国家的情况。

表 2-1　　　　　2017 年世界军费开支排名前 10 位国家的情况

国家	军费开支（亿美元）	2011~2017年变化率（%）	占 GDP 比例（%）	排名
美国	6098	-19.7	3.1	1
中国	2282	53.2	1.9	2
沙特阿拉伯	694	23.7	10.3	3
俄罗斯	663	44.1	4.3	4
印度	639	30.3	2.5	5
法国	578	8.6	2.3	6
英国	472	-13.7	1.8	7
日本	454	-1.7	0.9	8
德国	443	9.9	1.2	9
韩国	392	24.4	2.6	10

数据来源：SIPRI Military Expenditure Database：Data for all countries from 1988 – 2017 in constant（2016）USD；Data for all countries from 1988 – 2017 as a share of GDP.

当前，美国极力建立单极战略格局，推行先发制人的军事战略，肆无忌惮地干涉别国内政，使其军费预算迅速增长，这必将影响到世界其他国家军费预算的增长。特别是高新技术在武器装备上的大量应用，使武器装备费大幅度上升，从而导致各国军费增加。

2. 外军武器装备费规模。武器装备费历来都是各国国防预算经费中的重点。21 世纪以来，世界各国（地区）武器装备费占军费的平均比例约为 33% ~35%，部分国家为 40% ~50%。美国 2010 年武器装备费为 5124 亿美元，占军费的比例为 71.2%，日本 2009 年装备建设费为 19019 亿日元，占军费的比例为 40.4%，俄罗斯 2010 年装备建设费 463980 百万卢布，占军费的比例为 39%。

美国自 1980 年以来，每年装备费的投入都在 1180 亿美元以上，冷战时期曾达到 2389 亿美元，比 1980 年翻了一番多，此后逐渐下降，冷战结束后下降幅度更大。1998 年开始缓慢低增长，2001 年 "9·11" 事件后，为了对付恐怖分子，布什政府追加了军费预算，大幅增加了武器装备费。根据有关资料，美国从 2001 年起到 2010 年其武器装备费一直保持在 2000 亿美元以上的规模，而且增速有进一步扩大的趋势（见图 2-1）。

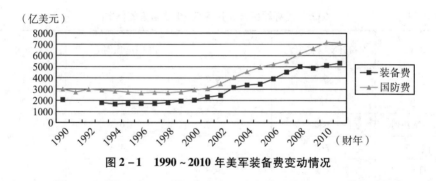

图 2-1　1990 ~2010 年美军装备费变动情况

俄罗斯在冷战时期武器装备费较高，但冷战结束后，由于其国内形势的急剧变化，经济衰退，武器装备费难以保证。1992 年以后武器装备费基本维持在 30 亿~50 亿美元，1997 年达到 47 亿美元。虽然总体形势看涨，但与实际需求差距较大。表 2-2 和图 2-2 显示了俄罗斯 1992 ~2010 年度武器装备费投入情况。

表 2-2　　　　　　　　俄罗斯 1992 ~2010 年度武器装备费投入情况

年度	国防预算（百万卢布）	装备费（百万卢布）
1992	901	381.1
1993	8327	3497.3
1994	40626	15681.7

续表

年度	国防预算（百万卢布）	装备费（百万卢布）
1995	59379	21317.1
1996	80185	27343.1
1997	83200	29952
1998	92765	35250.7
1999	109558	36921.1
2000	191727.6	56559.6
2001	247703	65888.9
2002	295392.9	88322.5
2003	355691.7	—
2004	429998.7	137676.4
2005	531139.2	187783
2006	666026.6	236700
2007	822035.9	307600
2008	959600	364023
2009	1061500	390964
2010	1191000	463980

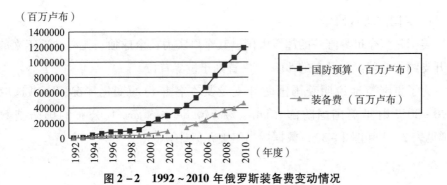

图 2－2　1992～2010 年俄罗斯装备费变动情况

（二）选择美、日、俄三国作为代表的依据

武器装备费是军费的重要组成部分，是国家经济实力和综合国力的重要体现，是军队战斗力生成的重要保障。随着世界武器装备现代化的飞速发展，武器装备的成本不断加大，尤其是高技术在武器装备上的应用，使装备研发投入越来越大，全寿命费用管理的任务日趋繁重，装备费供给与需求的矛盾更加突出。社会主义市场经济的发展，给装备经济工作带来了一系列新问题，对装备费和装备价格的管理提出了更高的要求。因此，在有限的装备费条件下，如何最大限度地提高装备费的使用效益，保障武器装备建设适应军事斗争准备需要，无疑是摆在我们面前的一项艰巨任务。"他山之石，可以攻玉"，世界军事强国对武器装备费的管理是在市场经济发展比较成熟的条件下进行的，不但起步较早，而且积累了较为成熟的管理经验与方法，值得我们借鉴。基于上述考虑，我们主要选择信息化武器装备投资和全寿命费用管理方面具有代表性的美国、日本、俄罗斯等国进行研究，通过分析比较，从宏观上了解和把握这三个国家军费、装备费的态势，并对其装备费结构及其投向进行详细阐释，力求揭示外军信息化武器装备体系投资使用的规律和特点，提出我军装备费使用和全寿命费用管理方面的建设性意见，为搞好我军信息化武器装备体系投资管理提供参考。

（三）美国信息化武器装备建设费研究

1. 美国国防费预算

美国是当今世界唯一的超级大国，其军事实力在全球独一无二，近年来的国防开支约占全球国防开支的50%，一直处于世界首位。

为了更清楚地说明美国国防开支及其在各年份的变化情况，本书选取了1990~2017财年美国国防部（http：//www. defense. gov/）公布的国防费数据（详见表2-3和图2-3），数据按当年美元值计算。

表 2－3　　　　　　　　　1990～2017 财年美国国防费（050）①规模　　　　　单位：亿美元

财年	国防费	十年总和
1990	2930（051）	
1991	2762（051）	
1992	2819（051）	
1993	2674（051）	
1994	2514（051）	27050
1995	2556（051）	
1996	2657	
1997	2705	
1998	2684	
1999	2749	
2000	2945	
2001	3085	
2002	3485	
2003	4049	
2004	4559	
2005	4953	46591
2006	5218	
2007	5526	
2008	6161	
2009	6610	
2010	6936	
2011	7056	
2012	6778	
2013	6334	
2014	6034	50605
2015	5604	
2016	5803	
2017	6060	

① 美国国防费有两种分类：国防部开支（051）和包含（051）及能源部门等其他的国防开支（050）。

（亿美元）

图 2 - 3　1990～2017 财年美国国防费规模

资料来源：http：//www. defense. gov/.

通过对表 2 - 3 和图 2 - 3 中 1990～2017 财年美国国防费规模的分析，可以得出以下两点结论：一是美国国防预算规模一直十分庞大；二是 1998 财年以前美国国防费规模增长速度相对缓慢，但是 1998 财年以后美国国防预算规模总体上呈快速上升趋势。按照当年美元值计算，1998 财年美国国防预算为 2684 亿美元，2017 财年则达到 6060 亿美元，增长了 125.8%，年均增长率约 6.6%。

（1）美国国防费预算投向。在美国国防预算中，国防费按支出项目主要分为：军职人员经费，活动与维持费，采购费，研究、发展、试验与鉴定费，军事建筑费，家庭住房费，国防部本部应急费，周转与管理基金，核防御活动费等。由于后几项经费支出规模比较小，加之有的科目不太稳定，因此，本书只对军职人员经费，活动与维持费，采购费，研究、发展、试验与鉴定费、其他费用等预算进行比较和分析。由于美军把保持美军战备以取得作战胜利放在最优先地位，因此在武器与装备的科研、采购、使用与维修以及部队训练等方面给予资金上的大力支持。1990～2017 财年国防费预算主要投向见表 2 - 4。

表 2 - 4　　　　　　　　1990～2017 财年美国国防部预算（051）主要投向

单位：亿美元/当年价

项目	1990财年	1991财年	1992财年	1993财年	1994财年	1995财年	1996财年	1997财年	1998财年	1999财年	2000财年
军人工资福利费	789	842	912	760	714	715	698	703	698	706	738

续表

项目	1990财年	1991财年	1992财年	1993财年	1994财年	1995财年	1996财年	1997财年	1998财年	1999财年	2000财年
科研费	364	362	366	380	346	345	350	364	371	383	387
采购费	814	717	629	528	441	436	424	430	448	509	550
使用维修费	883	1172	938	892	883	937	936	923	972	1050	1088
军事建设费	51	52	52	45	60	54	69	57	55	54	51
家庭住房费	31	33	37	39	35	34	43	41	38	36	35
其他	-3	-416	-17	30	34	34	24	61	3	45	60

项目	2001财年	2002财年	2003财年	2004财年	2005财年	2006财年	2007财年	2008财年	2009财年	2010财年	2011财年
军人工资福利费	769	869	1091	1161	1213	1285	1317	1390	1493	1571	1584
科研费	416	487	581	646	688	728	775	796	800	802	767
采购费	626	616	785	831	966	1054	1338	1650	1354	1358	1319
使用维修费	1157	1161	1783	1898	1792	2135	2402	2562	2716	2936	3052
军事建设费	54	66	67	61	73	95	140	221	268	226	160
家庭住房费	37	40	42	38	41	44	40	28	38	23	18
其他	40	27	30	74	66	23	9	87	-24	40	7

项目	2012财年	2013财年	2014财年	2015财年	2016财年	2017财年	—	—	—	—	—
军人工资福利费	1583	1490	1427	1392	1385	1389	—	—	—	—	—
科研费	720	654	635	652	690	699	—	—	—	—	—
采购费	1183	1014	1004	1026	1189	1191	—	—	—	—	—
使用维修费	2868	2666	2624	2475	2444	2491	—	—	—	—	—
军事建设费	114	84	84	56	69	66	—	—	—	—	—
家庭住房费	17	15	14	11	13	12	—	—	—	—	—
其他	68	117	168	80	13	13	—	—	—	—	—

资料来源：http：//www.defense.gov/.

从表2-4可以看出1990~2017财年美国武器装备维修保养、采购、科研三大费预算呈逐年增长的趋势。其中，科研费最高为2010财年（802亿美元），最低为1995财年（345亿美元），采购费最高为2008财年（1650亿美元），最低为1996财年（424亿美元），使用维修费最高为2011财年（3052亿美元），最低为1990财年（883亿美元）。2001~2017财年装备"三费"的比例平均占国防费预

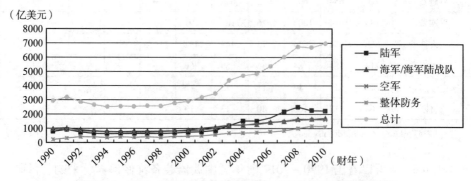装备采购成本控制理论与实践

算的 73% 左右（见图 2-4），由此可见装备费的重要性。

（2）美国国防费三军军费预算比例。表 2-5 为 1990~2010 财年国防费预算的三军费用分配。

表 2-5　　　　1990~2010 财年国防部预算（051）按三军费用分配　　　单位：亿美元

军种	1990 财年	1991 财年	1992 财年	1993 财年	1994 财年	1995 财年	1996 财年	1997 财年	1998 财年	1999 财年	2000 财年
陆军	785	918	736	648	624	633	645	644	640	684	732
海军/海军陆战队	1000	1035	903	832	781	769	801	796	807	840	888
空军	929	913	823	791	746	739	730	732	763	819	831
整体防务	217	328	408	400	363	416	369	408	376	443	455.2
总计	2929	3194	2870	2671	2513	2557	2545	2579	2585	2785	2903
军种	2001 财年	2002 财年	2003 财年	2004 财年	2005 财年	2006 财年	2007 财年	2008 财年	2009 财年	2010 财年	—
陆军	770	859	1211	1531	1528	1749	2180	2501	2247	2234	—
海军/海军陆战队	1024	1109	1241	1243	1337	1438	1503	1653	1640	1714.5	—
空军	895	1002	1252	1255	1279	1417	1489	1579	1624	1603.9	—
整体防务	479	571	674	681	715	761	845	1002	1168	1126.9	—
总计	3187	3449	4377	4709	4839	5365	6030	6747	6675	6969	—

资料来源：http：//www. CSBAonline. org.

（亿美元）

图 2-4　1990~2010 财年国防部预算（051）按三军费用分配

从图 2-4 可以看出，三军军费预算都呈逐年上涨趋势，2003 财年以前陆军军费分配比例少于海军和空军，但是 2003 财年以后陆军军费快速增长，分配比

例超过了海军和空军（见图2-5）。2001~2010财年陆军、海军、空军的三军军费比例平均为1.27∶1.07∶1。

图2-5 2001~2010财年国防部预算（051）按三军费用分配

（3）美国国防费预算的变化分析。通过对以上数据进一步分析可以看出，在1980~2010财年的30个年份中，美国国防预算的变化情况可以分为三个阶段：一是在1980~1990财年的10个年份中，美国国防预算持续增长，增速相对稳定；二是在1991~2000财年的10个年份中，美国国防预算在保持稳定中略有上升；二是在2001~2010财年的10个年份中，美国国防预算呈快速增长的趋势。

出现上述三个趋势的主要原因有以下几个方面：

①"冷战"时期，北约和华约两大军事集团持续对抗，美国为了保持对苏联的压制态势，美国政府对国防开支一直持支持态度，导致国防预算持续增长。

②"冷战"后，国际战略形势相对缓和和克林顿第二个任期内国际安全形势开始动荡使美国国防预算在稳定中略有上升。1990年苏联解体后，以北约和华约两大军事集团的对抗为标志的"冷战"格局宣告结束，国际战略形势进入一个相对缓和的新时期。美国政府对国防政策、军事战略及建军方针进行调整。具体表现为：第一，压缩"冷战"时期极度膨胀的军队规模；第二，削减负担过重的国防开支。这两个趋势从"冷战"后一直持续到20世纪90年代中后期。

1997年，克林顿第二次当选美国总统伊始，针对当时的国际战略形势，公布了《国家安全战略报告》，提出"塑造—反应—准备"三位一体的新战略构想。"塑造—反应—准备"的战略构想表明了美国仍然没有固定的战略对手，并将以灵活多变的手法和更加进攻性的态势来巩固美国在世界事务中的主导地位。

1998年12月，克林顿政府在1997年版《国家安全战略报告》的基础上，正式公布了《新世纪国家安全战略报告》。报告强调美国必须积极参与国际事务，充分利用"冷战"的胜利成果，扩展美国的影响和利益，这样才能有效地减少美国面临的威胁，维持并发展美国对世界的领导作用。但由于受"冷战"后相对缓

和的国际战略形势的影响，加之美国面临的现实威胁还未完全凸显出来，因此在
1998～2001财年，美国政府对国防经费的投入基本上是稳中有升，但增幅不大。

③布什政府推行的全球扩张战略拉动了美国国防开支的急剧上升。特别是
"9·11"恐怖袭击事件使美国人"谈恐色变"，安全问题成了困扰民众的一大心
病。对此，美国政府开始大幅度地增加国防经费的投入，认为只有这样，才能使
美国更加安全。另外，美国政府还将国防费增加的原因归结为恐怖主义的滋生和
蔓延，认为美国的高额国防开支有助于美国防范所面临的新的恐怖威胁。然而，
自"9·11"事件以后，美国进行反恐战争的国防费用主要通过向国会申请追加
额外战争拨款的方式获得。事实上，美国的国防开支居高不下，最根本的目的是
为了维护其"一超"独强的地位。

④美军军事转型是美国国防开支急剧上升的另一个深层次原因。布什入主白
宫后曾多次强调，要充分利用军事技术革命"重建美国的军队"，使之"能够按
自己的理解，重新定义战争，维护和平"。在2001年版《四年一度防务评审》
报告中，美军明确指出，"部队转型是21世纪军队建设的核心"。2002年和2003
年，美国国防部分别公布《防务计划指南》和《转型计划指南》，阐述了美国军
事转型的目标、战略、内容、要求、计划等问题。美国前国防部长拉姆斯菲尔德
自上任伊始就提出了部队转型计划，欲打造所谓的"未来型"美军，并在机动
性、后勤、保护、情报、通信、火力等军事技术方面都进行技术性与政策性的调
整与变革。欲达到上述目标，美国在调整军队编制体制的同时，必须加大国防费
投入，以研制出更为先进的现代化武器装备。

2001年1月布什就任总统以后，美国政府开始加大了对国防建设的投入力
度，从而使美国国防预算呈逐年快速增长趋势。

⑤美国多线作战是近年来美国国防开支急剧上升的根本原因。美国目前正面
临着多线作战的局面，军费开支节节攀升。这也很好地解释了为什么在2010财
年追加6600亿美元之后仍有不少大型国防项目面临资金不足的窘境。美国媒体
现在已经习惯于将阿富汗战争当作奥巴马战争。从竞选之初，奥巴马就一直在为
阿富汗战争正名，并称其是一场"必须的战争"。2009年伊始他就宣布向阿富汗
增兵22000人，并要求加快阿富汗新军的训练进度。几个月以后，奥巴马又先后
更换了驻阿美军的正、副司令，并在2009年底再次宣布增兵30000人。不过阿
富汗的局势似乎并没有因此而彻底平息。而随着2010年7月安保力量交接日期
的临近，美国在阿富汗战场上面临的压力日益增加。美国国防部2010年2月1

日公布了最新一期的《四年防务评估报告》，除了针对中国和伊朗的"空海战斗计划"外，该报告还提出了一系列其他计划。其中，报告将美国在阿富汗和伊拉克的反恐战争作为了头号重点。

2. 美国武器装备建设费及其分配比例

美国国防费预算重点是装备建设费，主要包括武器装备科研费、采购费、使用与维修费。自1990财年以来，美国每年装备建设费投入均在2000亿美元以上，顶峰是2011财年，高达5320亿美元，在军费中占74.7%的比例。在1990～2011财年的20年里，装备费增长率平均为7.8%，略低于国防费增长率。20世纪90年代以来，美军装备费投资总额平均为2995亿美元，见表2-6。

表2-6　　　　　　　　　1990～2011财年美国装备费规模　　　单位：亿美元/当年价

财年	国防费	装备费
1990	2993	2063
1991	2733	—
1992	2983	—
1993	2911	1797
1994	2816	1673
1995	2721	1718
1996	2657	1712
1997	2705	1717
1998	2682	1791
1999	2748	1943
2000	2944	2024
2001	3047	2294
2002	3485	2446
2003	4047	3149
2004	4558	3375
2005	4953	3446
2006	5218	3918
2007	5513	4515
2008	6161	5008
2009	6610	4870
2010	7192	5124
2011	7123	5320

（亿美元）

图 2 - 6 1990 ~ 2011 财年美国装备费规模

从图 2 - 6 可以看出，美军装备建设费投入经历了先缓慢下降再快速上升的过程。1990 ~ 2000 财年，美军装备建设费投入连续出现负增长，从 2063 亿美元逐年下降到 2024 亿美元。美军武器装备建设费投入连续大幅度下降的原因主要有两点：一是"冷战"结束后，美军及时调整了军事战略。苏联解体以后，美军失去了竞争对手，战略重点由准备与苏联进行全面战争变成准备"对付地区性冲突事件"和"战区性战争"，大大减轻了美军对付战争的负担。二是 20 世纪 80 年代初超强度的国防开支为美军的武器装备现代化奠定了基础，使其能在装备建设费减少的同时，仍然保持装备的绝对优势。

2001 年以后，在国防部的强烈要求下，装备建设费开始快速回升，尤其是奥巴马政府上台后，启动新一轮"四年防务评估""核态势评估""太空态势评估"和"弹道导弹防御评估"，逐步对国家安全战略、国防战略和军事战略作出调整，奉行"均衡"理念，力求"巧妙"运用软、硬实力，应对当前和未来的"混合威胁"。为此，美国仍保持高额的装备开支，大力增加信息化武器装备的建设投入，2009 财年和 2010 财年的装备建设费投入分别达到 4870 亿美元和 5124 亿美元。为了确保美军的长期战备，国防部必须通过装备新武器系统和改进现有武器装备美军进一步现代化，以保持美军在战场上的技术和质量上的优势。装备建设费在三军中的分配是陆军最少，空军最多，海军次之。究其原因，主要是陆军的武器装备相对简单，而且技术含量较低的武器占多数，研制、采购费用较少，相反，海、空军武器装备多为大型、复杂的武器系统，研制、采购和维修费用很高。

3. 美国武器装备科研费及其投向

（1）美国武器装备科研费。科研费是衡量军事科技水平的重要指标之一，在一定程度上反映了国家军事发展的能力。美国国防科研的内涵是研究、发展、试验与鉴定，（英文简称：RDT&E）包括国防预研和型号研制两个部分。在美国国防预算分类中，国防科研属于第六大类，下面又分为 7 个小类：基础研究、应用研究、先期探索发展、先期部件发展与样机、系统演示与发展、管理保障和作战系统发展。

美军对科研费使用的主导思想是：积极研制先进的新式武器装备，对现装备进行改进，使武器装备随时保持高度现代化水平和战备状态。

美军武器装备科研费的主要投向是研制开发各种新式武器装备。武器装备包括三军部队使用的各种飞机、舰船、车辆、火炮，含国家导弹防御（NMD）计划在内的各种导弹系统、步兵轻武器装备，这些既有常规武器系统，也有核生化战略武器系统；既有现代高科技武器系统，也有未来高科技武器系统，特别是未来高科技武器装备系统被置于优先发展的重中之重地位，其中包括国家导弹防御系统在内的弹道导弹防御计划。

表 2 - 7 列出了 1990 ~ 2011 财年美军科研经费预算情况。通过对这些数据的分析可以看出，1990 ~ 2011 财年美军科研经费支出一直呈上升趋势，占国防部预算比例大致为 13%，1990 财年为 365 亿美元，2011 财年上升到 768 亿美元，增长了 110.4%，年均增长率近 5.3%，低于同期美国国防费年均 9.5% 的增长水平，尤其是 2005 财年以后科研费占国防费预算的比例持续下降，见图 2 - 7。

表 2 - 7　　　　　　　　　1990 ~ 2011 财年美军科研经费预算情况

项目	1990 财年	1991 财年	1992 财年	1993 财年	1994 财年	1995 财年	1996 财年	1997 财年	1998 财年	1999 财年	2000 财年
科研费（亿美元）	365			378	346	345	350	364	371	383	387
国防部预算（051）（亿美元）	2929	3194	2870	2671	2513	2557	2545	2579	2585	2785	2903
占国防部预算的比例（%）	12.5	—	—	14.2	13.8	13.5	13.8	14.1	14.4	13.8	13.3

项目	2001 财年	2002 财年	2003 财年	2004 财年	2005 财年	2006 财年	2007 财年	2008 财年	2009 财年	2010 财年	2011 财年
科研费（亿美元）	416	487	581	646	688	729	775	796	800	806	768
国防部预算（051）（亿美元）	3187	3449	4377	4709	4839	5365	6030	6747	6675	6969	7123
占国防部预算的比例（%）	13.1	14.1	13.3	13.7	14.2	13.6	12.9	11.8	12.0	11.65	10.8

资料来源：http：//www.CSBAonline.org。

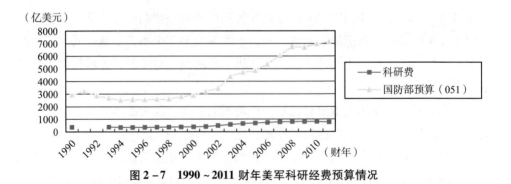

图 2 - 7   1990 ~ 2011 财年美军科研经费预算情况

美军科研费持续增长的主要原因有以下几个方面：

一是美军推行军事转型成为科研经费快速上涨的最重要原因。在美国军事转型的各项构成要素中，武器装备体系转型发生最早、进展最快。武器装备体系转型是指把工业时代的机械化武器装备体系改造成信息时代的信息化武器装备体系的过程。美军信息化武器装备体系是各种各类信息化武器系统和技术装备的总和，主要由六大类武器装备构成：第一，精确制导弹药，主要包括制导炸弹、制导导弹、制导子母弹、制导地雷、巡航导弹、末端制导导弹、反辐射导弹等；第二，装有大量电子设备并与 C^4ISR 系统联网的装甲车辆、作战飞机、作战舰艇等信息化平台；第三，军用智能无人系统，主要包括战场突击机器人、战场侦察机器人、战场三防机器人、无人机等；第四，由一体化头盔、单兵计算机和无线电系统、武器接口系统、防护服和微气候冷却系统组成的单兵数字化装备；第五，作为军队"神经和大脑"、能把军事力量中各要素和战场上各作战单元充分黏合为一个整体的军事信息系统或 C^4ISR 系统；第六，可能于 2020 年左右用于实战的激光武器、微波武器、粒子束武器、动能武器等新概念武器。为了实现武器装备体系转型，尽快研发出性能占绝对优势的高技术武器装备，近年来美国政府加大了装备科研经费的投入力度。

二是注重科学技术储备是美军科研经费持续增加的另一个重要因素。美国历来重视军事科学技术的储备工作。"9·11"恐怖事件后，为保证军事科学技术始终处于领先地位，便于发生战争时重新配置科技资源和统一组织科技力量，在需要的时候能够研制并生产出适应战争需求的武器装备，美国采取了"保持国防领域的基础研究""制定优先发展的国防科技计划""发展军民两用技术""推行'样机研制加有限生产'策略"等措施来加强科学技术储备，从而拉动了装备科研经费的快速上升。

（2）美国武器装备科研费投向。美国国防部各财年的科研费预算投向是根据"规划、计划与预算系统（PPBS）"方法，按计划项目制定的。这些项目及其拨款可按活动类型、预算类型、军兵种、研究阶段划分为4类。受数据限制，现按照活动类型和军兵种来分析科研费投向。

一是按活动类型划分的科研费投向。由研究、探索性发展、先期发展、工程发展、管理与保障、作战系统发展6个阶段组成（见表2-8）。

表2-8　　　　　　1991～1998财年美国科研费按活动类型分配情况

科研阶段		1991财年	1992财年	1993财年	1994财年	1995财年	1996财年	1997财年	1998财年	平均
研究	数额（亿美元）	11.3	10.1	13.1	12.0	11.6	11.3	10.3	10.4	—
	占科研费（%）	3.2	2.5	3.5	2.5	3.3	3.2	2.8	2.8	2.9
探索性发展	数额（亿美元）	27.2	28.6	35.5	27.4	29.3	28.6	28.2	30.0	—
	占科研费（%）	7.9	7.2	9.4	7.9	8.5	8.1	7.7	8.2	8.1
先期发展 先期技术发展	数额（亿美元）	55.2	60.1	62.8	61.6	30.2	35.2	36.4	37.6	—
	占科研费（%）	15.9	15.0	16.6	17.7	8.8	10.0	9.9	10.3	13.0
先期技术发展	数额（亿美元）	50.1	51.2	42.1	27.0	44.0	49.7	58.6	64.0	—
	占科研费（%）	14.5	12.8	11.2	7.7	12.8	14.1	16.0	17.5	13.3
工程发展	数额（亿美元）	90.5	111.3	84.9	74.4	96.8	87.2	85.4	82.0	—
	占科研费（%）	26.5	27.9	22.5	21.3	28.1	24.8	23.4	22.4	24.6
管理与保障	数额（亿美元）	26.9	29.6	33.9	32.2	37.0	33.5	34.6	32.0	—
	占科研费（%）	7.8	7.4	8.9	9.2	10.7	9.5	9.5	8.7	9.0
作战系统发展	数额（亿美元）	84.4	108.3	105.9	114.7	97.4	103.9	111.4	110.6	—
	占科研费（%）	24.4	27.1	28.0	32.8	28.3	30.1	30.5	30.2	28.9
RDT&E	总额（亿美元）	345.5	399.2	378.3	349.3	344.5	351.4	365.0	366.0	—

二是按军种划分的科研费投向。海、陆、空三军和国防科研业务局科研预算分配的经费比例（见表2-9）。

表 2 – 9   1991～1998 财年美国科研费按活动类型分配情况

科研阶段		1991 财年	1992 财年	1993 财年	1994 财年	1995 财年	1996 财年	1997 财年	1998 财年	平均
陆军	数额（亿美元）	53.63	62.36	60.57	54.21	54.03	47.38	49.16	50.25	—
	占科研费（%）	15.5	15.6	16.2	15.5	15.6	13.5	13.4	13.6	14.8
海军	数额（亿美元）	84.35	81.97	86.87	83.01	86.06	84.20	78.84	78.80	—
	占科研费（%）	24.1	20.6	22.8	23.8	25.0	23.9	21.6	21.5	23.0
空军	数额（亿美元）	116.9	151.6	128.7	112.6	115.8	126.8	140.9	139.8	—
	占科研费（%）	33.8	38.0	33.9	35.1	33.6	35.9	38.6	38.1	36.1
各国防业务局	数额（亿美元）	91.60	103.3	100.4	89.52	88.59	93.06	96.12	97.72	—
	占科研费（%）	26.5	25.9	26.5	25.6	25.7	26.5	26.3	26.7	26.2
RDT&E	总额（亿美元）	345.6	399.2	378.3	349.4	344.5	351.4	365.0	366.6	—

从表 2 – 9 可以看出，20 世纪 90 年代三军的科研费比例是空军最高，海军次之，陆军最少。这种情况的出现主要是因为美国长期推行全球军事战略。由于西欧、中东和亚洲等未来战场远离美国本土，美国强调发展战略进攻能力、空战能力、海战能力和机动作战能力，为此将海军、空军武器装备的发展摆在了优先发展的地位上。与陆军武器装备相比，空、海军武器装备相对庞大、复杂、尖端、研究周期长、成本高。陆军装备虽然数量大，但结构简单，研制周期短，成本低。比如，一支步枪，其研制费也就几十万或几百万美元，即使是比较复杂的新型坦克，其研制费也只是同期轰炸机研制费的 1/15。而且随着技术的发展，空军装备的进一步现代化，空军与陆军装备成本差距还会越来越大。因此，陆军科研费比例不可避免地还会降低。

4. 美国武器装备采购费及其主要投向

（1）美国武器装备采购费。采购费反映了军队武器装备现代化的程度，是衡量武器装备发展水平的重要指标之一，主要用于采购武器装备的直接支出，以及为完成采购过程所支出的间接性费用。

20 世纪 80 年代以来，美军武器装备采购费在 412 亿～1374 亿美元的大范围内变动。80 年代初期，美国为保持对苏联的装备优势，陆海空三军大量装备新式武器，使得武器装备采购费增长迅猛。从 1980 财年的 684 亿美元迅速增长到 1985 财年的 1374 亿美元，6 年里增长了 1 倍多。1985 财年以后，装备采购费开始下降，从 1985 财年的 1374 亿美元下降到 1997 财年的 430 亿美元，年均下降率为 18.3%。

美国在"冷战"结束后的数年内敢于大幅度削减装备采购费，一方面是美军重新调整了军事战略，坚持走少而精装备建设道路的结果；另一方面，也因为美军在 20 世纪 80 年代初强化国防开支，大量采购了武器装备，为武器装备现代化奠定了基础。因此，美军在大幅度削减装备采购费的同时，仍能保持其武器装备的绝对优势。

美军武器装备采购费在长达 12 年的下降之后，从 1998 财年起，开始缓慢回升，1998 财年为 448 亿美元，2008 财年为 1650 亿美元，2011 财年为 1375 亿美元。可以预测，随着装备技术的发展，美军在 20 世纪 80 年代初装备部队的大量武器装备将面临更新换代问题，因而装备采购费今后还会逐年增加，这也预示美军将进入一个新的采购期。

表 2 - 10 列出了 1990～2011 财年美军采购经费预算支出情况。通过对这些数据的分析可以看出，1990～2011 财年美军采购费支出一直呈快速上升趋势，按当年美元值计算，1993 财年为 528 亿美元，2011 财年达到 1375 亿美元，增长了 61.6%，年均增长率近 3.6%，低于同期美国国防费年均 9.5% 的增长水平，见图 2 - 8。

表 2 - 10　　　　　　　　1990～2011 财年美军装备采购预算情况

项目	1990财年	1991财年	1992财年	1993财年	1994财年	1995财年	1996财年	1997财年	1998财年	1999财年	2000财年
采购费（亿美元）	814	—	—	528	441	436	426	430	448	511	550
国防部预算（051）（亿美元）	2929	3194	2870	2671	2513	2557	2545	2579	2585	2785	2903
占国防部预算比例（%）	27.8	—		19.8	17.5	17.1	16.7	16.7	17.3	18.3	18.9

项目	2001财年	2002财年	2003财年	2004财年	2005财年	2006财年	2007财年	2008财年	2009财年	2010财年	2011财年
采购费（亿美元）	626	627	785	831	966	1054	1338	1650	1354	1345	1375
国防部预算（051）（亿美元）	3187	3449	4377	4709	4839	5365	6030	6747	6675	6969	7123
占国防部预算比例（%）	19.6	18.2	17.9	17.6	20.0	19.6	22.2	24.5	20.3	19.3	19.3

资料来源：http://www.CSBAonline.org.

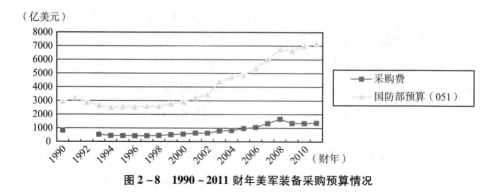

图 2 – 8　1990~2011 财年美军装备采购预算情况

美军采购费持续增长的主要原因有以下几个方面：

一是美军推行军事转型加大了高新技术武器装备的采购，进而拉动了武器装备采购经费投入的上升。军事转型的实质是把机械化军事形态改造成信息化军事形态的过程，其主旨是把机械化军队建成信息化军队。美军军事转型主要包括军事思维方式转型、军事理论转型、军事训练转型、军队编制体制转型、武器装备体系转型、军事后勤转型等几个方面。为适应武器装备转型的需要，美军对各军种所要求采购的武器装备项目进行了重大调整，使之高、低性能搭配。基于这个思路，美国开始加大高新技术武器装备采购的投入力度，计划采购 F – 22A 战斗机、C – 17 运输机、C – 130J 战术运输机、F – 35 "联合攻击战斗机"、F/A – 18E/F 战斗机攻击机、"弗吉尼亚"级潜艇、PAC – 3 导弹防御系统等。

二是大规模换装和高技术战争装备消耗量增加成为美军武器装备采购费上涨的又一动因。"冷战"时期，美国为保持对苏联的武器装备优势，陆、海、空三军大量采购现代化武器装备，实现了美军第三代武器装备更新换代的目标。"冷战"结束后，受国际战略形势相对缓和和冷战时期奠定的武器装备现代化基础的影响，20 世纪 90 年代中期之前并不是美军装备采购的高峰期。装备部队的大量武器在 2000~2010 年间将面临着更新换代的问题，美军要维持或提高现有武器装备水平，保持在 21 世纪的战略主动权，就必须大量采购新装备。另外，20 世纪 90 年代中后期以来发生的科索沃战争、阿富汗战争、伊拉克战争消耗了美军大量的武器装备，高技术武器装备的储备已不敷使用。美军要保持原有的战备水平和装备储备，加大武器装备采购力度势在必行。

三是价格日益上扬成为美军武器装备采购经费持续增长的另一个重要原因。

随着科学技术的迅猛发展和军事领域的深刻变革，武器装备正朝着信息化、一体化、智能化、隐身化方向发展。为满足现代高技术战争的需要，高技术武器装备大量采用了微电子技术、光电技术、计算机技术、纳米技术、新材料技术、仿真技术和先进制造技术，并形成了科学的系统交联。新材料、新技术在武器装备上广泛运用，大幅度提高了装备价格。研究表明，在过去 10 年中，飞机价格以每 10 年 4 倍的速度上涨。据资料显示，美国 F－15 战斗机由于换用了 F100－PW－200 涡扇发动机和增加了先进的电子侦察与对抗等功能，提高了时速和续航时间等主要战术技术指标，其价格要比 F－14 战斗机高出 2080 万美元，涨幅达 226.1%；而 F－15 战斗机比 F－16 战斗机提高了作战半径、载重量和实用升限等战术技术指标，增加雷达警戒和超强电子对抗等功能，价格要比 F－16 战斗机高出 66.67%。

（2）美国武器装备采购费主要投向。美军武器装备采购费的投向主要是满足战略核武器项目及部队常规武器项目的需求。

美国防部为提高美军的军事能力，制订了一个军事现代化计划，该计划包括了下列的订购、采购重点：远程轰炸机（B－1、B－2 和 B－52H）的精确制导炸弹、自主精确弹药和其他改革项目，用以支援各种常规作战行动；监视系统，如联合监视目标攻击雷达系统、新式无人驾驶飞行器和天基红外探测系统，用以直接向战区部队提供更准确和及时的弹道导弹攻击警报；对几种战术导弹系统进行改进，以提高精度和毁伤力，如"阿帕奇"直升机携带的"长弓·地狱火Ⅱ"型导弹和"战斧"巡航导弹的改进；海运和海上预置系统，特别是大型中速滚装船；新型战区导弹防御系统，如 PAC－3 型"爱国者"改进型战区防御导弹系统和战区高空区域防御系统；地面部队所需的基本装备，如战术通信装置、卡车和改进型坦克与步战车等；订购 PAC－3 导弹、"科曼奇"武装侦察直升机、F－22 战斗机和 F/A－18E/F 型改进型"大黄蜂"舰载攻击机、SH－60R 反潜直升机、联合打击战斗机（JSF）、AV－8B"鹞"式喷气战斗机、V－22"鱼鹰"偏转旋翼飞机、先进两栖突击车、LPD－17 两栖船坞运输舰、DDG－51 导弹驱逐舰和新型攻击潜艇等。

1999 财年，F/A－18E/F 改进型"大黄蜂"舰载战斗机、V－22"鱼鹰"偏转旋翼飞机、RAH－66"科曼奇"轻型直升机、联合攻击战斗机、F－22"猛禽"先进隐形战斗机五个项目投资了 80 亿美元。2001 财年，国防部为后面 6 年的国家导弹防御追加了 66 亿美元拨款，使整个阶段投资总额达到 105 亿美元。

自 2001 年 "9·11" 事件发生后，美国的军事战略发生了重大改变，把同时打赢两场战争的战略转移到打击全球恐怖活动的战略上来。为此，在作战的假想敌、竞争对手、合作和战略伙伴方面作出了重大调整。在装备开发和采购方面，把无人驾驶侦察机和精确制导武器用于反恐战争的武器开发与订购也列入了国防部军事现代化计划。2010 财年美国国防部计划采购 1080 辆防雷反伏击车、18 枚 "标准 -3" 型导弹和 26 枚战区高空区域防御导弹；空军计划采购 30 架 F - 35 "联合攻击战斗机"、5 架 "全球鹰" 和 24 架 "死神" 无人机、5 架 CV - 22 "鱼鹰" 偏转翼飞机等；海军计划新造 8 艘战舰，改造 6 艘 "宙斯盾" 战舰、31 架 FA - 18 "超级大黄蜂" 舰载机与 EA - 18 "咆哮者" 电子战飞机等。陆军的采购重点包括 8 架 AH - 64 "阿帕奇" 武装直升机、39 架 CH - 47 "支奴干" 直升机、22 辆 M1A2 "艾布拉姆斯" 坦克等。

5. 美国武器装备维修费及其投向

美军为使武器装备随时处于战备状态，在军费开支方面对武器装备维修给予了极大的支持。就武器装备的维修保养费而言，美军 1998 年以前费用增长率不大，而到 1998 年以后，装备的维修与保养占装备建设费的比例开始呈不断上升的趋势。这一现象的出现，主要是由于 20 世纪 80 年代 "冷战" 时期，美国为保持对苏联的武器装备优势，陆、海、空三军大量采购现代化武器装备，根据 "发达国家维修保养费发生的高峰期，一般滞后于装备采购费发生期 6~7 年" 的规律，90 年代后期必然成为维修保养的高峰期。

2001 年以后，由于反恐战争的需要导致美国装备采购费大幅增加，购买了大量现代化的武器装备，这也导致了近年来美军维修费用的大幅度上升，见表 2-11、图 2-9。

表 2-11　　　　　　　1990~2011 财年美军装备维修费预算情况　　　单位：亿美元/当年价

项目	1990 财年	1991 财年	1992 财年	1993 财年	1994 财年	1995 财年	1996 财年	1997 财年	1998 财年	1999 财年	2000 财年
装备维修费	884	—	—	891	886	937	936	923	972	1049	1087
项目	2001 财年	2002 财年	2003 财年	2004 财年	2005 财年	2006 财年	2007 财年	2008 财年	2009 财年	2010 财年	2011 财年
装备维修费	1252	1332	1783	1898	1792	2135	2402	2562	2716	2973	3177

资料来源：http：//www. CSBAonline. org.

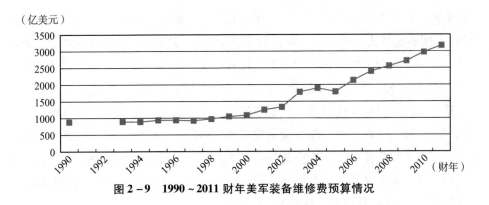

图 2 - 9 1990 ~ 2011 财年美军装备维修费预算情况

美军要求 2001 财年增加 56 亿美元的国防开支，56 亿美元中，有 15.7 亿美元将用于军事基地运作及飞机、舰船的维修等。2001 年 6 月，布什又要求 2002 财年再增加 184 亿美元的国防开支，在这计划追加的 184 亿美元中，约有 80 亿美元将用于武器装备的维修和零部件采购。需要说明的是，上述增加的维修费和零部件采购费并未计算在 2001 财年的 455 亿美元和 2002 财年的 522 亿美元经费之内。

美军武器装备维修保养费的投向除保证国家战略武器装备的维修与保养需要外，主要是三军现役和预备役部队以及国民卫队常规武器装备的维修与保养。

（四）日本信息化武器装备建设费研究

1. 日本军费

第二次世界大战后，日本潜心于经济建设，经过半个多世纪的发展，日本已成为仅次于美国的世界第二大经济强国。日本政府在大力发展经济的同时，还对军事战略、国防建设方针等进行调整，不断加大国防建设的经费投入力度。2010 财年，日本国防费总额达到 46826 亿日元。据斯德哥尔摩国际和平研究所统计，近年来，日本国防费总额占全球国防费总额的比例大体保持在 4% 左右。

为了全面说明日本国防费及其在各年份的变化情况，此处选取了 1980 财年以来日本政府公布的国防费总额进行分析。

（1）1980 财年以来日本国防费总额。20 世纪 80 年代，日本经济有了新的增长，其国内生产总值占全世界的 10% 以上，对外贸易总额跃居世界第三位，已成为超过苏联居世界第二位的经济强国。随着经济实力的不断增长和在国际社会中影响的不断扩大,日本人战后长期压抑着的大国意识开始复苏,原有的吉田战略①已不能满足现实的要求。为此,日本在确定新的国家发展目标和制定新的国防发展战略的同时,继续加大国防费的投入力度。在这一时期,日本国防费总额达 305232 亿日元,比 20 世纪 70 年代增加了 179283 亿日元,增幅为 142.3%。

进入 20 世纪 90 年代以后,日本泡沫经济开始破灭,国内生产陷入低迷,其大国雄心受挫。与此同时,随着战后持续 40 多年的"冷战"骤然结束,国际形势发生了巨大的变化,日本对国防战略和建军方针进行了重大调整,国防预算的增长率明显下降。在这一时期,日本国防费总额为 467578 亿日元,比 20 世纪 80 年代增加了 162346 亿日元,增幅为 53.2%。

进入 21 世纪,受泡沫经济破灭的影响,日本经济长期处于基本停滞状态。尽管"9·11"恐怖事件后日本的安全形势有恶化的趋势,但是受经济不景气和"国防预算应控制在国内生产总值 1%"等因素的影响,国防预算的增长率仍在逐步下降,有的年份还出现了负增长。在这一时期,日本国防费总额为 484638 亿日元,比 20 世纪 90 年代增加了 17060 亿日元,增幅为 3.65%,详见表 2-12、图 2-10。

表 2-12　　　　　　　　　1980~2009 财年日本国防费情况　　　　　单位:亿日元

财年	国防费	十年总和
1980	22302	
1981	24000	
1982	25861	
1983	27542	
1984	29346	
1985	31371	305232
1986	33435	
1987	35174	
1988	37003	
1989	39198	

① 吉田战略是 20 世纪 50 年代初期日本面临特殊的国际国内环境下产生的,其主要内容为以牺牲国家主权为代价,依靠美国保卫本国的安全和重建经济;同以美国为首的"自由世界"保持协调一致的立场,对抗苏联阵营;在可能的条件下,最大限度地减少军备负担,建立必要的国内"正常秩序",集中力量恢复和发展经济,恢复和扩大对外经济联系,把日本重新建设成为现代化的、与其他发达国家并驾齐驱的世界经济强国。

财年	国防费	十年总和
1990	41593	
1991	43860	
1992	45518	
1993	46406	
1994	46835	467578
1995	47236	
1996	48150	
1997	49220	
1998	49420	
1999	49340	
2000	49350	
2001	49388	
2002	49395	
2003	49265	
2004	48764	484638
2005	48301	
2006	47906	
2007	47815	
2008	47426	
2009	47028	

资料来源：总后勤部司令部内部资料. 日本的军费保障 [M]. 北京：解放军出版社，P75，P82 – P83.
曲阜来. 外军财力研究 [M]. 北京：中国财政经济出版社，1990.
军事科学院外国军事研究部. 日本军事基本情况 [M]. 北京：军事科学出版社，1992、1997.

（2）2001 财年以来每年的国防费总额分析。表 2 – 12 列出了 2001 财年以来日本每年的国防费总额。通过对表中的数据分析可以看出，"9·11"恐怖事件以来，日本国防费呈"先小幅下降，后小幅上升"但总体上呈稳中有降的小幅变化趋势。2001 财年，日本国防费总额为 49388 亿日元，到 2009 财年下降到 47028 亿日元，下降了 2360 亿日元，降幅为 4.8%，年均降幅为 0.6%。

（亿日元）

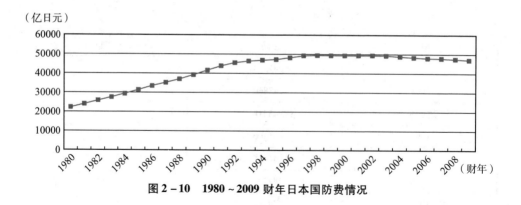

图 2 – 10　1980～2009 财年日本国防费情况

（3）国防费占国内生产总值的比例。作为第二次世界大战的战败国之一，日本的军事发展一直受到国际社会的约束和限制。1976 年，日本政府曾制定并通过了历史上第一个《防卫计划大纲》，提出了以"基础防御力量构想"为核心的战后日本的战略指导理论。与此同时，日本国防会议（即目前的"安全保障会议"）及三木武夫内阁决定，日本"国防预算应控制在国内生产总值 1%"的范围内，目的是限制军备增长过快，向亚洲各国做出日本不做军事大国的姿态。

20 世纪 80 年代以后，随着苏联远东军力的增强，日本越来越感到来自北方的威胁，要求修改 1976 年版《防卫计划大纲》，取消"国防预算应控制在国内生产总值 1%"限制的呼声日趋强烈。1986 年 12 月，中曾根内阁开始改用"公布 5 年总额的方式"来确定国防费的支出规模。在保证 5 年国防费占 GDP 的比例不突破 1% 的前提下，不排除个别年份会突破 1% 的限额。1986～1990 年度《中期防卫力量计划》草案提出的国防费预算总额为 18.4 万亿日元。1987 年，日本国防费占 GDP 的比例突破了 1% 限额，达到了 1.004%，1988 年提高到 1.013%，1989 年又降到 1.006%。以后的一些年份，国防费占 GDP 的比例也屡次突破 1% 的限额。

"冷战"结束后，随着华约集团的解体，国际安全形势趋于缓和，日本的国防费增长速度有所下降。尽管"9·11"恐怖事件后，国际安全形势开始趋于恶化，但日本感到的安全威胁比"冷战"时期小得多，加上日本政府将许多用于防务的经费隐藏于其他项目内，因此，近年来日本国防费占 GDP 的比例又开始限制在 1% 的范围内，参见表 2 – 13、图 2 – 11。

表 2 - 13　　　　　2001～2009 财年日本国防费占 GDP 的情况

项目	2001 财年	2002 财年	2003 财年	2004 财年	2005 财年	2006 财年	2007 财年	2008 财年	2009 财年
国防费（亿日元）	49388	49395	49265	48764	48301	47906	47815	47426	47028
GDP（亿日元）	5166109	4944445	4961229	4981001	5116631	5064059	4849392	4785671	4869246
占 GDP 的比例（%）	0.956	0.999	0.993	0.979	0.944	0.946	0.986	0.991	0.966

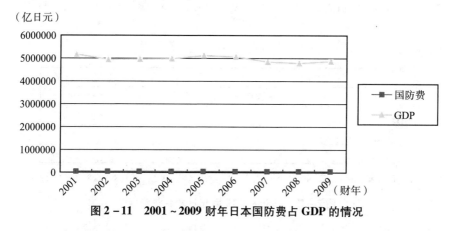

图 2 - 11　2001～2009 财年日本国防费占 GDP 的情况

2. 日本武器装备费规模

日本军费按用途分配为人事给养费和物件费。人事给养费是指人员执行勤务所必需的经费，包括人员的薪金及给养费用等；物件费是指从军队装备到人员的生活用品等所需的经费，其中包括科研费、采购费、维修费、部队教育训练费、设施建设费等。物件费又分为作战装备费和后方支援装备费。

根据年度防卫预算，1980～2009 年度日本装备费列表如表 2 - 14、图 2 - 12。

表 2 - 14　　　　　1980～2009 财年日本装备费规模　　　　　单位：亿日元

项目	1980 财年	1981 财年	1982 财年	1983 财年	1984 财年	1985 财年
装备费	6648.83	5843.38	8377.24	9661.44	10856.69	11534.68
项目	1986 财年	1987 财年	1988 财年	1989 财年	1990 财年	1991 财年
装备费	12590.87	13713.57	14549.41	15740.83	16977	17914.01
项目	1992 财年	1993 财年	1994 财年	1995 财年	1996 财年	1997 财年
装备费	17591.79	17333.51	16947.28	16197.58	—	—

续表

项目	1998 财年	1999 财年	2000 财年	2001 财年	2002 财年	2003 财年
装备费	—	—	17787	17004	17043	17334

项目	2004 财年	2005 财年	2006 财年	2007 财年	2008 财年	2009 财年
装备费	17819	17720	17639	17667	19484	19019

资料来源：总后勤部司令部内部资料．日本的军费保障［M］．北京：解放军出版社，P75，P82 - P83.
曲阜来．外军财力研究［M］．北京：中国财政经济出版社，1990.
军事科学院外国军事研究部．日本军事基本情况［M］．北京：军事科学出版社，1992、1997.

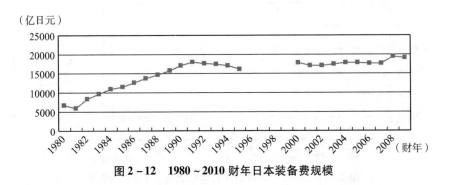

图 2 - 12   1980 ~ 2010 财年日本装备费规模

从表 2 - 14 可以看出，进入 21 世纪后，日本在武器装备转型方面加大了经费投入力度。近年来，在新的军事战略指导下，日本开始对武器装备进行转型，并加大了这方面的经费投入力度。

一是导弹防御系统建设方面。2003 年 12 月，日本政府正式决定引进美国的反导系统。按计划，日本在 2011 年建成了包括以"宙斯盾"驱逐舰为核心的海基高层导弹拦截系统、以"爱国者" - 3 导弹为核心的陆基低层导弹拦截系统和以 C^4ISR 为核心的指挥自动化系统的弹道导弹防御系统。为实现上述目标，从 2004 财年开始，日本在导弹防御系统方面的经费投入均超过 1000 亿日元。据统计，2004 ~ 2009 财年，日本用于导弹防御系统的经费分别为 1068 亿日元、1432 亿日元、1463 亿日元、1826 亿日元、1132 亿日元和 1279 亿日元。

二是海上自卫队主战装备建设方面。海上自卫队主战装备建设一直是近年来日本装备发展的重点。据统计，2003 财年以来，日本每年投入近 2000 亿日元，用于发展"宙斯盾"导弹驱逐舰、排水量 1.35 万吨的大型直升机驱逐舰和装备 AIP（不依赖空气推进系统）的大型潜艇、"亲潮"级潜艇等。

三是航空自卫队主战装备建设方面。在大力发展其他主战装备的同时，日本还加大了航空自卫队主战装备建设的投入力度。据统计，2002 财年以来，日本每年投入近千亿日元用于采购先进的 F－2 战斗机，改进 F－15 战斗机及其他类型的侦察机和预警机。

3. 日本武器装备科研费及其投向

日本的装备科研费是指用于保障各类装备研究和发展的支出，主要包括试制品费、技术调研费、研究与开发试验费、研究设备费等。资料显示，日本装备科研费增长大致可分为 4 个阶段：1968~1975 财年为第一阶段，装备科研费的年增长率为 3%~5%，其主要原因是这一时期日本主要解决武器装备短缺的问题，将经费重点投向武器装备采购上；1976~1984 财年为第二阶段，装备科研费的年增长率为 11.5%，其主要原因是这一时期日本的武器装备已经达到一定规模，开始重视军事技术储备，从而使经费重点投向装备研究开发上；1985~2000 财年为第三阶段，装备科研费的年增长率为 12%，其主要原因是这一阶段日本开始注重高技术武器装备的研发，从而使装备科研费年增长率达到最高；2001 财年以后为第四阶段，装备科研费增长速度放缓，有的年份还有负增长，其主要原因是国防费增长放缓，加之军事科技发展方向和项目有待新的《防卫计划大纲》确定。

（1）装备科研费的总体情况。表 2－15 列出了 1980~2009 财年日本装备科研费支出及占国防费总额的比例情况。通过对这些数据的分析可以看出，日本装备科研费支出具有以下特点：

装备科研费绝对规模呈"先上升后下降"的小幅变化趋势。其中，1980~1997 财年，装备科研费呈上升趋势，由 225 亿日元增加到 1605 亿日元，增长 1380 亿日元，增幅为 613%，年均增幅为 36.1%。到了 1998 财年，科研费猛降为 1277 亿日元，比 1997 财年降幅达 20.4%，而从这一年一直到 2004 财年，科研费又呈上升趋势，由 1277 亿日元增加到 1728 亿日元，增长 451 亿日元，增幅为 35.3%，年均增幅为 5.89%。2005~2009 财年，科研费呈小幅下降趋势，由 1726 亿日元下降到 1246 亿日元，降低了 480 亿日元，降幅为 27.8%，年均降幅为 7.8%。

从 2001 年开始，日本装备科研费占国防费总额的比例基本上保持稳定。2001~2009 财年，日本研究开发费占国防费总额的比例在 2.6%~3.6% 之间，平均比例为 3.1%，见表 2－15、图 2－13。

表2-15　1980~2009财年日本装备科研费支出及占国防费总额的比例情况

项目	1980财年	1981财年	1982财年	1983财年	1984财年	1985财年	1986财年	1987财年	1988财年	1989财年
装备科研费（亿日元）	225	250	285	314	364	504	577	654	733	828
占比（%）	1.0	1.0	1.1	1.1	1.2	1.6	1.7	1.9	2.0	2.1
项目	1990财年	1991财年	1992财年	1993财年	1994财年	1995财年	1996财年	1997财年	1998财年	1999财年
装备科研费（亿日元）	929	1029	1148	1238	1255	1401	1496	1605	1277	1307
占比（%）	2.2	2.3	2.5	2.7	2.7	3.0	3.1	3.3	2.6	2.6
项目	2000财年	2001财年	2002财年	2003财年	2004财年	2005财年	2006财年	2007财年	2008财年	2009财年
装备科研费（亿日元）	1348	1394	1500	1702	1728	1726	1627	1327	1336	1246
占比（%）	1.4	2.8	3.0	3.5	3.5	3.6	3.4	2.8	2.8	2.6

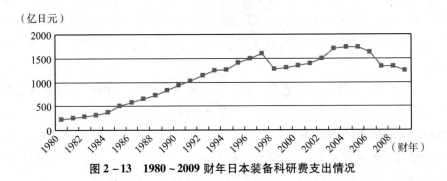

图2-13　1980~2009财年日本装备科研费支出情况

（2）装备科研费的投向重点。日本一贯重视科学技术的发展，奉行"科技立国"的基本战略，在军事领域也不例外。多年来，日本军队虽然规模小，但十分重视新型武器装备的开发与研究，尤其重视高技术武器装备的开发与研究。近年来，受实行军事技术寓军于民政策以及国防费总额有所下降等因素的影响，日本装备科研费变化不大，有的财年甚至还负增长。在这种情况下，日本对装备科研费的投向进行了调整，减少了一般军事技术研究开发经费，加大了高技术研究开发的投入力度。

在弹道导弹防御系统相关技术研发方面。日本在逐步引进弹道导弹防御系统的同时，还对许多相关技术进行了改造和升级。据统计，2001财年以来，日本每年基本上都投入 20 亿日元左右用于弹道导弹防御系统的相关技术开发和研究。

在机载数字通信系统研发方面。随着信息技术的快速发展，日本现役飞机的通信系统难以适应现代高技术战争的需要。为此，近年来，日本在新一代机载数字通信系统研发方面加大了投入力度。

在信息（情报）获取技术研发方面。日本认为，要建立更加机动灵活的军事力量和构建有效的弹道导弹防御系统，需要有效的信息（情报）获取能力作保证。为提高对周边海空域的预警监视能力，2001 财年以来，日本每年均投入一定量的经费对 P – 3C 反潜巡逻机、E – 2C 预警机等进行改装。

4. 日本武器装备采购费及其主要投向

日本的装备采购费是指用于保障各类武器装备采购的支出，主要包括各类常规武器、通信器材、车辆、弹药、飞机等的采购支出和舰船建造支出。

（1）装备采购费的总体情况。表 2 – 16 列出了 1980 ~ 2009 财年日本装备采购费支出及占国防费总额的比例情况。通过对这些数据的分析可以看出，日本装备采购费支出先缓慢上升后缓慢下降的变化趋势，且无明显的变化规律。其中，1991 财年最高，达到 12162 亿日元。进入 21 世纪后，2004 财年最高为 9001 亿日元，2006 财年和 2009 财年最低，仅有 8304 亿日元和 8328 亿日元，其他财年基本保持在 8600 亿日元左右，见图 2 – 14。

表 2 – 16　　1980 ~ 2009 财年日本装备采购费支出及占国防费总额的比例情况

项目	1980 财年	1981 财年	1982 财年	1983 财年	1984 财年	1985 财年	1986 财年	1987 财年	1988 财年	1989 财年
装备采购费（亿日元）	4609	5399	5803	6844	7725	8221	8997	9657	10389	10977
占比（%）	20.7	22.5	22.4	24.9	26.3	26.2	26.9	27.5	28.1	28.0
项目	1990 财年	1991 财年	1992 财年	1993 财年	1994 财年	1995 财年	1996 财年	1997 财年	1998 财年	1999 财年
装备采购费（亿日元）	11403	12162	11419	10792	9986	8699	—	—	—	—
占比（%）	27.4	27.7	25.1	23.3	21.3	18.4	—	—	—	—
项目	2000 财年	2001 财年	2002 财年	2003 财年	2004 财年	2005 财年	2006 财年	2007 财年	2008 财年	2009 财年
装备采购费（亿日元）	9574	8809	8689	8791	9001	8580	8304	8733	8856	8328
占比（%）	19.4	17.8	17.6	17.8	18.5	17.8	17.3	18.3	18.7	17.2

（亿日元）

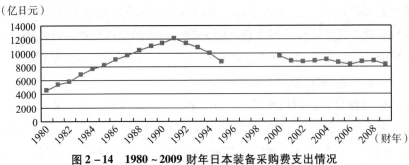

图 2 - 14 1980 ~ 2009 财年日本装备采购费支出情况

（2）装备采购费的投向重点。进入 21 世纪后，随着日本军事战略的转变，日本对各军种所采购的武器装备进行了重大调整，压缩了常规武器装备的采购数量，加大了高技术武器装备的采购力度。

在陆上自卫队装备方面，近年来，日本重点采购 90 式坦克、轻型装甲运输车、攻击直升机等。2001 ~ 2009 财年，日本陆上自卫队采购的主战装备数量及经费投入见表 2 - 17。

表 2 - 17　　　　2001 ~ 2009 财年日本陆上自卫队主战装备采购及支出情况

采购项目		2001 财年	2002 财年	2003 财年	2004 财年	2005 财年	2006 财年	2007 财年	2008 财年	2009 财年
90 式坦克	数量（辆）	18	18	17	15	15	11	9	9	8
	金额（亿日元）	145	146	136	121	119	89	71	71	66
89 式装 甲步兵车	数量（辆）	1	1	1	1	—	—	—	—	—
	金额（亿日元）	7	7	7	7	—	—	—	—	—
轻型装 甲运输车	数量（辆）	102	149	150	157	202	203	173	180	180
	金额（亿日元）	36	49	48	50	63	63	52	56	55
96 式轮式 装甲车	数量（辆）	29	15	31	14	16	23	17	20	16
	金额（亿日元）	36	19	39	18	20	28	21	29	23
AH - 64D "阿帕奇" 攻击直升机	数量（辆）	—	2	2	2	2	1	1	—	—
	金额（亿日元）	—	145	148	137	148	103	75	—	—
OH - 1 侦察直升机	数量（辆）	2	2	2	2	2	2	2	2	3
	金额（亿日元）	49	49	49	48	49	49	50	48	68

续表

采购项目		2001 财年	2002 财年	2003 财年	2004 财年	2005 财年	2006 财年	2007 财年	2008 财年	2009 财年
UH - 60JA 多用途直升机	数量（辆）	2	2	1	1	1	1	—	1	2
	金额（亿日元）	68	70	37	37	48	50		44	70
UH - 1J 多用途直升机	数量（辆）	6	3	6	2	6	5	16	—	—
	金额（亿日元）	68	36	75	30	62	53	160		

在海上自卫队装备方面，近年来，日本重点建造大型水面作战舰艇、潜艇等，以及采购反潜直升机。2001～2009 财年，日本海上自卫队采购的主战装备数量及经费投入见表 2 – 18。

表 2 – 18　　　　2001～2009 财年日本海上自卫队主战装备采购及支出情况

采购项目		2001 财年	2002 财年	2003 财年	2004 财年	2005 财年	2006 财年	2007 财年	2008 财年	2009 财年
导弹护卫舰	数量（辆）	1	1	2	—	—	—	1	1	2
	金额（亿日元）	643	650	1365				750	690	1515
直升机护卫舰	数量（辆）	—	—	—	1	—	1	—	—	—
	金额（亿日元）				1057		1063			
潜艇	数量（辆）	1	1	1	1	1	1	1	1	—
	金额（亿日元）	470	465	454	598	585	577	533	510	
海洋观测船	数量（辆）	—	—	—	—	—	—	1	—	—
	金额（亿日元）							167		
扫雷艇	数量（辆）	2	1	1	1	1	1	—	1	1
	金额（亿日元）	240	132	132	175	345	164		159	154
补给舰	数量（辆）	1	—	—	—	—	—	—	—	—
	金额（亿日元）	434								
多用途支援舰	数量（辆）	2	—	—	—	2	—	—	—	—
	金额（亿日元）	73				85				
SH - 60J 反潜直升机	数量（辆）	3	—	—	—	—	—	—	—	—
	金额（亿日元）	158								

采购项目		2001财年	2002财年	2003财年	2004财年	2005财年	2006财年	2007财年	2008财年	2009财年
SH-60K反潜直升机	数量（辆）	—	7	7	7	9	5	5	—	5
	金额（亿日元）	—	485	486	477	595	342	325	—	281
SH-60J救护直升机	数量（辆）	1	—	—	—	—	—	—	—	—
	金额（亿日元）	40	—	—	—	—	—	—	—	—

在航空自卫队装备方面，近年来，日本重点采购新型战斗机和改装战斗机及预警机。2001～2009财年，日本航空自卫队采购和改装的主战装备数量及经费投入见表2-19。

表2-19　　　2001～2009财年日本航空自卫队主战装备采购及支出情况

采购项目		2001财年	2002财年	2003财年	2004财年	2005财年	2006财年	2007财年	2008财年	2009财年
F-2战斗机	数量（辆）	12	8	6	5	7	6	8	—	—
	金额（亿日元）	1339	965	715	618	810	760	1056	—	—
CH-47J运输直升机	数量（辆）	1	2	4	1	1	2	1	1	—
	金额（亿日元）	38	72	141	43	40	74	39	35	—
KC-767空中加油机	数量（辆）	—	—	1	1	1	—	—	—	—
	金额（亿日元）	—	—	247	240	255	—	—	—	—
初等训练机	数量（辆）	11	10	9	11	3	3	—	—	—
	金额（亿日元）	28	29	21	26	7	8	—	—	—
F-15战斗机（改装）	数量（辆）	—	—	—	2	6	6	—	20	60
	金额（亿日元）	—	—	—	98	266	306	—	609	947
E-2C早期预警机（改装）	数量（辆）	2	1	3	1	4	2	2	2	1
	金额（亿日元）	54	26	76	45	100	60	57	8	4
轻型装甲机动车（改装）	数量（辆）	—	—	—	—	—	—	—	21	23
	金额（亿日元）	—	—	—	—	—	—	—	7	8
F-2战斗机（改装）	数量（辆）	—	—	—	—	—	—	—	—	12
	金额（亿日元）	—	—	—	—	—	—	—	—	16

5. 日本武器装备维修费及其投向

日本武器装备维修费含在维持费之中，维持费是指用于部队的维持性支出，主要包括教育训练费、装备维修费、营房费、油料采购费、医疗费等。

（1）日本武器装备维修费的总体情况。表 2 - 20 列出了 1980 ~ 2009 财年日本装备维修费支出情况。通过对这些数据的分析可以看出，日本武器装备维修费支出具有以下特点：

装备维修费支出总规模呈持续上升的变化趋势。1980 财年，日本装备维修费为 1815 亿日元，到 2009 财年上升到 9945 亿日元，增长了 8130 亿日元，增幅为 448%，年均增幅为 14.9%。

装备维修费占国防费总额的比例呈快速上升的趋势。从 1980 财年的 8.1% 上升到 2009 财年的 19.5%，增长了近 11 个百分点，见图 2 - 15。

表 2 - 20　　1980 ~ 2009 财年日本装备维修费支出及占国防费总额的比例情况

项目	1980 财年	1981 财年	1982 财年	1983 财年	1984 财年	1985 财年	1986 财年	1987 财年	1988 财年	1989 财年
装备维修费（亿日元）	1815	1974	2289	2503	2768	2810	3017	3403	3427	3936
占比（%）	8.1	8.2	8.9	9.1	9.4	9.0	9.0	9.7	9.2	10.0
项目	1990 财年	1991 财年	1992 财年	1993 财年	1994 财年	1995 财年	1996 财年	1997 财年	1998 财年	1999 财年
装备维修费（亿日元）	4645	4723	5025	5304	5706	6098	6441	6561	6606	6304
占比（%）	11.2	10.8	11.0	11.4	12.2	12.9	13.3	13.3	13.4	12.8
项目	2000 财年	2001 财年	2002 财年	2003 财年	2004 财年	2005 财年	2006 财年	2007 财年	2008 财年	2009 财年
装备维修费（亿日元）	6765	6801	6854	6841	7090	7414	7708	7607	9292	9445
占比（%）	13.7	13.8	13.9	13.9	14.5	15.3	16.1	15.9	19.6	19.5

（2）装备维修费的投向重点。在维持费持续上升的情况下，日本仍坚持确保军费的投向重点，加大了装备维修费投入力度。近年来，装备维修费一直是日本军费投入的一个重点。其主要原因是：日本武器装备进入大中修高峰期和高技术武器装备的维修成本增加。"冷战"时期，日本陆上、海上、航空自卫队采购了大量的现代化武器装备。进入 20 世纪 90 年代后期，这些武器装备开始迎来了大中修理的高峰期，加之高技术武器装备的维修成本上升，从而拉动了装备维修费的急剧上升。

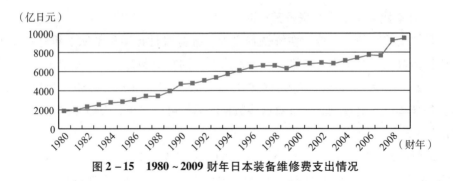

（亿日元）

图2-15 1980~2009财年日本装备维修费支出情况

（五）俄罗斯信息化武器装备建设费研究

苏联解体后，俄罗斯继承了苏联的绝大部分军队和武器装备，在武器装备全寿命管理上也基本沿袭了苏军管理的方法和手段。俄罗斯武器装备全寿命管理可以划分为三个阶段：装备研制、装备采购和装备维修。武器装备的全寿命管理由俄国防部负责，通常它要制定武器和军事技术装备发展的计划，并根据每年的国防开支预算及其使用方法，提出国家国防订购建议，组织国防科研和试验设计工作，负责为武装力量生产和采购武器、军事技术装备、食品、被服和其他物资。

1. 俄罗斯的国防费预算

20世纪90年代中期以来，俄罗斯国内政局的变化致使俄罗斯国内经济的发展经历了停滞动荡期（1995~1998年）、调整期（1999~2000年）和稳定发展期（2000年以后）的过程。由于俄罗斯经济长期不振，军费拨款不足，使得俄罗斯一度处于世界领先水平的武器装备开始逐步老化和落后，同时车臣战争使俄军更加清醒地认识到武器装备上的缺陷和不足。自普京上台以后，通过对国内经济的调整，从而使俄罗斯经济逐步走上正轨，经济回升以后，俄罗斯开始扭转军费一路下滑的局面，军费开支占国内生产总值的比例有所提升，与此同时，俄政府根据武器装备发展的需要合理配置国防订货比例，增加新武器和军事技术装备的研制费用。

从表2-21可以看出，由于受到国内政治和经济形势的影响，俄罗斯在此十年内的军费开支起伏较大，特别是1998年俄罗斯国内出现经济和金融危机前后表现尤为突出，1998年以前俄罗斯的国防预算基本保持在130亿~150亿美元，国防预算占国内生产总值的比例在3%以上，但是在1998年出现经济危机后，国防预算大幅下滑，每年国防预算都在100亿美元以内，国防预算只占国内生产总值的2.6%左右。随着经济的回升，俄罗斯加大了对国防建设的投入，每年国防预算的增长幅度大约为 10 亿美元，并且在 2001 年批准并通过了国防部提交的《2001～2005 年俄罗斯武装力量发展计划》和《2001～2010 年间俄罗斯武器装备规划》，力求通过军事改革和武器装备的大量改装（换装）来增强本国的国防实力，见图 2－16。

表 2－21　　　　　　　　　1992～2009 财年俄罗斯国防费情况

项目	1992 财年	1993 财年	1994 财年	1995 财年	1996 财年	1997 财年	1998 财年	1999 财年	2000 财年
国防费（百万卢布）	901	8327	40626	59379	80185	83200	92765	109558	191727.6
GDP（百万卢布）	19006	171510	610745	1428500	2007800	2342500	2629600	4823234	7305646
占 GDP 的比例（%）	4.74	4.86	6.65	4.16	3.99	3.55	3.53	2.27	2.62
项目	2001 财年	2002 财年	2003 财年	2004 财年	2005 财年	2006 财年	2007 财年	2008 财年	2009 财年
国防费（百万卢布）	247703	295392.9	355691.7	429998.7	531139.2	666026.6	822035.9	959600	1061500
GDP（百万卢布）	8943582	10830535	13243240	17048122	21625372	26903500	33111400	41668000	38997000
占 GDP 的比例（%）	2.77	2.73	2.69	2.52	2.46	2.48	2.48	2.30	2.72

资料来源：http：//www.president.gov.ru.

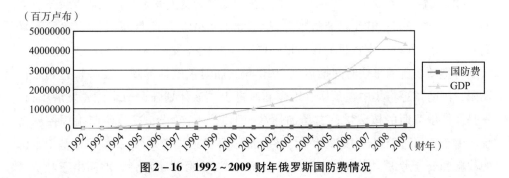

图 2－16　1992～2009 财年俄罗斯国防费情况

2. 俄罗斯武器装备发展规划

20 世纪 90 年代中期俄军制定的《1997～2005 年武装力量建设计划》将俄军事改革分两个大的阶段：1997～2000 年为第一阶段。主要任务是精简机构，裁减军队员额，理顺指挥系统；2001～2005 年为第二阶段，主要任务是进一步合并军种，完善指挥体制，研制并更新兵器，全面提高军队战斗力。在此计划中要求更换80%的陈旧武器装备，并装备新型技术兵器。但2000年以前，由于为该计划的财政拨款不足1/4，致使计划中的许多改革措施得不到实施。为了改变这种不利局面，2001年俄罗斯国防部相继出台了21世纪前10年内俄罗斯武装力量建设规划，以便使俄军达到世界主要国家军队的水平。2001年初，俄罗斯国防部研究和制定了《2001～2005年俄罗斯武装力量建设规划》、军兵种建设规划，以及部队全面保障系统发展规划；2001年底，制定和签署了《2001～2010年间俄罗斯武器装备规划》，力求通过大幅度的改装和换装来缩短与美、英、法等国的装备差距。从总体上看，这两项计划在武器装备发展上主要采取了以下措施。

（1）调整军事预算的分配比例。21世纪初，由于俄罗斯财政和其他方面比较困难，俄武装力量建设和军人的社会化保障都没有得到足够的重视。这样，俄军不得不把绝大部分军费（70%）投入到维持武装力量上，而用于武器装备和军事技术的研制和采购费用却很少。为此，俄罗斯政府于2001年1月宣布了《2001～2005年俄罗斯武装力量发展计划》，决定调整军事预算的分配比例。在该计划中，俄罗斯准备分两个阶段对军事预算中军队维持费和发展费进行调整：第一阶段，2005年前，从军队发展费占国家军事预算的30%、维持费占70%比例调整到发展费占40%、维持费占60%；第二阶段，2010年前，最终把发展费和维持费占军事预算的比例各调整为50%。

（2）确定三个优先发展项目，加大新型武器装备尤其是高精尖武器装备发展的投入力度。2001年俄总统批准一项《2001～2010年间俄军武器装备发展规划》，强调在保持一定数量的核力量的同时，要优先发展高精尖武器装备。这项计划将把新装的采购时间推迟到2010年，届时俄罗斯的现役装备将达到服役期限；国防预算将集中在预研、维修和改进上。该计划强调两个优先发展项目：一是保持俄罗斯的核威慑；二是加强常规部队装备建设；三是研制指挥控制系统。由于美国已经退出1972年美苏签订的《反弹道导弹条约》，俄罗斯基于本国的战略和安全考虑，还需要更多的"白杨－M"洲际弹道导弹，然而由于经费紧缩，可能每年只购买不足10枚"白杨－M"洲际弹道导弹，因此在2010年前，俄国防部加大了此领域的资金投入力度，而研制指挥控制系统主要是为了使俄罗斯新型航天部队与各战术部队协同起来。

目前，俄军拥有一大批诸如"白杨－M"洲际弹道导弹、C－400防空导弹、"苏－27""苏－37""米格－29"战斗机、"卡－50"武装直升机、"图－160"

战略轰炸机等世界先进的武器装备，这些武器装备不但是显示俄军军事实力的重要标志，而且也是俄罗斯抗衡美国的雄厚资本。按照国防部的计划，俄罗斯将逐步增加高精尖武器装备的研制和采购费，确保这些新型武器在 5 到 7 年内装备部队。与此同时，俄军还坚持综合配套发展武器装备的方针，改进目前相对落后的武器装备，如野战通信系统、自动化系统和侦察系统等，从而使俄军武器装备总体水平保持世界领先地位。

（3）提高部队的机动能力和战备水平。为建立一支适应 21 世纪战争的全新军队，实现"军兵种结构合理、编制体制精干高效、机动能力快速灵活、武器装备精良，与国家经济实力相适应，有充分的遏制能力，能可靠保证国家安全"的建军目标，俄军采取了一系列改革措施，提高武装力量的战备水平和机动能力，使之能对今天发生的危机作出快速反应。俄罗斯国防部指出："在未来 15 至 20 年内，俄罗斯武装力量面貌将发生重大变化。"

3. 俄罗斯武器装备费规模

由于在 1994 年俄罗斯才出台联邦预算法案，因此 1992 年和 1993 年俄罗斯武器装备建设费仅为 14 亿和 23 亿美元，在 1994 年 7 月联邦预算成为正式法规后，不仅 1994 年防务预算在联邦预算中的比例与前两年相比提高了，而且防务预算中的武器装备费也比前两年大有增加。而 1995 年和 1996 年受车臣战争的影响，采购、维修和科研费拨款较少，致使这两年几乎没有采购主要武器装备，一些研究项目也被迫停顿下来。1997 年和 1998 年俄联邦政府对国防预算的投向及时进行调整，大幅度增加了武器装备建设费。但是在 1998 年下半年俄罗斯国内出现了经济和金融危机，致使 1999 年的国防预算大幅下滑，用于武器装备建设的经费不足 20 亿美元。普京上台后，一方面恢复和调整国内政治、经济秩序，另一方面逐步增加对国防建设的投入，使得之后几年内武器装备费稳步增长。2009 年 5 月，俄罗斯总统梅德韦杰夫签署命令，批准《2020 年前俄联邦国家安全战略》，以替代以前的《国家安全构想》。该文件提出，俄将继续进行军事改革，同时保留战略核武器潜力，完善军队组织指挥结构和部署体系，增加常备部队数量。新安全战略提出后军队改革的新任务是：建立由联邦行政机关负责的部队装备统一采购体系，建立统一的军队后勤和技术装备保障体系。俄总统于 2009 年 11 月 12 日发表年度国情咨文时宣布，俄罗斯将采取措施"使俄武装力量过渡到一个新的水平，组建一支现代化、战斗力强、机动性高的军队"，其中提高俄军军备将是重点。

4. 俄罗斯武器装备科研费及其投向

对于军火研究和生产大国俄罗斯来说，与苏联相比，它用于军队物质技术装备和科学研究的经费已经大为减少。根据苏联官方的资料，20 世纪 70 年代末80 年代初苏联军费预算为 170.5 亿~190.2 亿卢布，实际数字则还要大得多，包括一些武器种类的生产尚没有列入其中。近年来，由于通货膨胀和许许多多的其他原因，对俄罗斯军费的实际情况作出较为精确的评估已变得相当困难。

苏联解体后，俄罗斯继承了苏联 80% 的军事经济潜力。俄联邦从其成立之日起就有一个非常明确的主导思想，即保持俄罗斯作为政治和军事大国的地位。与此相适应，将苏联在数十年中所建立庞大的军工研究和科研综合体系基本保存了下来，这显然与俄经济利益相悖。叶利钦政府曾试图推行非军事化方针，但并没有找到行之有效的途径和办法。原有的军事经济管理体制遭到破坏，但适应现代条件的体制却一直处于探索阶段，军工企业的管理职能过去一直由俄防务计划委员会、国家防务计划委员会和国防工业部三家行使。从 1997 年起则归由经济部管理，军工综合体的改革处于无序状态，改革的实行困难颇多，这也与俄罗斯缺乏军事建设的新概念有关。在旷日持久的俄罗斯经济危机的影响下，军工企业自然也处于困难境地。据俄经济部的资料显示，1992~1997 年，俄军品的研究和生产几乎减少了 5/6，民品的研究和生产减少了 2/3，国家作为其唯一的订货人，始终没有给予全额的财政拨款。

从历年俄罗斯对装备科研的投资来看，装备科研费在 1996 年以前占国防预算的 8% 左右，1996 年以后加大了科研费的投资比例，基本上在 10%~13% 之间。科研费的增长正好与俄罗斯在武器装备发展上所采取的基本方针相吻合，其基本方针是：以高科技为主导，积极研发高精度武器，巩固军事领域关键技术的科技优势；在总体上保证武器装备不低于世界水平的前提下，重点改进现有武器装备；不大规模生产全新的武器系统，但保持必要时进行大规模生产的能力。表 2-22、图 2-17 为俄罗斯 1992~2009 财年装备科研费情况。

表 2-22　　　　　　　　　1992~2009 财年俄罗斯装备科研费情况

项目	1992 财年	1993 财年	1994 财年	1995 财年	1996 财年	1997 财年	1998 财年	1999 财年	2000 财年
科研费（百万卢布）	74.8	599.5	2437.6	4928.5	6495.0	9235.2	12245.0	12489.6	20898.3

续表

项目	1992 财年	1993 财年	1994 财年	1995 财年	1996 财年	1997 财年	1998 财年	1999 财年	2000 财年
国防费 （百万卢布）	901	8327	40626	59379	80185	83200	92765	109558	191727.6
占国防费的 比例（%）	8.3	7.2	6	8.3	8.1	11.1	13.2	11.4	10.9
项目	2001 财年	2002 财年	2003 财年	2004 财年	2005 财年	2006 财年	2007 财年	2008 财年	2009 财年
科研费 （百万卢布）	27247.3	34265.6	—	51900	63137	72700	94100	99718	94994
国防费 （百万卢布）	247703	295392.9	355691.7	429998.7	531139.2	666026.6	822035.9	959600	1061500
占国防费的 比例（%）	11	11.6	—	12.6	11.9	10.9	11.4	10.4	8.9

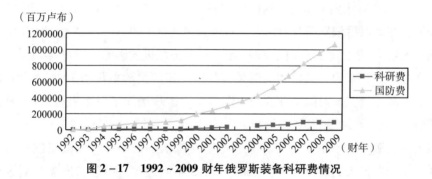

图 2 – 17　1992~2009 财年俄罗斯装备科研费情况

1992 年以来，俄罗斯装备科研费波动较大。1998 年以前，总体上呈上升趋势，并且在 1998 年科研费达到最高水平，接近 20 亿美元。1999 年由于国防预算大幅下滑，虽然科研费在国防费所占的比例没有多大改变，但是本身的科研费只有 7 亿美元，在此以后几年，科研费呈平稳增长趋势。

从目前的国际形势来看，由于美国已经单方面退出 1972 年美苏签订的《反弹道导弹条约》，因此在 21 世纪初俄政府将有限的资金重点投向研制和生产可以制服美国战略武器的"高、精、尖"武器，包括空间技术装备、防空武器和高精度武器系统。另外，从俄罗斯的武器和军事装备水平来看，俄罗斯曾经庞大的现代化常规力量的作战水准已大幅下降，作战技术装备迅速老化，指挥、侦察和通信系统的情况亦不容乐观，部队训练举步维艰。两次车臣战争使俄国防部认为，在车臣战争中动用的作战装备至少落后一代，与西方国家在海湾战争、科索沃战争和阿富汗反恐战争中所使用的兵器更无法相提并论。为尽快扭转不利局面，使武装力量得到均衡全面的发展，俄最高当局决定改变以往对常规力量发展重视不够的做法，不断增强常规军事力量的实力，以恢复自己的世界地位。鉴于这种状况，俄罗斯国防部 2001 年出台了新的军事改革方案，要加强对常规武装力量的建设，增大了高技术常规武器装备研制投入，缩小在常规武器方面与西方国家的差距。在"减少数量、提高质量"的方针指导下，进一步改进现役武器装备，最大程度地实现统一化和标准化，提高单兵武器装备的先进程度，重点研制和发展高效能的武器系统和电子战、侦察、指挥和通信系统、快速机动工具和后勤保障器材等。

5. 俄罗斯武器装备采购费及其主要投向

苏联时代的装备采购费基本上占国防预算的 40% 以上，但自 1992 年俄罗斯联邦建立后，装备采购费则下降到 18% 左右。从表 2 – 23 可以看出，1992 年和 1993 年联邦预算法尚未出台，这两年的装备采购费并不很多，大约为 10 亿～15 亿美元；在此以后俄罗斯政府加大了对装备采购费的投入，1994～1998 年的装备采购费大约为 20 亿美元；由于 1998 年 8 月经济危机的影响，1999 年俄罗斯根本没有太多的资金来购买武器和军事装备，这一年的采购费仅为 10 亿美元。1999 年以后，随着俄罗斯对国防预算的不断调整，逐步增加了对军事科研费的拨款，而装备采购费的拨款增长相当缓慢，大约为 12 亿～15 亿美元。2001 年装备采购费只占国防预算的 14%，是历年来占国防费比例最低的一次。根据俄罗斯近十年内对采购费投入的规模并结合 2001～2010 年间俄军武器装备发展规划进行分析，俄军装备采购费具有以下特点。

一是历年来俄军装备采购费占国防费比例为 15%～20%；二是根据国际形势和国内需求，每年装备采购费有增有减，但波动幅度不大；三是在 2010 年以前没有大量采购新式武器装备，而是把资金用在装备的改进和维修上，加强现有装备的升级换代；四是 2010 年后，俄罗斯对第五代军事装备进行试验，并开始有限采购。

表 2 – 23   1992～2009 财年俄罗斯装备采购费情况

年度	采购费（百万卢布）	占国防费百分比（%）
1992	184.7	20.5
1993	1523.8	18.3

年度	采购费（百万卢布）	占国防费百分比（%）
1994	8450.2	20.8
1995	10272.6	17.3
1996	13230.5	16.5
1997	16723.2	20.1
1998	19295.1	20.8
1999	21254.3	19.4
2000	32593.7	17
2001	34678.4	14
2002	48444.4	16.4
2003	—	—
2004	54864	13.3
2005	—	—
2006	—	—
2007	—	—
2008	—	—
2009	—	—

　　历年来俄罗斯陆军采购的主要武器装备是主战坦克、装甲运输车、火炮系统、武装直升机等。根据俄罗斯武器装备的订购计划，陆军每年至少必须增加300辆主战坦克、400辆装甲车、500门自行火炮系统和400门牵引火炮系统。按此计划对陆军武器装备采购费进行计算为：俄罗斯主战坦克单价为150万～250万美元/辆，订购300辆坦克约4.5亿～7.5亿美元；装甲车单价10万～15万美元/辆，采购400辆需4000万～6000万美元；自行火炮单价一般在80万～150万美元之间，500辆需4亿～7亿美元；牵引火炮的单价为8万～10万美元，采购400辆需要3200万～4000万美元。这样每年陆军的采购费共计为10亿～15亿美元，但是实际情况并非如此，俄罗斯目前的经济状况和国防开支根本承受不了陆军如此巨额的采购费用。在1997年以前陆军每年基本能采购约300辆坦克，而在1998～1999年坦克的采购量还不足300辆。2000年陆军仅得到30辆T-90C主战坦克和100辆BTP-80A装甲运输车，按此采购情况进行计算，2000年实际拨给陆军的采购费还不足1亿美元。2001年后逐步停止采购老式武器装备，而把资金投向新武器装备的研制和老式武器的改进上。

6. 俄罗斯武器装备维修费

俄罗斯武器装备维修保障基本上继承了苏联统一管理、分级组织实施的管理体制。国防部总装备部和各级装备部门负责全军通用武器装备维修保障，在各军种司令部设立的技术保障部门负责本军种专用装备的维修保障。根据装备维修任务的不同，俄军将武器装备维修划分为小修、中修和大修三个等级，并由各级维修部门组织实施。俄罗斯武器装备的维修费与采购费、科研费相比，其投入量要小得多，维修费只占国防预算的2%，占装备建设费的7%左右。根据俄罗斯21世纪初武器装备发展的10年规划，俄军重点要加强现有武器的改进和维护，因此预计在今后几年内维修费在国防费中所占比例将有所提高，大约能达到5%，甚至会更高一些。

二、信息化武器装备体系投资特征研究

（一）比较研究美、俄、日信息化武器装备投资的费用规模

鉴于武器装备在军队建设和高技术战争中的突出地位和重要作用，世界各国长期以来一直重视对装备建设的投入。武器装备费历来都是各国国防预算经费中的重点。21世纪以来，世界各国（地区）武器装备费占军费的平均比例为33%～35%，部分国家为40%～50%。美国2010年武器装备费占军费的比例为71.2%，日本2009年为40.4%，俄罗斯2010年为39.0%。进入21世纪特别是"9·11"恐怖袭击后，国际安全环境面临严峻挑战，恐怖主义成为世界主要国家防范的主要对象，打击恐怖主义成为世界各国军队的主要任务，反恐将成为21世纪前十年国际军事舞台的主旋律。在此战略环境背景下，世界各国纷纷加快了武器装备建设步伐，调整了武器装备发展战略和发展思路。表2-24、图2-19是美、俄、日1980～2009财年装备投资的情况。

表2-24　　　　　　1980～2009财年美国、俄罗斯和日本装备费规模

财年	美国		俄罗斯		日本	
	装备费（亿美元）	占国防费比例（%）	装备费（百万卢布）	占国防费比例（%）	装备费（亿日元）	占国防费比例（%）
1980	489	36.5	—	—	6648.83	29.8

续表

财年	美国		俄罗斯		日本	
	装备费（亿美元）	占国防费比例（%）	装备费（百万卢布）	占国防费比例（%）	装备费（亿日元）	占国防费比例（%）
1981	—	—	—	—	5843.38	24.3
1982	—	—	—	—	8377.24	32.4
1983	—	—	—	—	9661.44	35.1
1984	—	—	—	—	10856.69	37.0
1985	1281	50.7	—	—	11534.68	36.8
1986	—	—	—	—	12590.87	37.7
1987	—	—	—	—	13713.57	39.0
1988	—	—	—	—	14549.41	39.3
1989	—	—	—	—	15740.83	40.2
1990	2063	68.9	—	—	16977	40.8
1991	—	—	—	—	17914.01	40.8
1992	—	—	381.1	42.3	17591.79	38.6
1993	1797	61.7	3497.3	42.0	17333.51	37.4
1994	1673	59.4	15681.7	38.6	16947.28	36.2
1995	1718	63.1	21317.1	35.9	16197.58	34.3
1996	1712	64.4	27343.1	34.1	—	—
1997	1717	63.5	29952	36.0	—	—
1998	1791	66.8	35250.7	38.0	—	—
1999	1943	70.7	36921.1	33.7	—	—
2000	2024	68.8	56559.6	29.5	17787	36.0
2001	2294	75.3	62288.9	25.1	17004	34.4
2002	2446	70.2	88322.5	29.9	17043	34.5
2003	3149	77.8	—	—	17334	35.2
2004	3375	74.0	137676.4	32.0	17819	36.5
2005	3446	69.6	187783	35.4	17720	36.7
2006	3918	75.1	236700	35.5	17639	36.8
2007	4515	81.9	307600	37.4	17667	36.9
2008	5008	81.3	364023	37.9	19484	41.1
2009	4870	73.7	390964	36.8	19019	40.4

（百分比）

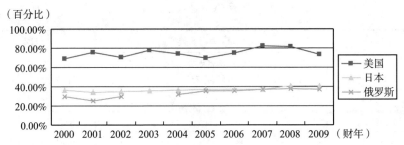

图 2 – 18　2000～2009 财年美国、俄罗斯和日本装备费占本国国防费比例情况

从图 2 – 18 可以看出以下几点。

一是十年间美国装备费规模占国防费比例在 59%～82% 之间，平均值为 74.8%，波动幅度较大，但是美国装备费总体规模仍然高居全球第一且遥遥领先。近年来，由于美国反恐作战和阿富汗战争，美国调整了其军事战略，主要体现为：由"基于威胁"模式转变为"基于能力"模式，即由过去重视对手可能是谁或者战争可能在哪里发生，转变为更重视对手可能如何作战；战备标准由"同时打赢两场战争"转变为果断打赢一场大规模地区战争，同时有能力在其他地区遂行短时间、小规模的紧急军事行动。为实现军事战略要求，美军要向"轻型、机动、更具打击力"方向转变，武器装备建设的方向和重点随之发生一系列变化：第一，发展方向是机动性、攻击力和隐蔽性更好的武器装备，如轻型航母、无人作战飞机、远程战略轰炸机、战略运输机和新一代精确打击弹药等，逐步减少对大型航母、有人驾驶飞机和重型坦克的依赖；第二，发展重点是信息化装备和太空武器，使美军拥有多种关键性的军事能力；第三，取消或减少以前签署的适应传统作战任务的一些大宗武器采购计划，相应增加适应军队转型的武器装备采购经费。这些变化主要包括：陆军总投资超 1600 亿美元的未来作战系统因当前实用价值有限被取消；海军近岸战斗脱困对部队开展稳定行动和反叛乱行动具有重要意义建造数由 2 艘增至 3 艘，其总数 55 艘的规模被肯定；空军 F – 22 "猛禽"战机因造价过高在完成 187 架生产任务后生产线将关闭，计划通过采购造价相对较低的 F – 35 "闪电"战机来弥补缺口，增加 20 亿美元用于购置"最适于用来打击藏匿在阿富汗境内的恐怖分子"的监视和侦察装备，包括购买 50 架"捕食者"无人机。具体而言，2010 财年美国国防部计划采购 1080 辆防雷反伏击车、18 枚"标准 – 3"型导弹和 26 枚战区高空区域防御导弹；空军计划采购 30 架 F – 35 "闪电"战斗机、5 架"全球鹰"和 24 架"死神"无人机、5 架

CV - 22 "鱼鹰" 偏转翼飞机等；海军计划新造 8 艘战舰，改造 6 艘 "宙斯盾" 战舰、31 架 FA - 18 "超级大黄蜂" 舰载机与 EA - 18 "咆哮者" 电子战飞机等。陆军的采购重点包括 8 架 AH - 64 "阿帕奇" 武装直升机、39 架 CH - 47 "支奴干" 直升机、22 辆 M1A2 "艾布拉姆斯" 坦克等。

二是俄罗斯装备费规模占国防费比例在 29% ~ 43% 之间，平均值为 35.3%。由于俄罗斯先后批准了《俄罗斯联邦国家安全构想》《俄罗斯联邦军事学说》《俄罗斯联邦信息安全学说》等文件，明确了新世纪的军事战略，将与美国（及北约）保持均势和反恐作为军事战略重点。武器装备建设在突出战略核力量建设的同时，重点向常规武器装备倾斜，适度增加高技术常规武器装备研制的投入。俄罗斯在普京执政后，装备建设投入不断上升，尤其是俄罗斯在莫斯科人质事件之后对总参和军队职能作出了重大调整，以适应反恐斗争，俄罗斯《2010 年前武器装备发展规划》将反恐装备列入未来武器装备发展的重点之一。2009 年，俄军主要采购了 49 架飞机、31 架直升机、304 辆装甲车、1 艘大型柴电潜艇以及 12 枚反辐射导弹和 21 枚防空制导导弹。其中，空军接收了 8 架苏 - 27、10 架苏 - 25 改进型强击机和 10 余架米格 - 29 战机，新型苏 - 34 前线轰炸机开始列装；陆军装备 "伊斯坎德尔" 战役战术导弹系统，并增配了 20 辆坦克；海军接收了 "尤里·多尔戈鲁斯基" 核动力潜艇。

三是日本装备费规模占国防费比例在 24% ~ 42% 之间，平均值为 36.5%。十年间日本装备费一直维持在 37% 左右，近两年上升速度较快，达到 40% 以上。主要是日本的军事战略方向进行了调整，提高战略的 "主动性" 和 "进攻性"。在这一战略思想指导下，日本未来武器装备将朝着高技术化、大型化、远程化、进攻型的方向发展。航空自卫队正计划研制和装备新的早期预警机、远程侦察机、空中加油机、大型运输机和世界最先进的 F - 2 支援战斗机。海上自卫队计划进一步推进舰艇大型化和作战远程化，把现有四个护卫舰队的旗舰由 5000 吨级的护卫舰改为 1 万吨级的大型导弹驱逐舰，使 "宙斯盾" 级驱逐舰由计划中的 8 艘增加到 12 艘。

（二）比较研究美、俄、日信息化武器装备投资的费用结构

在装备科研、购置、维修三大块经费中，世界各国（地区）装备购置费占军费的比例一般在 20% ~ 30% 之间，装备维修费占军费的比例一般在 12% ~ 18% 之间。装备科研费占军费的比例似无明显规律可循，这主要取决于这些国家（地

区）是否走自主科研的道路。加之许多国家的某些军事科研项目和军民两用项目未在军费列支，这给测算科研费占军费比例带来一定难度。对于世界主要大国而言，装备科研费占军费比例在 9% ~15% 之间。表 2 -25 是美、俄、日 1980 ~2009 年装备投资的费用结构情况，图 2 -19、图 2 -20、图 2 -21、图 2 -22、图 2 -23、图 2 -24 是美、俄、日 1980 ~2009 财年装备采购、科研、维修费用等情况。

表 2 –25　　1980 ~2009 财年美国、俄罗斯和日本装备投资的费用结构情况　　单位：%

财年	美国装备"三费"占装备费的比例			俄罗斯装备"三费"占装备费的比例			日本装备"三费"占装备费的比例		
	采购费	科研费	维修费	采购费	科研费	维修费	采购费	科研费	维修费
1980	—	—	—	—	—	—	69.3	3.4	27.3
1981	—	—	—	—	—	—	70.8	3.3	25.9
1982	—	—	—	—	—	—	69.3	3.4	27.3
1983	—	—	—	—	—	—	70.8	3.3	25.9
1984	—	—	—	—	—	—	71.2	3.4	25.4
1985	—	—	—	—	—	—	71.3	4.4	24.3
1986	—	—	—	—	—	—	71.5	4.6	23.9
1987	—	—	—	—	—	—	70.4	4.8	24.8
1988	—	—	—	—	—	—	71.4	5.0	23.6
1989	—	—	—	—	—	—	69.7	5.3	25.0
1990	39.5	17.7	42.9	—	—	—	67.2	5.5	27.3
1991	—	—	—	—	—	—	67.9	5.7	26.4
1992	—	—	—	48.5	19.6	31.9	64.9	6.5	28.6
1993	29.4	21.0	50.0	43.6	17.1	39.3	62.3	7.1	30.6
1994	26.4	20.7	53.0	53.9	15.5	30.6	58.9	7.4	33.7
1995	25.4	20.1	54.5	48.2	23.1	28.7	53.7	8.6	37.7
1996	24.9	20.4	54.7	48.4	23.8	27.8	—	—	—
1997	25.0	21.2	53.8	55.8	30.8	13.4	—	—	—
1998	25.0	20.7	54.3	54.7	34.7	10.6	—	—	—
1999	26.3	19.7	54.0	57.6	33.8	8.6	—	—	—
2000	27.2	19.1	53.7	57.6	36.9	5.5	54.1	7.6	38.3

续表

财年	美国装备"三费"占装备费的比例			俄罗斯装备"三费"占装备费的比例			日本装备"三费"占装备费的比例		
	采购费	科研费	维修费	采购费	科研费	维修费	采购费	科研费	维修费
2001	27.3	18.1	54.6	52.6	41.4	6.0	51.8	8.2	40.0
2002	25.6	19.9	54.5	54.8	38.8	6.4	51.0	8.8	40.2
2003	24.9	18.5	56.6	——	——	——	50.7	9.8	39.5
2004	24.6	19.1	56.2	——	——	——	50.5	9.7	39.8
2005	28.0	20.0	52.0	——	——	——	48.4	9.7	41.9
2006	26.9	18.6	54.5	——	——	——	47.1	9.2	43.7
2007	29.6	17.2	53.2	——	——	——	49.4	7.5	43.1
2008	32.9	15.9	51.2	——	——	——	45.5	6.9	47.6
2009	27.8	16.4	55.8				43.8	6.6	49.6

注：美国装备维修费 = 活动与维持费 ×35% + 装备采购费 ×7% + (活动与维持费 ×35% + 装备采购费 ×7%) ×8%。

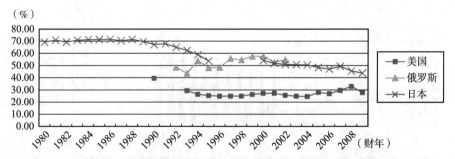

图 2-19　1980～2009 财年美国、俄罗斯和日本装备采购费占本国装备费比例情况

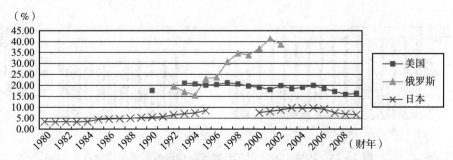

图 2-20　1980～2009 财年美国、俄罗斯和日本装备科研费占本国装备费比例情况

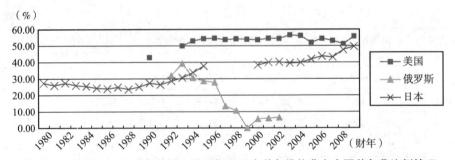

图 2 - 21　1980 ~ 2009 财年美国、俄罗斯和日本装备维修费占本国装备费比例情况

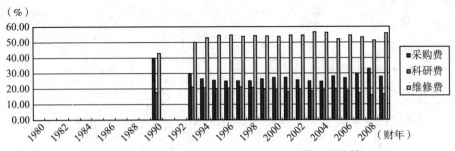

图 2 - 22　1980 ~ 2009 财年美国装备投资的费用结构情况

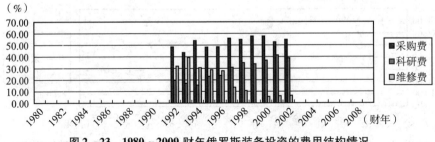

图 2 - 23　1980 ~ 2009 财年俄罗斯装备投资的费用结构情况

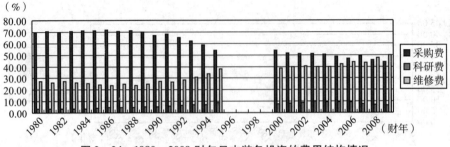

图 2 - 24　1980 ~ 2009 财年日本装备投资的费用结构情况

一是美军 1993～2009 年装备采购费比例在 24%～33% 之间，装备科研费比例在 15%～22% 之间，装备维修费比例在 50%～57% 之间，上下浮动不超过 10%，这说明美军装备科研、采购、维修"三费"在不发生大规模军事冲突和政治突发事件的情况下，一直保持相对稳定，其采购、科研、维修与保养"三费"比例约为 1.4∶1∶2.8。实际上，这一比例关系保证了美国强大军事机器的顺利发展和正常运转。

二是俄罗斯 1992～2002 年装备采购费比例在 43%～58% 之间，装备科研费比例在 15%～42% 之间，装备维修费比例在 5%～40% 之间，上下浮动将近 35%。这十年其采购、科研、维修与保养"三费"比例约为 2.9∶1.6∶1。通过分析俄罗斯武器装备科研费、采购费和维修费的实际情况可以看出，俄武器装备科研费和采购费比例基本处于上升的过程，装备维修费处于下降趋势，由于受到经济状况和国防开支的严重制约，装备采购需求与能力差距极大。俄罗斯不准备把大量的资金用于武器装备采购，而是用于新型武器的研制和现役装备的改进上，科研和采购的比例的发展趋势是"高科研、低采购"。与世界上主要国家相比，俄罗斯的装备维修费用占比太少，而美、日国家的装备维修费占国防开支的比例相比俄罗斯高得多，按照俄罗斯的武器装备发展规划，今后将大大提高装备维修费用。

三是日本 1980～2009 年装备采购费比例在 43%～72% 之间，装备科研费比例在 3%～10% 之间，装备维修费比例在 23%～50% 之间，上下浮动将近 30%。这十年其采购、科研、维修与保养"三费"比例约为 5.9∶1∶5.0，其中装备采购费变动不是很大，且有下降的趋势，这主要是因为随着日本军事战略的转变，日本对各军种所采购的武器装备进行了重大调整，压缩了常规武器装备的采购数量，加大了高技术武器装备的采购力度。日本装备科研费变化也不大，这主要受实行军事技术寓军于民政策以及国防费总额有所下降等因素的影响，有的财年甚至还负增长。在这种情况下，日本对装备科研费的投向进行了调整，减少了一般军事技术研究开发经费，加大了高技术研究开发的投入力度。日本装备维修费比例逐年增加，这主要受武器装备进入大中修高峰期、高技术武器装备的维修成本增加等因素的影响，武器装备维修费绝对规模呈上升趋势从而拉动武器装备经费投入的逐年上升。

三、美、俄、日信息化武器装备投资规律总结

通过分析美、俄、日武器装备三大费用投向投量,我们可以发现这三国的武器装备投资规律,主要表现在以下五个方面:

(一) 加大科研费投入力度,研制高技术武器装备

这三个国家都高度重视装备科研,不断加大投资力度,采用国内外先进技术,研制高技术武器装备,提高军队的信息化作战能力。

从这三个国家的三类费用可以看出,美国在不断加强预研费用和型号研制费用的投入,相对减少科研管理与保障费用。根据未来作战的需要,美军利用高技术研制和开发新式武器装备,重点放在研制和改进作战飞机、直升机、作战车辆、火炮以及新概念武器、精确打击系统、情报侦察系统、士兵系统、信息网络和网络防护系统等。俄罗斯自从出台了新军事改革方案后,不断加强对常规武装力量的建设,增大高技术常规武器装备研制的投入。武器装备科研费自1992年以来呈平稳增长的趋势。在新军事改革方针的指导下,俄军将高技术常规武器作为发展的重点,其装备科研费主要用于发展新一代的主战坦克、步兵战车、装甲运兵车、自行火炮系统、高精度制导武器、侦察指挥系统和武装直升机等。

(二) 加强主战装备采购,提高陆军整体作战能力

突出重点兼顾一般,这是外军军费投入和装备建设的普遍规律。装备采购费在武器装备费中所占比例一般都较大,基本上在40%左右。

美国装备采购费基本投向6个方面:部队投送保障系统、部队防护系统、战场信息系统、精确打击系统、机动作战能力系统和导弹防御系统。俄罗斯由于受到经济状况和国防开支的严重制约,装备采购需求与能力差距较大。根据俄罗斯武器装备发展的基本方针,俄罗斯已在对第五代军事装备进行试验,并开始陆续装备部队,主要是采购新型坦克、装甲运输车,火炮系统等。日本陆上自卫队的装备采购重点和装备采购费投向:在炮兵武器装备方面,重点采购多管火箭炮系统;在装甲武器装备方面,重点采购90式坦克、96式轮式装甲车;在直升机方面,重点采购运输机;在导弹方面,重点采购近程地空导弹和轻型反坦克发射装置。日本海上自卫队装备方面,重点建造大型水面作战舰艇、潜艇等,以及采购

反潜直升机。日本航空自卫队装备方面，重点采购新型战斗机和改装战斗机及预警机。

（三）科研费、采购费将持续增长，维修费起伏不大

从海湾战争和科索沃战争来看，高技术武器装备是打赢未来战争的关键，因此，世界各国对高技术武器研制费的投入仍将呈现持续上升的趋势。

在 2010 年前后，随着新一轮武器装备更新换代的开始，各国武器装备的采购费占军费的比例会有较大幅度的回升。一般而言，武器装备采购费占军费的比例在 20% ~ 30%，但在武器装备大规模扩张或大量更新时期，装备采购费占军费的比例至少要达到 28% 的水平。装备维修费发生的高峰期一般滞后于装备采购费高峰期 6 ~ 7 年。可以预料，今后几年，世界各国在科研费、采购费同时增长的情况下，维修费不大可能保持与之相同的增长水平，必将采取各种措施，使之控制在一定的增长幅度之内。

（四）注重提高装备建设投入效益，调整装备建设投入结构

装备建设需求与可能的尖锐矛盾，是世界各国面临的共同课题。美军的装备建设投入目前已接近 1800 亿美元，是其他国家所望尘莫及的，但是美军方人士仍抱怨经费短缺，很多急需的项目无法获得经费支持。因此，世界主要国家不得不在装备科研费、采购费和维修费之间进行权衡，以最大限度地提高装备建设投入效益。

三国在重视装备科研投入的同时，更加重视新装备采购和现有装备维修的投入。装备采购费是军费中波动最大的因素。据有关学者估计，装备采购费变化与军费变化之间的系数关系大约是"2∶1"，即"军费每变化一个百分点，装备采购费便会按照相同方向变化两个百分点"。例如，20 世纪 90 年代，美军由于军费规模不断下降，装备采购费首当其冲被大幅削减，1997 年的装备采购费比 1990 年减少了一半以上。当前，随着世界各国军费开支的不断提高，装备采购费将会加速增加。同时，"9·11"恐怖袭击后，世界主要国家为提高军队战备水平，装备建设投入重点由科研转入采购和维修，即在重视明天需求的同时，更重视今天的需要。以美军为例，2003 财年国防科研费、装备采购费和装备维修费均有一定幅度的增加，但是从实际增长幅度看，装备维修费增幅最高，达到 14.8%，装备采购费增幅次之，为 10.6%，科研费为 9.5%。

（五）适应反恐战争需要，加大反恐装备的投入

随着反恐战争被提高到一个新的认识高度，反恐已逐步纳入各国的军队职能。同时，美英发动的第二次伊拉克战争虽能获胜，但各种矛盾可能进一步激化。发达国家不得不在反恐方面加大投入。俄罗斯在莫斯科人质事件之后对总参和军队职能做出了重大调整，以适应反恐斗争。

以反恐为主的非对称作战将是未来战争的主要样式，武器装备需求也发生了深刻变化，由传统的大型装备转变为更强调装备的灵活性、机动性和多用途。目前，世界主要国家已开始重视研发或采购反恐装备。美军 2002 财年用于反恐的拨款为 70 亿美元，2003 财年增加至 270 亿美元（含 100 亿美元战争储备），这些经费除用于继续在美国上空进行空中巡逻、反恐活动、保护美国军队和国土安全外，明确提出要拨出一定经费用于购置反恐装备。

第二节　国外典型舰载固定翼预警机成本控制

第二次世界大战之前，随着高技术武器装备特别是攻击型航空母舰及中远程轰炸机、战斗机的出现，作战区域从地面扩展到了海上和空中，怎样提前发现敌人并进行反击作战成为各国军事专家研究的重要课题。到 30 年代后期，英国、美国、德国及苏联等军事大国先后掌握了雷达技术，并将雷达架设在地面和舰船上用于防空警戒，成为探测远距离空中目标的有效手段。由于早期雷达技术不成熟，加之雷达波直线传播，使陆基或舰载雷达受地球表面曲率和地形条件的限制，因此有效探测距离十分有限，而且还有很大的探测盲区，对低空目标无能为力。在日本成功偷袭珍珠港之后，美国开始着手解决陆基或舰载雷达难以有效探测低空来袭目标的问题。为从根本上解决这个难题，科学家们提出了一个大胆且奇妙的想法：让雷达"坐"上飞机，使它站得高、看得远。不过，早期的警戒雷达特别是雷达天线又大又笨重，要想安装在飞机上十分困难，并且雷达下视时受地面或海面的回波影响，作用效果不大。"二战"后期，美国哈泽尔廷公司研制出适合机载的 AN/APS－20 型雷达，为预警机的诞生奠定了技术基础。

AN/APS－20 雷达安装在 TBM－3W 和 PB－1W 上成为预警机的"眼睛"，展现了预警机的发展前景和巨大潜力。其后，格鲁曼公司便直接涉足预警机研制

领域，使用 AN/APS-20 雷达研制了 AF-2W"护卫者"预警机。"护卫者"项目的成功促使道格拉斯公司在"空中袭击者"活塞式攻击机基础上开发出了 AD-3W 预警机。机载雷达仍然使用 AN/APS-20，安装在一个宽大的腹部雷达天线罩内。"空中袭击者"预警机共生产了三种型号：AD-3W、AD-4W 和 AD-5W。其中 AD-5W 后来被重新命名为 EA-1E，由此揭开了舰载固定翼预警机的历史。①

此处以美国 E-2 预警机为主要研究内容，重点研究 E-2C 在寿命周期内的费用发生规律，并与 E-3、E-8、E-10 和 A-50 的技术性能、费用发生规律进行对比，最终提出降低我国舰载预警机寿命周期费用的对策建议。

一、国外典型舰载固定翼预警机研制费用发生规律研究

E-2"鹰眼"是美国海军的全天候舰载空中预警和指挥控制飞机，其主要任务是早期预警、空中指挥和控制以及水面监视、搜索与营救引导、通信中继等，自 1964 年 1 月正式服役至今已整整 48 载。2004 年 8 月 14 日，美国海军和诺斯罗普·格鲁曼公司在弗吉尼亚州诺福克海军基地举行隆重仪式，庆祝 E-2"鹰眼"预警机飞行 100 万小时。目前，美国、日本、以色列、埃及、法国、新加坡、墨西哥等国以及中国台湾地区共有 180 多架不同型号的 E-2"鹰眼"预警机飞行在茫茫海天之间。美国诺斯罗普·格鲁曼公司倾力打造了誉满全球的"鹰眼"舰载预警机家族，无论是其前身 E-1"追踪者"系列，还是 E-2"鹰眼"系列，都一直站立时代潮头，推动着全球预警机的发展。本部分就以 E-2A、E-2B、E-2C 和 E-2D 的研制费用发生规律作为重点研究对象，对比分析其研制与发展过程、基本设计特点和战术技术性能，总结其研制费用发生规律，为后文提出降低我国舰载预警机寿命周期费用的对策提供基础。

（一）E-2A、E-2B 研制费用发生规律研究

1. 研制与发展过程分析

无论是 TBM-3W"复仇者"舰载预警机，还是 PB-1W 陆基预警机，都还只能算是预警机的雏形，是后续实用型预警机的验证机。

---

① 台风. E-2"鹰眼"预警机的前世今生［J］. 海空力量，2005（6）.

20世纪50年代中期，格鲁曼公司凭借其在舰载机研制领域的强大技术优势，推出了世界上第一种实用型舰载预警机E-1"追踪者"。尽管由于年代较久，E-1"追踪者"预警机已逐渐被人们忘记，但它却是"鹰眼"预警机家族的开山鼻祖，为后来众多型号的舰载预警机奠定了坚实的技术基础。20世纪40年代末，美国海军提出研制一种能从航母上起飞、既能携带攻潜武器又配备搜索雷达以保卫远洋编队的海上巡逻机，格鲁曼公司受命设计出G-89反潜战飞机，第一架原型机XS2F-1于1952年12月3日首飞，1954年开始服役，并改称为S-2"搜索者"舰载反潜巡逻机。S-2机身粗短，机尾宽度变细，与大面积梯形垂尾圆滑过渡，机头是一个钝圆的座舱，舱窗呈球形外凸，有利于向下观察。1954年，格鲁曼公司以S-2为原型，在其背上加装一个椭圆形雷达天线罩，内装预警雷达，成为空中早期预警平台WF-1，后改称为E-1A"追踪者"，其改进型称E-1B。E-1B虽然提高了美国海军在更远距离上的侦察和预警能力，但其机载雷达的分辨率还不是很高，雷达数据不能传送给航空母舰的指挥中心，引导能力也有限，并且发动机功率低，以致飞机飞行速度慢，作战半径小。这些因素决定了E-1B型预警机将很快被新一代先进的舰载预警机所替代。E-1A"追踪者"预警机于1954~1964年在美国海军服役，后被先进的E-2A"鹰眼"预警机取代。

事实上，在E-1B"追踪者"尚未正式服役前，格鲁曼公司就紧锣密鼓地开始了新一代E-2"鹰眼"预警机的研制。20世纪50年代末，美国海军为了加强其舰队防御体系的建设，提出建立"海上战术诸元系统"，要求该系统能对水面舰艇、潜艇、战斗机和陆上基地等所有能搜集到的信息进行一元化处理，实现情报信息共享，以便空中、水面、地面和水下统一指挥、协调作战，从而提高整个舰队的防御作战能力。"海上战术诸元系统"的主系统设在航空母舰上，辅之以空、地、海等方面的子系统予以配合，在空中则要求建立相应的"机载战术诸元子系统"。E-2"鹰眼"预警机是格鲁曼公司专门为美国海军设计生产的第一种舰载或陆基预警和控制飞机，美国海军赋予它的主要使命是在舰队上空周围地区巡逻，形成一个防范敌人来袭的早期预警圈，侦察敌方飞机、导弹和水面舰艇部队的攻击，用于舰队防空和空战引导指挥，也可用于执行陆基空中预警任务。

E-2预警机于1956年3月开始设计，研制之初被称为W2F-1，经过方案论证后，格鲁曼公司共生产了3架原型机，原型机称为YE-2，第一架原型机于1960年10月21日完成首飞，1961年4月19日装备全套机载设备的飞机完成实用性飞行后，正式名称改称为 E – 2A "鹰眼"。

2. 基本设计特点与战术技术性能分析

1966 年，第一批 E – 2A 被部署到 CVA – 63 "小鹰" 号攻击航母上（70 年代美国海军取消了攻击航母和反潜航母的区分后，"小鹰" 号航母的编号改为 CV – 63），充当美国海军舰队的空中监视之眼。到 1967 年，E – 2A 预警机共生产了 59 架。

由于是舰载预警机，所以 E – 2A "鹰眼" 预警机的体形较小。其主要技术性能指标如表 2 – 26 所示。

表 2 – 26   **E – 2A "鹰眼" 预警机的技术性能指标**

机长	17 米
机高	5 米
翼展	24.5 米
机翼面积	65 平方米
空重	14128 千克
最大起飞重量	24866 千克
发动机	2 台阿里逊 T56 – A – 8 涡轮螺旋桨发动机
发动机功率	4050 马力
巡航速度	478 千米/小时
最大平飞速度	592 千米/小时
爬升率	710 米/分
实用升限	8777 米
续航时间	4 小时
机组人员	5 名（正副驾驶员各 1 名，作战情报官员 1 名，空中控制官员 1 名以及雷达操作员 1 名）

在设计之初，技术人员充分考虑了 E – 2A "鹰眼" 预警机在航空母舰上起降和存放的要求。该型机采用悬臂式梯形上单翼，机翼前缘有充气的防冰套，内侧机翼前缘可打开，以便维护发动机和操纵系统。机翼后缘分三段，外侧为副翼，中段和内侧为襟翼。水平尾翼有 11 度的上反角。以液压作动力，大部分外段机翼做 90 度的旋转后可以向后折叠（一般舰载飞机多采用向上折叠的方式），

正常伸展时的翼展达 24.56 米，而折叠后只有 8.94 米，不到原来的一半，大大缩小了在舰上平行甲板或机库内的存放空间。在飞机的水平尾翼上安装了 4 个垂直翼面。外侧的两个垂直翼面延伸到平尾以下；中间两片则固定在水平安定面之上，没有下延。之所以采用这么多垂直翼面，主要是受前方雷达天线罩和支架尾流的影响，使垂尾的气动效率降低的缘故。理论计算和实验表明，在保证飞机方向安定性的前提下，实现横侧操纵只需要 3 个舵面就足够了，所以在左侧的第二个垂直翼面上没有活动的方向舵。为了不影响雷达工作，4 个垂直翼面（包括发动机螺旋桨）的大部分都使用了玻璃钢材料。

E-2A "鹰眼" 预警机的雷达天线罩呈圆形薄饼状，直径 7.3 米，最大厚度 0.79 米，内装雷达天线和敌我识别天线，由液压马达驱动，每分钟旋转 6 圈。雷达天线罩还可以通过液压控制升高或降低，停机时最大下降高度可达 0.64 米，有利于在航母上存放。雷达天线为 "八木" 端射式天线阵，敌我识别天线阵与之背对背安装，它所获得的信号通过一个三通道的旋转同轴耦合器向飞机内部设备传送。飞机使用前三点收放式起落架，可在航空母舰上由弹射器弹射起飞，着陆时利用阻拦索回收。

E-2A "鹰眼" 预警机的空中战术数据系统（ATDS）由一个自动探测雷达、机载计算机、存储器和数据链系统组成，与部署在舰队司令部的美国海军战术数据系统（NTDS）相连，能提供整个战术态势图片。E-2A 预警机可执行空中早期预警和战术指挥任务，具有海面监视、敌我识别、方位测定、目标搜索和指挥作战等能力。E-2A 预警机的典型执勤程序是：在搜索雷达发现空中和海上目标后，通过 "机载战术诸元系统" 进行数据处理，然后将目标的距离、速度、高度和航向等诸元信息及时传输给航空母舰上的 "海上战术诸元主系统"，同时对己方作战飞机和其他武器系统实施指挥引导，对来袭目标进行拦截或发起攻击。

在实战中，E-2A "鹰眼" 预警机也暴露出不少问题，主要是机载雷达的战术性能欠佳，探测距离较短，精度较低，且抗干扰的能力较差等。到 1971 年 12 月，美国海军的 59 架 E-2A "鹰眼" 预警机中，有 51 架升级至 E-2B 标准，4 架改装成 TE-2A "鹰眼" 教练机，2 架改装成为 E-2C 预警机的原型机 YE-2C，还有 2 架被改装成 YC-2A 型飞机（作为 C-2A "快轮" 舰载运输机的原型机，于 1964 年 11 月 18 日进行了首次试飞）。1998 年 5 月 4 日，第一架 E-2A "鹰眼" 预警机被送进博物馆保存。

E-2B "鹰眼" 是以 E-2A 为原型发展起来的一种改进型预警机，从未进行专门生产。主要改进之处是加装了一台利顿公司的可编程控制的高速数字式 L–304 型通用计算机，对其他机载电子设备进行了改进以提高设备的可靠性。虽然在 E–2B 预警机投入使用后不久，新一代 E–2C 迅速崛起，但为数不多的几架 E–2B "鹰眼" 仍在美国海军中一直服役到 1986 年。

从 E–2B "鹰眼" 预警机开发到使用的过程并权衡其作战性能可以看出，在设计之初，格鲁曼公司就把 E–2B 作为一种过渡型产品，以起到承前启后的作用，与之前的 E–2A 预警机相比，其技战术性能上并没有得到根本性的改进。

（二）E–2C 研制费用发生规律研究

1. 研制与发展过程分析

（1）研制过程分析。E–2C 是 E–2 "鹰眼" 家族的第三代产品，是 "鹰眼" 预警机走向成熟的标志，它开启了 "鹰眼" 预警和控制飞机家族的新阶段，作战性能与 E–2A、E–2B 这些早期家族成员相比有了跨越式的进步。其首要任务是空中预警、用于舰队防空和空战引导指挥，也可以执行陆基防空警戒和截击引导、空域监视、交通管制、搜救、导航、通信中继以及打击毒品走私等诸多任务。

发展到今天，E–2C 已形成一个作战能力递增的 E–2C "鹰眼" 系列，它包括最初的型号 E–2C 以及后来不断升级改进发展起来的型号 E–2C Group 0、E–2C Group Ⅰ 和 E–2C Group Ⅱ 等，但人们习惯上将它们统称为 E–2C 预警机，多个型号的 E–2C 共生产了 187 架，目前格鲁曼公司已转入生产 E–2C "鹰眼" 2000 型预警机。美国海军现役航母的每个舰载机飞行联队都配备一支包括 4 到 5 架 E–2C 预警机的预警飞行中队。

E–2C 预警机于 1968 年开始研制，两架 E–2A 进行技术改装后作为原型机，称为 YE–2C。1971 年 1 月 20 日，原型机 YE–2C 完成首次试飞。1973 年 11 月，首批 11 架生产型 E–2C 预警机正式装备美国海军，开始了漫长的服役道路。

美国海军的现役航空母舰上均有一个由 5 架 E–2C 组成的预警中队，全美海军总计有 18 个 E–2C 中队（含预备役中队），总共装备了 139 架 E–2C。随着航空电子技术的发展以及作战环境的变化，美国将不断地对 E–2C 进行改进，并转变其职能，海军拟使 E–2C 至少服役至 2025 年。[①]

（2）改进发展过程分析。E–2C 的主要机载设备包括雷达、电子对抗、通

---

① 徐永胜，张红兵. E–2C "鹰眼" 预警机的现状与发展 [J]. 电讯技术，2005（3）.

信、显控等分系统，QL－77/ASQ 中央数据处理机系统完成监视、探测、截获、测高、识别、分类、跟踪、数据显示、威胁估计、航迹截获、武器选择、截击导引、数据传送、导航、飞机性能监视与控制等不同功能。通过作战，发现 E－2C 还存在着不足，因此不断地对电子设备进行改进。正是由于不断的改进和升级才使该飞机保持了旺盛的生命力。

①雷达系统（标号）。E－2C 的第一批飞机换装的 AN/APS－120 型雷达工作于 P 频段，采用了双延迟线固定目标对消技术，抗干扰能力加强，具有了一定对陆上目标下视能力，探测距离增大。1976 年 12 月，从第 34 号飞机起开始改装 AN/APS－125 雷达系统，进一步提高了目标探测和抗干扰能力。

从 1983 年起开始改装 AN/APS－138 型雷达。AN/APS－138 雷达是 125 型的改进型，据称可以探测到 270km 外的巡航导弹。其主要改进部分包括一个新的全发射孔径控制天线，以减少旁瓣，可对付日益严重的干扰威胁。1988 年，AN/APS－139 型雷达面世，139 型雷达有更好地对地搜索性能，可探测小雷达截面目标，如巡航导弹和反舰导弹，并且将跟踪目标数增加到 2400 个。

1990 年研制成功了 AN/APS－145 新型大功率 UHF 多普勒雷达，其旋转天线安装在飞机顶上的圆形天线罩中，可同时探测和跟踪海面、空中和陆地上的多个目标，可自动实时跟踪 2000 个目标，并可指挥控制 40 个以上空中截击任务，使 E－2C 的总体作战性能有了质的变化。美国海军期望在 2010 年具备海上协同作战能力（CEC），即多架预警机雷达联网，使其探测空域远远超出因地球曲率而对单一雷达的作用距离的限制。为此需要对现有的 APS－145 雷达进行大幅度的改进。在保留原来 360°全方位的机械扫描能力的同时，增加了在方位 ±60°或小于 ±60°的电扫描能力。

②通信系统。通信系统包括柯林斯无线电公司的 AN/ARC－51A 双向超高频电台、AN/ARQ－158 超高频电台、Link4、Link11 数据链、AN/ARQ－34 高频数据链和 AN/AIC－14A 机内通信设备，其中 Link11 用于向航空母舰及其他预警机传送数据，Link4 用于向其他飞机传送数据或由地面向预警机中央处理机传送指令。导航系统包括利顿公司的 AN/ASW－92 舰载机用惯导平台、AN/APN－153 多普勒导航仪、CP1085/AS 大气计算机、塔康导航仪等设备。

目前，美海军计划使当前的"鹰眼"预警机能从多个情报源获得相关的战术图像，为此，要求改进通信能力，即需要增加更多的卫星通信信道、AN/ARC－210 无线电台，并要对内部通信系统进行升级。

③侦察红外搜索与跟踪传感器。最近，美国给一架 E-2C 飞机安装上诺斯罗普·格鲁曼公司生产的红外搜索与跟踪（SIRST）传感器，它能利用雷达探测的数据同步完成导弹发射和着落点的实时计算。最终生产型 SIRST 将结合数据链为航母和舰艇提供高精度三维定位和跟踪信息。SIRST 项目使 E-2C 能探测弹道导弹，在海战早期预警和指挥控制功能方面将更具有意义。

④无源探测系统。E-2C 装备的利顿公司的 AN/ALR-59 系统是一种无源探测系统，能在主雷达关闭的情况下探测到敌方目标的电磁辐射，从而测算出其位置等信息。ALR-59 的天线阵列位于机头、机尾和平尾两端，分 4 个频带由计算机控制同时自动扫描，能通过对比信号强度精确测出信号源方向。

改进型 AN/ALR-73 能同时扫描 4 个不同的频段，且可测量信号的到达方向、信号频率、信号脉冲宽度/脉冲幅度、信号脉冲重复间隔和信号扫描速率/类型。

1999 年以后，以 AN/ALQ-217 取代 AN/ALR-73 系统。ALQ-217 由 7 个设备组件构成：接收机/处理器、左/右侧有源前端组件、机头、左、右侧和后部天线组件。与 ALR-73 相比，AN/ALQ-217 通过采用威胁检测和辐射源分类技术增强了对飞机的雷达和敌我属性识别能力。改进后，平均无故障工作时间提高10 倍，重量减轻约 67%，可维护性有所改善。

（3）E-2C 的未来发展

①装备"鹰眼"2000。从 1999 年开始，美国海军新的 E-2C 将按"鹰眼"2000 标准制造。雷达现代化计划正在为"鹰眼"飞机研制一种先进演示雷达，它具有超视距和对陆探测能力，并能对战斗群进行跟踪。这些能力同协同作战能力（CEC）一起，使"鹰眼"完全融入战区弹道导弹防御和巡航导弹防御系统中。这种先进的跟踪能力同"宙斯盾"和升级的"标准"导弹（SM-2 Block IVA 和 SM-3）相结合，使战斗群能够布置一个有机的全战区巡航导弹和战区弹道导弹防御伞，为重点防区和美国及多国部队提供保护。

②启动"先进鹰眼"。根据未来作战需求，美国对 E-2C"鹰眼"2000 型预警机作进一步的改进，以使之具备更多、更强的能力。2003 年 7 月，美国海军授予诺斯罗普·格鲁曼公司总额 19 亿美元的合同，以启动 E-2E"先进鹰眼"（AHE）计划。计划期间，将升级 2 架"鹰眼"2000 飞机，并取得 AHE 合格证。

"先进鹰眼"将是一种全新制造的飞机，海军计划采购 75 架（甚至可能更多）来替换整个 E-2C 舰队。为了增强机载指挥与控制（C²）能力，以及扩大监视范围，"先进鹰眼"将从陆上和海上，以更大的范围和更高的精度，为海军提供增强的威胁检测能力，并将作为海军战区导弹防御能力的基础设施服役。

"先进鹰眼"的核心设备是采用时空自适应处理技术的新型电子扫描 UHF 雷达。该雷达既有主动电扫天线阵列，又有机械扫描阵列，增益有望达到 20dB，能在电磁杂波和干扰环境下工作。该雷达通过 Link－16 和协同作战能力（CEC）与其他设备和传感器结合。雷达必须大体上同 APS－145 雷达具有相同的使用空间。在重量和体积上都是对新雷达设计的挑战。时空自适应处理技术是一种实现机载雷达对地面运动目标进行跟踪的处理方法。新雷达还将采用固态发射机和大动态范围数字式接收机。

"先进鹰眼"还将装备新型任务计算机，进行软件升级，并改善现有敌我识别（IFF）系统。在增加新通信系统后，将使"先进鹰眼"成为海军指挥与控制（FORCEnetC2）网络的主要节点，使它能提供综合信息，并监视和融合数据，具有前方控制与通信能力。

③转变 E－2C 的职能。总结伊拉克战争的经验，美国海军于 2004 年 3 月将诺斯罗普·格鲁曼公司生产的 E－2C 从传统的预警飞机向执行远征作战任务的指挥控制飞机方向发展。美国海军要求提升预警机的通信能力，即增设更多的卫星通信信道、AN/ARC－210 无线电台，并对内部通信系统进行升级。目前已对机上任务系统进行软件升级，使该型预警飞机能自动发布空中任务分配命令，减轻机上人员的工作量。

E－2C 的发展演变过程可以用表 2－27 清晰的显示：

表 2－27　　　　　　　　　　E－2C 的发展演变过程

型号	时间	雷达	装备
Basic E－2C	1973～1980 年	APS－120/125 雷达	T56－A－425 引擎，10 吨的冷却系统
E－2C Group 0	1980～1988 年	APS－138 雷达	AMR 系统
E－2C Group Ⅰ	1988～1991 年	APS－139 雷达	T56－A－427 引擎，12 吨冷却系统
E－2C Group Ⅱ	1991～2001 年	APS－145 雷达	加装 GPS，新式 IFF 系统
E－2C "鹰眼" 2000	2003～2013 年		任务计算机更新，升级冷却系统的装备
E－2C 先进 "鹰眼"	2013 年至今		

2. 基本设计特点与战术技术性能分析

（1）设计特点。E-2 在气动结构上采用常规布局。其机翼、机身、尾翼、动力装置、座舱的设计各具特点。

①机翼。采用全金属悬臂式上单翼，中央翼段为三梁多肋机加蒙皮盒形结构。外翼段用装在后梁上的斜轴接头铰接，翼内的双向作动筒可将机翼折叠到与机身侧面平行的位置。机翼前缘有充气防冰套，内侧机翼前缘能打开，以便维护飞行操纵系统与发动机操纵系统。机翼后缘外侧为襟副翼，在富勒式襟翼放下时会自动下垂。E-2C 各操纵面均用不可逆助力器操纵，有人工感觉装置。操纵系统可由自动飞行操纵系统控制，也可用人工操纵并辅之以自动增稳控制。

②机身。为全金属半硬壳式，在机身上方机翼前有冷却系统散热器舱，机身中部支架上有圆盘式雷达天线罩。

③尾翼。采用悬臂式四垂尾尾翼，前缘有充气防冰套，垂尾后有三个双铰链式方向舵。平尾上反角 11°，尾翼有一部分用玻璃钢制造以减少雷达反射波。

④起落架。机腹装有液压收放前三点式，有气压紧急放下装置，可转向的前起落架向后收，主起落架向前并旋转 90°以后平放入短舱底部。具有液压 - 气动式减震器，采用液压刹车。机尾有液压收放式尾橇和拦阻钩。

⑤动力装置。两台 T56 - A - 427 涡桨发动机，经减速器驱动汉密尔顿公司的 54460 - 1 型 4 叶可顺桨反桨恒速螺旋桨。螺旋桨为钢梁、玻璃钢外壳内填充泡沫式塑料结构，以减少对电波的干扰。

⑥座舱。正常条件下载空勤人员五名：正副驾驶、雷达操纵员、作战情报官和空中控制员。机舱从前向后排有：分列两侧的雷达与其他电子设备机柜，开在机身左侧的舱门，在左侧的雷达，敌我识别处理机机柜和计算机柜。后部是面向左侧的雷达操纵员工作台、作战情报官工作台、空中控制员工作台。

（2）机载设备特点。E-2C 使用了 AN/APS - 138 雷达取代 B 型的 125 型雷达，该雷达能探测空中目标，同时监视海上交通情况。AN/APS - 138 的工作频率在 420MHz 左右，需要约十五分钟预热才能达到额定功率，所以一般在起飞时雷达已经通电预热。因为此雷达的平均功率很高，美海军严禁在 1600 米以下高度使用该雷达，否则可能会引起地面金属物体感应产生火花，危及油库等设施安全。到了 1988 年，AN/APS - 139 型雷达面世，139 型雷达有更好地对地搜索性能。1990 年 145 新型雷达研制成功，其对地搜索性能更胜一筹，该雷达对飞机目标的探测和确认距离为 556 千米以上。由于新的雷达系统实现了远距探测、自动目标跟踪和高速处理的一体化。目前 E – 2C 的主雷达罩直径 8 米、高 0.75 米、重 750 千克，罩内雷达转速为每分钟六转。雷达及敌我识别器天线共有十二组，也装在这个天线罩。

E – 2C 装备的 ALR – 59 是一种被动辐射探测装置，能在主雷达关闭的情况下依靠敌目标辐射进行探测。该系统的有效探测距离比主雷达要远两倍。它在机头、机尾、平尾两端装有接收天线阵，分 4 个频带由计算机控制同时进行自动扫描，能通过对比信号强度精确测出信号源方向。目前这一系统正被 AN/ALR – 73 所换装。

E – 2C 装有利顿公司的 OL – 77/ASQ 中央数据处理机，由两台 L – 304 计算机组成，储存器容量 8 × 8192 字，可扩大为 10 × 8192 字，备有供显示用 4096 字再生储存器。该计算机实时计算与控制来自雷达、通信、导航与电子对抗系统的数据，并做出相应决策。整个处理机系统可完成监视、探测、截获、测高、识别、分类、跟踪、数据显示、威胁估计、航迹截获、武器选择、截击导引、数据传送、导航、飞机性能监视与控制等不同功能。处理机装有先进的输出输入装置，其数据显示控制台由 3 个 AN/APA – 172 数据显示控制台组成，采用 25.4 厘米（10 英寸）主显示器显示目标平面位置、速度向量和有关数据，采用 12.7 厘米（5 英寸）辅助显示器作文字显示。控制台备有光笔与控制键盘。

导航与导引系统包括利顿公司的 AN/ASW – 92 舰载机用惯导平台，AN/APN – 153 多普勒导航仪，CP1085/AS 大气计算机、塔康导航仪等设备。

（3）技术性能。E – 2C 不但能监视威胁航母战斗群的各种目标、指挥舰载战斗机作战，还能与地面部队、普通战舰直接通过数据链、两部短波、六部以上的超短波 UHF 无线电交换信息，使得 E – 2C 被赋予了更多、更重要的任务，当然这与电子技术的飞跃发展是不可分的。数据链路还使得其他飞机无须打开雷达，就可以根据数据链路传来的信息发起对敌机的攻击，自身的隐蔽性大大增强。E – 2C 的通讯天线布满整个机腹下方，机身上方有一根可拉至机尾的短波天线，此外还有一根长达 50 米的可收放拖曳短波天线。如果降落时飞行员忘记将此天线收回，只要尾钩一放下，天线立即会被自动切断，以确保安全。为了确保众多电子设备的供电，机上装有两台由发动机驱动的发电机，每部功率是 60000 千瓦；另有一个油压驱动备用发电机，功率是 5000 千瓦。机上某些电子仪器还使用了真空管。

E – 2C 作为预警机，并不需要直接执行战斗任务，而且电子干扰能力极强，因此没有安装任何武器。而苏联及俄罗斯空军没有超过 450 千米射程的空空导弹，因此任何飞机想攻击 E-2C 之前，都会被 E-2C 的雷达首先探测到。但俄罗斯目前正发展超远程的空空导弹，由于冲压发动机的发展，射程达 600 千米的空空导弹已被提上日程，将来有可能对 E-2C 造成巨大威胁。

2004 年 3 月，出于"持久自由"和"自由伊拉克行动"中实战的促进作用，美海军将诺斯罗普·格鲁曼公司生产的 E-2C 从传统的预警飞机向执行远征作战任务的指挥控制飞机方向转变。在这些实际作战中，美海军的 E-2C 飞机处于一种复杂的空中管制态势之中，要对加油机、攻击机和无人机进行管制，还要执行战区情报、监视和侦察功能。由于目标变化非常之快，要求 E-2C 飞机上的人员必须在空中做出实时的指挥决定。美海军计划使当前的"鹰眼"能从多个情报源获得相关的战术图像。为此，要求改进通信能力，即需要更多的卫星通信信道、AN/ARC-210 无线电台，并要对内部通信系统进行升级。E-2C 已成为网络中心战的空中节点。该飞机将成为空中作战中心，能进行探测、决策、交战管理和评估。其原先的制式航母战斗群防御任务将会缩减，将承担战斗管理职责。除计划进行各种通信/战斗管理设备的升级外，美海军还想使这种飞机具有空中加油的能力，使其在空中的滞留时间加倍，从 4 个小时增加到 8 个小时。另一项变化是，可能将每艘航母上的 E-2C 数量从 4 架增加到 6 架。

E-2C 的各项性能指标[①]如表 2-28 所示。

表 2-28　　　　　　　　　　　　E-2C 的各项性能数据

基本概况	
制造商	Grumman Aerospace Grop
飞机框架	C-2 Greyhound 为基础
主要功能	鹰眼给航空母舰战斗群提供全天候机载预警指挥和控制功能。其他任务包括海面监视协调，攻击和拦截控制，搜索和救援引导以及通信中继，作为航母飞行队不可分割的一部分，E-2C 用计算机化的传感器提供预警威胁分析和对空中海面目标的反击控制
工作情况	第一次飞行，1960 年 10 月，1964 年 1 月开始运转

---

① 王炳如. 机载预警雷达译文选——E-2 预警机专辑 [M]. 南京：南京电子技术研究所，1998 (12).

基本概况	
旋转罩	E-2C 有一个 24 英尺的旋转雷达罩,罩子每分钟 6 转,并可收缩 2 英尺以便在航母上储存。飞机飞行的时候,雷达罩产生的升力足以抵消它本身的重量
雷达距离	装有一部能在 300 万立方英里内搜索任何位置的检测目标,同时还可以监视海上的交通。每架 E-2C 还可以保持全天候的巡逻,同时可以跟踪 600 多个目标,并且控制 40 多个空中拦截目标
尺寸大小	国际单位
全长	17.54m
高度	5.58m
翼展	24.56m
翼展(折叠)	8.94m
旋转罩直径	7.32m
机组	5 人
重量	国际单位
空机重量	17265kg
机内燃油	5625kg
毛重	23557kg
性能	国际单位
最大水平速度	626km/h
最大巡航速度	602km/h
巡航速度	480km/h
着落速度	191km/h
工作高度上限	11278m
实用升限	9390m
航程	2582km
最短起飞距离	564m
最短着陆距离	439m
发动机	两台艾力逊 T56-A-427 涡轮螺旋桨发动机
轴向推力	3.279kW
发动机制造厂	Allison
发动机额定功率	5100 马力

E－2C 的世界分布情况如表 2－29 所示。

表 2－29　　　　　E－2C 的世界范围分布情况（1997 年 10 月至今）

地区	国家和地区	总数	变型	平均寿命
亚洲	日本	13	E－2C	7
	新加坡	4	E－2C	10
	中国台湾	4	E－2T	3
欧洲	法国	1	E－2C	1
中东	埃及	5	E－2C	10
北美	美国海军	38	E－2A	8

3. 研制费用各项数据对比分析

根据 1998、2000、2001、2002、2003、2004、2005、2006、2007、2008 财政年度报告，E－2C 的各项费用数据变化情况如表 2－30 所示。

表 2－30　　　　E－2C 的各项费用数据（1998 年不变值，单位百万美元）

费用类型	1997 财年	1998 财年	1999 财年	2000 财年	2001 财年	2002 财年	2003 财年	2004 财年	2005 财年	2006 财年	2007 财年	2008 财年	2009 财年
研发费用	62.0	58.3	46.6	16.1	55.7	37.4	107	343.3	597.0	629.7	499.3	831.7	538.3
采购费用	299.0	317.5	414.3	395.5	312.4	275.2	286.6	226.8	248.0	249.0	203.6	68.3	589.1
总费用	361.0	375.8	460.9	411.6	368.1	312.6	393.6	570.1	845.0	878.7	702.9	900	1127.4
采购数量	4	4	3	3	5	5	5	2	2	2	2	3	3
单价	90.25	93.95	153.63	137.2	73.62	62.52	78.72	285.05	422.5	439.35	351.45	300	375.8

资料来源：Office of the Under Secretary of Defense/Chief Financial Officer.

（三）E－2D 研制费用发生规律研究

1. 研制与发展过程分析

20 世纪 60 年代初，由格鲁门公司为美国海军研制的 E－2 舰载预警机问世，并在此后 40 多年时间里持续不断地改进发展，先后有 A、B、C 等型号问世。由于具有独特的战术技术性能和显赫的实战功绩，鹰眼系列预警机一直在美国海军中扮演着极其重要的角色。2007 年 4 月 30 日，在佛罗里达州诺斯罗普·格鲁曼公司奥格斯泰的工厂，鹰眼 E - 2D 预警机首次亮相。尽管鹰眼 E - 2D 预警机外形与以往的鹰眼预警机相似，但实质上它却进行了很大的改进，可以说是一种全新的鹰眼预警机。

早在 2000 年 1 月，美国海军正式提出先进鹰眼（AHE）预警机的发展计划。为了更好地推动鹰眼预警机的发展和改进，美国海军要求工业部门所进行的各项研究集中于先进的电子扫描雷达、新型任务电子设备、任务软件和后勤支援四个主要领域。作为先进鹰眼预警机的主承包商和系统综合者，诺斯罗普·格鲁曼公司综合系统分部向美国海军提交了五项专题研究报告，分别涉及有关的技术问题以及对全套系统的评估，同时还提交了几项有关传感装置的研究报告。根据这些报告，美国海军初步拟定了先进鹰眼的采购方针，最初计划在 2003 财年就进入工程研制与开发（EMD）阶段，以便从 2006 年开始部署这种新型预警机，但直到 2002 年前一直没有列入预算，导致整个进度推迟。

2002 年 1 月，诺斯罗普·格鲁曼公司与美国海军签署总价值 4900 万美元的合同，主要针对先进鹰眼的任务系统，建立了物理体系结构，拟定了技术规范，并提出了整个项目发展计划。2003 年 8 月 4 日，美国海军与诺斯罗普·格鲁曼公司综合系统分部签订总价值 19 亿美元的系统开发与验证（SDD）阶段合同，正式启动为期 10 年的先进鹰眼计划。随着研制过程顺利进行，2007 年初，先进鹰眼预警机在美国海军武器库中正式编号为 E - 2D。E - 2D 预警机继 SPY - 1 水面舰雷达、标准舰空导弹和协同作战能力系统后，成为美国海军构建"综合火力控制作战空间"的四个重要支柱之一。

根据合同要求，诺斯罗普·格鲁曼公司在 SDD 阶段内将把两架鹰眼 2000 升级为 E - 2D 的构型，其中包括设计、开发、制造、组装、综合、测试以及软、硬件评估和相关的工程服务。这项改进计划的重点是更换 E - 2C 旋转雷达天线罩内的 AN/APS - 145 雷达及其相关电子设备。由于鹰眼预警机服役时间已超过 40 年，诺斯罗普·格鲁曼公司从结构强度方面考虑，将对 E - 2D 的机身中段进行加固，以解决因雷达系统升级导致质量增加所产生的影响，其他部位基本保持不变。[①]

与此同时，美国海军考虑到在现有机型上进行升级会增加飞机质量，有可能

---

① 张纯学. 美国海军的鹰眼 E-2D 预警机 [J]. 飞航导弹，2007 (9).

影响到原有的飞行包络，为此，专门求助于美国航空航天局（NASA）来确定飞机的载荷曲线，以便确定相关改进对飞行包络产生的影响。

2. 基本设计特点与战术技术性能分析

（1）鹰眼 E-2D 预警机的结构特点。从气动外形上看，E-2D 预警机在很大程度上保持原有布局，但随着新型螺旋桨投入应用、嵌入式卫星天线的日渐成熟和加装空中加油设备等改进措施的逐步实施，其总体飞行性能可能会得到显著提高。E-2D 将直接安装汉密尔顿飞机公司的 NP2000 螺旋桨。NP2000 螺旋桨采用数字化控制，桨叶为复合材料制造，不仅振动更小、噪声更低，而且减少了零件数，降低了维修费用，可以在机翼上直接更换单个桨叶，利用维修设备在飞机上就可以平衡螺旋桨。E-2D 还将继续采用 T56-A-427 型发动机，并将大大提高发动机工作过程的实时监控能力。E-2D 预警机提高飞行性能的另一项新技术是将采用一种新型嵌入式卫星通信（SATCOM）天线。试验结果表明，在飞机的外蒙皮中安装嵌入式天线，不但可以改善天线系统的性能，而且可以减轻飞机质量，有利于提高飞行性能。据称，新的嵌入式天线将减少先进鹰眼预警机的气动阻力，并可减重 9.1kg，从而增加预警机的留空时间、提高单机的爬升率和改善全机的飞行品质。

增加空中加油能力是 E-2D 的一个显著特点。美国海军在 2004 年 10 月开始对 E-2C 进行空中加油试验，目的是将其从传统的空中预警角色转向空中指挥与控制平台。预计加装空中加油设备后，可使预警机的空中执勤时间增加一倍，达 8 个小时。为 E-2D 预警机加油的飞机将是 KC-135 和 KC-10 加油机。

（2）鹰眼 E-2D 预警机的新型电子设备。鹰眼 E-2D 预警机的主传感器设备是洛马公司的电子与机械扫描 AN/APY-9 超高频预警雷达，工作在 UHF 波段的 300MHz-3 GHz 频段上。这种雷达具有空间—时间自适应处理特点。鹰眼 E-2D 预警机的电子支持设备是洛马公司的 AN/ALQ-217A 电子支持系统；还采用了 BAE 系统公司的 Mode 1、Mode 2、Mode 3/A 和 Mode 4 敌我识别（IFF）应答机，这种应答机可以提高美国海军战场数据网络化能力。为向整个航母编队提供有关导弹监视与跟踪信息，E-2D 预警机加装了红外搜索与跟踪监视系统（SIRST）。SIRST 系统的红外传感器不仅安装在 E-2D 上，还将有一个传感器安装在航母舰队中。

SIRST 系统的一个小型红外传感器安装在 E-2D 飞机的鼻锥位置，并利用飞机内部的处理器、控制器和显示装置为任务机组人员提供导弹的监视与跟踪信息。该系统仅具有角度跟踪能力，不具备测距能力，但它能利用雷达同步监测数据，实时计算导弹的发射点和攻击点，最终通过数据链为航母战斗群提供非常准确的三维位置图像和跟踪信息。

E-2D 的战术座舱综合了航空电子领域的最新技术，不仅将满足飞行员驾驶飞机的需要，而且将允许两名驾驶员中的一人担任第四任务系统操作手。新驾驶舱采用玻璃座舱，包括 3 个战术多功能彩色显示器，可以同时显示飞行数据。战术座舱主要集中了综合导航、控制和显示系统（INCDS），为飞行员提供增强的态势感知能力。飞行员或副驾驶将能够控制战术显示器，有效地减轻其他机组人员的任务负荷。

（3）鹰眼 E-2D 预警机的协同作战能力。E-2D 预警机扩展防空任务的一个关键是协同作战能力，通过数据链将来自各种平台的雷达跟踪测量数据融合为一幅高质量、实时合成的跟踪图像，实时地参与到军舰和飞机的信息网络中。例如，E-2D 接收到舰载系统发送的初始通信数据后，机上的 CEC 系统检验这些数据，识别飞机同时跟踪同一目标，增加其自己监测的相关雷达数据后，再次将所有的信息发送回到军舰。这一过程允许网络内的所有作战平台在其传感器的监视容量内同时看到完整的空中图像，并能协同应对各种威胁。

E-2C 和 E-2D 各项性能数据对比分析如表 2-31 所示。

表 2-31　　　　　　　　　E-2C 和 E-2D 各项性能数据对比

名称	E-2C "鹰眼 2000"	E-2D "高级鹰眼"
乘员	5 名	5 名
机翼展长	28 米	28 米
机长	17.5 米	17.5 米
空机重量	18090 千克	18090 千克
最大重量	23850 千克	23850 千克
雷达	AN/APS-145	AHE
动力装置	2 台 T56-A-427 数控 8 桨叶涡桨发动机	2 台 T56-A-427 数控 8 桨叶涡桨发动机
发动机功率	10000 马力	10000 马力
升限	9100 米	9100 米
巡航速度	497 千米/小时	497 千米/小时
最大速度	554 千米/小时	554 千米/小时
最大航程	2410 千米	2410 千米

3. 研制费用各项数据对比分析

E-2D 的主承包商是诺斯罗普·格鲁门公司，其投入的总研发费用为 24.65 亿美元，总采购费用为 121.60 亿美元，总采购数量为 69 架，平均 E-2D 的单价为 2.12 亿美元。

根据 2006 财政年度报告，E-2D 的各项费用数据变化情况如表 2-32 所示。

表 2-32　　　　　　　　**E-2D 的各项费用数据（2006 年不变值）**　　　　单位：百万美元

费用类型	2003 年 6 月计划值	2004 年 12 月修订值	变化百分比（%）
研发费用	3411.2	3688.6	5.2
采购费用	9691.3	9695.1	0
总费用	13102.5	13263.6	1.4
总数量	75	75	0
单价	174.7	117.115	1.4
采购周期（月）	95	94	-1.1

根据 2011 财政年度报告，E-2D 的各项费用数据变化情况如表 2-33 所示[①]：

表 2-33　　　　　　　　**E-2D 的各项费用数据（2011 年不变值）**　　　　单位：百万美元

费用类型	2003 年 6 月计划值	2010 年 6 月修订值	变化百分比（%）
研发费用	3784.3	4230.8	11.8
采购费用	10750.2	13556.9	26.1
总费用	14534.5	17830.7	22.7
总数量	75	75	0
单价	193.79	237.74	22.68
采购周期（月）	95	136	43.2

---

① United States Government Accountability Office. Defense acquisitions-assessments of selected weapon programs [R]. Gao-11-233SP, a report to congressional committees.

根据 2012 财政年度报告，E－2D 的各项费用数据变化情况如表 2－34 所示①：

表 2－34 　　　　　　E－2D 的各项费用数据（2012 年不变值）　　　　单位：百万美元

费用类型	2009 财年	2010 财年	2011 财年	2012 财年	2013 财年（预算）
研发费用	468.0	361.1	168.2	131.0	119.1
采购费用	413.9	742.1	1105.0	1044.8	984.7
其他费用	58.2	37.9	43.0	30.0	55.4
总费用	940.1	1141.1	1316.0	1205.9	1159.1
采购数量	2	3	5	5	5
单价	470.05	380.37	263.2	241.18	231.82

二、国外典型舰载固定翼预警机研制发展规律总结

（一）机种不断演进②

近 30 多年来，预警机是从海上巡逻机开始发展的，20 世纪 50 年代后期起，典型的机种为美国"E－2"。而后，为了强调预警机功能完善，研制大型空中预警和控制系统机，它们都有大型客机或运输机改装成功，故从 20 世纪 60 年代中期起，典型机种有美国"E－3"，苏联"图－126"等。但人们又考虑到大型预警机价格昂贵，为一般预警机 2.5～3 倍，机动性又差，故从 20 世纪 80 年代起，又开发以涡轮螺旋桨为发动机的中型运输机为载机，在这个时候，典型的机种有美国"P－3 哨兵"和苏联"安－74"。

简单说来，预警机发展由小到大到中。但从空中防御来看，并不是"中"最合适，可替代"小"或"大"，而是它们各有千秋，各有特长，各有不可克服的弊点。对疆土辽阔、海岸线长的大的国家来说，以"小""大"预警机相互结

---

① Office of the Under Secretary of Defense/Chief Financial Officer. FY 2013 Program Acquisition Costs by Weapon System［R］. 2012. 2.
② 毕璐成. 国外预警机评述［J］. 航空电子技术，1991（2）.

合，组成有机的防御体系为最理想。一些小的国家采用"中"也是一种选择。美国研制、开发"P－3"型预警机，很大程度上是从世界市场出口的角度出发。

（二）功能日趋全面

随着机种的不断演进，各种预警机功能也愈加完善。例如，美国"E－2"原为海军巡逻机，后也发展陆地自动探测，跟踪和抗干扰能力，先后更换雷达多次（下段评述）；苏联"图－126"陆上探测性能差，后来就发展"伊B－76"，它可跟踪陆地和水面上低空飞行物'；而美国"E－3"，为空中预警与控制系统，后来在改进中，也加上一只海上搜索雷达，提高海上警戒能力。"E－3"可谓目前世界上最先进的大型预普机，但在往后几年中，美国防部已拨款数亿美元，加强研制"E－3"机上使用电子支援系统，配置 JTIDS 级终端和 GPS 设备，使功能更趋完臻。

（三）核心技术不断升级

从预替机演进，特别是改进来看，无不涉及核心部件—雷达。如美国"E－2"，为了不断完善性能，先后雷达更换多次：为了提高陆地自动跟踪能力，由 GE 公司 AN/APS－120 更改为 APS－125；为了提高抗干扰能力，改用 APS－138；后又为了提高作用距离，改用 APS－139；近年来又在试飞 APS－195，以便跟踪更多目标，探测距离更远。美国"E－3"原用 GE 公司 AN/APY－1，现改用 AN/APY－2，提高探测低空目标能力等。英国 PB 诺曼公司"防御者"，由"探水"雷达改用"空中霸王"雷达，以便进行远距离探测，达到能自动搜索和跟踪陆地和海面上任何飞行高度的大量目标。

天线形状不断变小。大多数预警机，为了全方位探测和提高探测灵敏度，都在机身中上方，或后上方安装以旋转形"圆盘"天线罩，如美国"E－2""E－3"；苏联"图－126""伊尔－76"等，这种雷达系统的配置，经过几十年的使用，确实是行之有效。但也有在机尾上安置天线罩，如苏联"安－74"，这是一种新颖的天线罩配置。

英国"猎迷 MK3"是一架预鳌功能较全的预警机。其最大特点是雷达天线分设在机首，机尾，而不是在机背上驮上一只"大圆盘"。但从其最终情况来看，因机载电子设备可靠性差，雷达未能达标，导致该项目取消。这也许是与天线配置有关。同样，美国"C－130 大力神"预警机，其天线也分装于机首、机尾。

但最终此机的研制也不了了之。

（四）各国竞相研制小型、轻型预警机

各国为了发展自己的空中预警体系，也自行竞相研制小型、轻型预警机。一般选用小型运输机或公务机，配置上搜索雷达而成。美国"E－2""E－3"预警机，虽性能优越，但价格昂贵，大多数国家买不起。比如，荷兰选用"福克－27"机，配上美国休斯公司的机载 AN/AWG－9 带戒雷达；瑞典准备利用"萨伯－SF340"，装上爱立克申公司 PS－890 雷达，作为预警机；法国为了满足空中预警要求，使用"C－160 Tnawall"，装上马可尼公司"空中卫士"雷达，装于机首和机尾；加拿大的"CL－601"，巴西的"Embraer EMB120"等。但它们的雷达天线都安装于机首或机身下部，而不在机背上竖立大的"圆盘"。

三、国外典型岸基和舰载固定翼预警机研制费用对比分析

（一）E－2 和 E－3 研制费用对比分析

1. E－3 研制与发展过程分析

E－3 预警机是美国波音公司根据美空军"空中警戒和控制系统计划"，在"波音 707"民航机的基础上改装的第三代预警机。它集指挥、控制、通信与情报功能于一体，能在各种地形上空监视有人飞机与无人驾驶器，是当时世界上性能最好，也是技术最复杂、价格最昂贵的预警机。

早在 20 世纪 60 年代末期，美国空军根据越南战争的经验，提出把原先由三架飞机承担的预警（EC－121），指挥控制（C－130），通信（KC－135）的任务集中由一架飞机承担的 AWACS 构想，目的是更有效地发挥预警、通信、指挥的作用。

面对这种构想，波音公司和道格拉斯公司分别提出了以"波音 707－320B"和"DC－8－62"为载机的方案。结果，波音公司的方案被采用，并于 1970 年 7 月 23 日获得两架原型机的订货合同，名称定为"EC－137D"。另外，在机载雷达系统方面，休斯公司和西屋公司的产品被选中，并决定迈过实际系统评价试验结果最后选定一种。两架原型机各自搭载一套雷达系统，经几个月的评价试验，西屋公司的 AN/APY－1 雷达获胜。

"EC－137D"分别于 1972 年 2 月和 10 月交货。1 号机于 2 月 9 日进行首次飞行并进行评价试验。由于试验结果良好，1973 年 1 月 26 日，美国空军宣布进入大规模开发阶段，同时订购两架这种飞机，并改名为"E－3A"。1975 年春天，参议会批准此种飞机批量生产。大观模开发在 4 架飞机上进行，即 2 架原型机，2 架 E－3A。1976 年底整个开发结束。1977 年 3 月交付实战部队使用，组成第 552 空中预警管制航空团（位于美国俄克拉荷马州）。[①]

在上次海湾战争中，美国共出动 11 架 E－3 预警机到海湾地区执行空中预警指挥任务。在空袭伊拉克的"沙漠风暴"行动中共飞行 448 架次，5546 个小时，指挥控制了 9 万架次飞机的行动，平均每天 2240 架次，成为"沙漠风暴"行动中的"空中神经"，对夺取海湾战争的胜利起了关键作用。[②]

2．E－3 基本设计特点与战术技术性能分析

（1）E－3 的基本设计特点。E－3 的机载设备可分搜索雷达、敌我识别器、数据处理、通信、导航和导引和数据显示与控制 6 个分系统。

①雷达。威斯汀豪斯公司的 AN／APY－1 型 S 波段脉冲多普勒雷达主要由平板隙缝阵天线、雷达发射机、雷达接收机与数字式信号处理机组成。可选用脉冲或脉冲多普勒、高脉冲重复频率或低脉冲重复频率、垂直扫描或不垂直扫描、主动或被动等多种工作方式。可以根据不同的作战条件选用恰当的工作方式，以适应下视、超地平线远程搜索、海上目标搜索和干扰方位测定等不同作战任务需要。雷达下方通过转台结构和两根支柱固定在后机身上。在转台上有转动轴承和电器与波导管旋转关节系统。雷达天线、敌我识别天线、高速罩战术情报数据传输天线、雷达天线冷却系统、雷达罩空调系统和玻璃钢天线罩等固定在中央段。雷达工作时，旋转天线罩由液压驱动，每分钟 6 转、雷达不工作时，每分钟四分之一转。保持轴承的润滑。

②敌我识别器。E－3 上装备 AN／APX－103 讯问机为基础的高方向性讯问－接收编码式敌我识别系统。其天线与雷达天线背靠北地安装在雷达天线旋转罩内。其讯问与接收信号均经信号处理机由中央数据处理机控制。通过该系统能获取装有编码应答机的目标的方位与距离信息。敌我识别系统在一次扫描中询问 200 个以上装有应答机的空中、海上或陆上目标。

---

① 刘胜利．E－3 预警机综述［J］．电子对抗技术，1991（10）.
② 韩庆贵，谢蒲，李智舜．E－3 预警机："空中指挥所"［N］．人民日报，/2003－02－15.

③通信系统。装有 14 种高频、甚高频、超高频通信设备，以确保 E-3 对 E-3、对空、对地和应急通信。

④导航与导引系统。装有两套轮盘木马惯导系统和 ARN-99 奥米加导航设备和 APN-200 多普勒导航仪。

⑤数据显示和控制系统。主要由数据显示控制器、多用途控制台、电传打字机和辅助显示器组成，多用途控制台用 48 厘米显像管显示目标与背景信息，如地图、界标等。通常在显像管下方用 20% 的空间以表格的形式显示出目标的速度、距离等信息。

⑥数据处理系统。能记录、存储和处理来自雷达、敌我识别器、通信、导航等系统的数据。其核心为 4PICC-1 计算机和与之相配套的接口设备与存储—重读设备。该系统的处理速度为 110 万次每/秒。

（2）E-3 预警机的改进计划①。尽管 E-3A 预警机的性能十分先进，但是由于该机研制周期长达 14 年（1963~1977 年），到开始服役时，其探测对象已发生很大变化。当时设计要求是，能探测到 550 千米远的轰炸机（雷达反射截面积为 50 平方米），370 千米远的战斗机（雷达反射截面积为 7 平方米）。进入 20 世纪 80 年代之后，苏联新式战斗机的雷达反射截面积已降至 2~3 平方米，巡航导弹的雷达反射截面积更小，加之隐身目标的问世，都给 E-3A 完成预苦任务增加了困难。因此，美国为保持技术优势以满足未来战争的需要，制定了 E-3A 预警机的长期改进计划。据称，改进后的 E-3 预警机可一直服役到 2025 年。

第一阶段（1981~1989 年初）改进计划。

这一阶段耗资 10.33 亿美元，主要集中在使机载监视雷达具有海上监视能力。分两步走，第一步将 34 架 E-3A 的前 24 架改进成 E-3B，第二步将后 10 架改进成 E-3C。E-3A 采用 AN/APY-1 雷达，对地下视探测能力很好，但没有对海监视能力。而 E-3B 采用 AN/APY-1 雷达的改型，增加了对部分海情的监视能力。E-3C 采用 AN/APY-2 雷达，具有在任何海情下监视目标的能力。此外，还对 E-3A 的通信、计算机和显控台进行了改进，并增加了电台和显控台的数量。

第二阶段（1989~2003 年）改进计划。

这一阶段耗资 7.4 亿美元，主要提高机载监视雷达探测小目标和隐身目标的能力。根据"雷达系统改进计划"（RSIP），美国空军第一部实用性改型雷达已

---

① 陈富生. 美、俄和北约的预警机改进计划 [J]. 现代军事，2000（6）.

被研制出来，并进行了 100 多次飞行、923 个飞行小时的试验。美国空军已对该改型雷达进行了评估，主要结论是："实施 RSIP 的 E-3 性能优于实施 RSIP 之前的 E-3"。在实施 RSIP 之前的 18 次飞行试验中有 6 次未能跟踪目标，而在实施 RSIP 之后的 18 次飞行试验中全部跟踪了目标。这种改型雷达能跟踪低观测度的威胁目标，跟踪雷达反射截面很小的巡航导弹的距离可提高到 370~463 千米。

此外，这一阶段还对 E-3 作如下改进：①提高电子战支援（ESM）系统的探测精度和灵敏度。②采用"联合战术信息分发系统"（JTIDS）二级终端。该终端的数据率为现用一级终端的 10 倍，并增强抗干扰性能、扩大可使用的信息种类。③改进计算机。将目前使用容量为 2.5 兆字节的磁芯存储器，改为容量为 10 兆字节的半导体芯片存储器，将 4.8 兆字节的磁鼓存储系统，改为容量为 16 兆字节（还可扩展到 32 兆字节）的磁鼓存储系统。④增装导航星全球定位系统（GPS）接收机，提高导航精度。

据报道，E-3 预警机还将配装相控阵天线，由波音公司研制的相控阵天线目前已顺利配装 E-3 预警机，预计将很快进行飞行测试。这种天线阵列包括 1500 个单元，尺寸为 0.61~0.91 米，厚 0.0254 米。它可迅速接收大量数据信息，以电子方式控制两个独立的波束，使它们能够快速地在卫星间转换，从而连续地接收卫星信号。

E-3 的基本性能特点如表 2-35 所示。

表 2-35　　　　　　　　　　E-3 的基本性能特点

外形尺寸：	
翼展	39.7 米
机长	44 米
机高	12.5 米
机翼面积	282 平方米
雷达天线罩直径	9.1 米
雷达天线罩厚度	1.8 米
重量及负载：	
空重	78 吨
最大起飞重量	156.15 吨

续表

飞行性能：	
巡航速度	0.48 马赫
实用升限	8788m
续航能力	8h
最大平飞速度	853km/h
动力装置：	
发动机	4 台普惠公司 TF33 – PW – 100 涡扇发动机
发动机推力	9525kg
乘员：	
机组人员	4 名
系统操纵员	12 名
执勤人员	1 名
配备情况	29（其中 1 架坠毁）架隶属于第 552 空中预警控制联队，4 架分别隶属驻日本加手纳空军基地的第 961 空中控制中队，以及驻阿拉斯加州的埃尔门多夫空军基地第 962 空中控制中队
型号改良情况	E – 3A。美空军首批生产型，装 4 台 TF33 – PW – 100 涡扇发动机，机上有 17 名乘员，机舱内装 9 台多用途控制台和 2 台辅助显示器。美空军共生产了 24 架飞机，其中有 23 架装备 APY – 1 雷达，1 架装备了 APY – 2 雷达。这些飞机都经过改装成 B 型机 E – 3B。与 A 型机相比提高了目标处理能力并具有搜索海上舰艇的能力，并增加了一台高频和 5 台超高频电台。装 12 台多用途控制台和 3 台辅助显示器，E – 3 的第三批生产型进一步改进了通信系统，安装抗干扰通信及联合战术信息分配系统。E – 3B 全由 E – 3A 改装而来第一架改装的 E – 3B 于 1984 年 7 月交付 E – 3C。基本特点是 E – 3B 相似。美空军共生产了 10 架，其余的由 B 型机改进而来
主要技术性能参数①：	
工作频段	E/F（2 – 4GHz）
作用距离	约 600km（大型高空目标） 约 440km（中型目标） 约 300km（小型低空目标）
覆盖范围	方位 360°，仰角 ±15°，±30°
测速范围	>80km/s 高速目标

---

① 王秀春. 美国空军 E – 3 AWACS 预警机主要技术性能参数［J］. 现代雷达，2002（2）.

测距方式	三种 PRF 解距离模糊
测速方式	多普勒滤波器组
测高方式	比幅法
扫描方法	边扫描边跟踪
发射机	液冷行波管本振和激励级，高功率宽带速调管输出级
天线型式	28 根主波导，2 根辅助波导组成的裂缝波导平面阵。最长一根主波导长 7.315m
天线尺寸	7.3×1.5m
旋罩尺寸	9.5×1.8m
天线转速	6r/min（工作时）；0.25r/min（不工作时）
副瓣电平	−50dB
移相器	旋转磁场铁氧体移相器
接收机	频率分割式多普勒接收机和脉压接收机
噪声系数	1.1dB（标称值），1.3dB（最大值）
信号处理	A/D 变换、递归杂波对消、FFT 分析、CFAR
MTBF	500h（雷达）；700h（发射机）
雷达寿命	6000h
雷达总重	3.4t

3. E-2 和 E-3 研制费用各项数据对比分析

E-3B 是美军用两架 E-3 改进发展的，与 A 型比提高了目标处理能力，并改善了探测舰艇的能力。E-3C 和 E-3D 是给北大西洋公约组织及英国空军的型号，基本与 E-3B 相同。北约组织以 20 亿美元的费用引进了 18 架 E-3。第一架于 1982 年 1 月交付。1981 年沙特阿拉伯订购了 5 架 E-3A 和 6 架 KE-3 加油机（E-3 的加油型号）以及配件、训练和后勤设备，84 年沙特阿拉伯将 KE-3 的定货量提高到 8 架。英国几经周折，削减了定购数量，于 1987 年订购了 6 架 E-3，价格为 2.06 亿美元/架，后追加了一架；法国订购了 3 架，价格为 3.3 亿美元/架，交货时间为 1989 年至 1992 年，也追加了一架订货。

（二）E-2 和 E-8 研制费用对比分析

1. E-8 研制与发展过程分析

E-8 "联合星"全称应为联合监视目标攻击雷达系统（Joint Stars）。是一种先进的远距空地监视飞机，它装备高性能雷达及其他先进设备，主要用于全天候下对地面静止或活动目标进行定位、探测与跟踪，其纵深距离可达到250公里左右。E-8"联合星系统"作为现代空地一体战的重要装备，对监视军事冲突和突发事件中的地面情况，控制空地联合作战都具有重要作用。

研制联合监视目标攻击雷达系统是美国空军和陆军的合作项目，主承包商是诺斯罗普·格鲁门公司，其载机为老式的"波音707"运输机。"联合星系统"的研制背景是由美国空军的"移动目标显示计划"和陆军的"远距离目标捕捉系统"。美国空军在提出移动目标显示计划之前，就开始研究一个叫做"移动铺路者"的系统，就在"移动铺路者"系统即将进入全面发展的时候，美国国防部提出要空军的移动目标显示计划与陆军合并。而陆军在同空军的计划合并之前，也已完成了一项称之为"远距离目标捕捉系统"研究，该系统的平台为直升机。

1982年，负责国防研究与工程的美国国防部副部长提出，将陆军的"远距离目标捕捉系统"和空军的"铺路移动者"系统合并，这就是后来的联合监视目标攻击雷达系统（联合星系统），并由空军的电子系统部牵头负责该项目。从1982年至1984年，美国空军和陆军有关各部门、国防部办公室，共同对"联合星系统"的研制方案，以及与雷达探测设备相匹配的飞行平台（载机）等进行了论证。

1984年5月，美国陆军和空军参谋长最后决定：将"联合星系统"雷达及其他设备，以及具有制导功能的武器等，都安装到"波音707"上。1985年9月，诺斯罗普·格鲁门公司取得了该雷达系统研发合同，诺顿系统公司作为子承包商获得了该项目雷达系统的部分开发任务。该合同包括改装两架"联合星系统"载机（用"波音707"旧飞机改装），有关改进的试验，以及在欧洲地区试验演示。

1988年4月，诺斯罗普·格鲁门公司制造出了第一架E-8A"联合星系统"原型机，并很快完成了飞行试验，但是该机上末安装雷达探测设备。同年12月，诺顿公司制造的雷达探测设备安装到该型飞机上，同时进行了首次全面的飞行试验。1997年12月，空军宣布E-8C飞机已具备初步的作战能力。到目前为止，美国空军已经装备17架E-8C"联合星系统"。

2. E-8基本设计特点与战术技术性能分析

（1）基本特点。整个联合监视目标攻击雷达系统，主要由载机、机载设备和地面站系统组成。

E - 8 "联合星系统"的载机是老式"波音 707"飞机。"波音 707"是美国波音公司早期研制的四发远程喷气运输机，1954 年 7 月 15 日第一架试验机首次试飞，后来发展成民航客机，曾广泛使用于美国及世界上许多国家的航线。

机载系统主要有雷达设备、天线、高速处理器以及各种相关软件等，其处理器的速度可达到每秒 60 亿次。E - 8 飞机的前机身下部有一副 7.3 米长 APY - 3 型相控阵雷达天线，放置在一个船形雷达罩中。APY - 3 雷达设备重 1900 千克，其多个发射机通过一个组合的大功率放大器将能量馈送到天线，这样做可增大雷达的探测距离，提高雷达系统的性能。该雷达天线可从飞机的任意一侧对战场进行监视，在平面方位采用电子扫描，扫描范围可达到 ± 60 度，且雷达探测距离大，可达到 250 公里。单架飞机飞行 8 个小时，其覆盖面积可达到 10 万平方公里左右。APY - 3 相控阵雷达系统有多种工作模式，其中广域活动目标监视指示模式是该雷达的基本工作模式。用这种模式，可对地面机动目标和直升机等慢速移动目标进行探测、定位和识别。通过对地面小范围的监视可使雷达探测到的目标成像显示更加清晰。不但可提供高分辨率的图像，还可用于对地面移动目标进行监视。对于地面固定目标的监视，使用的是合成孔径雷达/固定目标指示模式，这种模式可获得高分辨率的敌方阵地和地面固定目标的图像和照片。如桥梁、港口、机场和静止车辆，以及诸如"飞毛腿"等导弹的发射架等。

E - 8C 飞机还装有利顿公司惯性导航系统、"塔康"导航及 Link16 数据通信设备，可与 E - 3 预警机进行联系，获得其他装备所探测到的信息，包括卫星数据。其他设备包括利顿公司惯性导航系统、柯林斯公司飞行管理系统、雷锡恩公司的 920/866 超小型计算机和 AXP - 3000/500 工作站、洲际电子公司的图形显示器、立体防御系统公司的侦察和控制数据链路、联合战术信息分配系统、卫星通信链路，以及加密的高频、甚高频和超高频无线电通信设备等。飞机上还安装有电子对抗设备，如派往波黑地区的该型飞机上就装有导弹预警系统和曳光弹投放器等。

E - 8 "联合星系统"飞机上共有 17 个系统操作员和 1 个领航/自卫操作员，此外还有的 3 名机组人员。进行长航时工作时，有 28 个系统操作员和 6 名机组。每个工作台都配备有先进的数字显示处理器和高分辨率彩色图形监视器、键盘和通信终端，而处理机可迅速显示与更新地图、雷达数据及各种指示符号等。它是该系统的神经中枢，除控制雷达外，它还可对航空部队和远程导弹部队进行有效指挥。

E-8"联合星系统"的另一个重要组成部分是地面站系统。"联合星系统"的地面站为移动式的，是一个可进行多种信息处理的中心。其信息和数据来自于"联合星系统"载机指挥官战术终端、联合战术终端和无人机传输的数据，同时通过局域网、有线网和无线网，向陆军指挥、控制、通信与情报部门的节点分发情报，以通报战场情况和目标数据。

（2）发展趋势。美国空军除对E-8进行升级改进外，还积极寻找其他后继飞机。改进方面主要是提高该机的通信能力和计算能力。2004年12月，美空军和诺斯罗普·格鲁曼公司成功演示验证了在机上安全保密的环境中，通过互联网进行实时协同的演示。这种被称为"过渡性机载网络能力"（ICAN）的新方法使E-8C机组人员能与地面上的部队以及指挥中心实时对话。ICAN使机组人员可以参与在空战中心决策聊天室进行的交谈，使机组人员在问题出现时能够直接做出反应。ICAN演示验证是根据美空军研究实验室和E-8C系统项目办公室授予的合同进行的。这次演示采用了信息集成分部研制的硬件和软件，与飞机上的高频、超高频、甚高频以及卫星通信电台连接在一起，向地面指挥中心实时转发信息。

由于第1架到第10架E-8C属于BLOCK 10配置。因此，诺斯罗普·格鲁曼公司还将负责将BLOCK 10型E-8C升级到BLOCK 20配置。BLOCK 20配置的主要改进在于计算能力的极大提高，改进包括安装20台功能强大的"康柏Alphaserver"EC40CV机载计算机，18部操作员工作台，1台中央计算机以及一套备份中央计算机系统。

在后继研究方面，美国空军为保持E-8的信息优势，正在发展下一代系统，即E-10A多传感器的指挥和控制飞机。空军希望将把预警机和E-8的空中和地面监视、战场管理、指挥和控制、目标瞄准能力综合到多任务平台指挥和控制飞机。空军位于兰利空军基地的指挥控制、情报、侦察监视中心，在分析了多个制造商生产的多种飞机之后，认为"波音767-400"增程型飞机能满足动力、空间、航程和载荷量要求，可作为E-10的载机。E-10将采用螺旋式渐近发展方式，因为按以前的方法，交付具备全性能飞机需要的时间太长。螺旋式发展的第一步，集中于发展同E-8相似的地面监视、瞄准、指挥控制和战场管理能力上。系统结构以光纤为主干，以满足将来性能增长及综合新系统的需要。螺旋式发展的第二步，是发展与E-3相似的空中活动目标指示能力，进一步加强战场管理、监视、目标瞄准、指挥控制能力。空军已获得45亿美元开展第一阶段的发展工作。2008 年生产出第一架试验机，2012 年生产出 4 架生产型飞机。E – 8 的主要技术性能指标如表 2 – 36 所示。

表 2 – 36　　　　　　　　　　E – 8 主要技术性能指标

外形尺寸：	
机长	46.6 米
机高	12.9 米
翼展	44.4 米
机翼面积	268.6 平方米
重量：	
空载重量	77.65 吨
最大燃油重量	70 吨
最大起飞重量	152.4 吨
性能数据：	
实用升限	12600 米
最大飞行速度	0.84 马赫
续航时间	11 小时
动力装置	4 台 JT – 3D 型涡扇发动机，单台推力 84.48 千牛
配备情况	第一架 E – 8C 于 1994 年 3 月开始服役，同年 12 月 13 日第二架 E – 8C 也开始服役。到 2005 年 3 月，美国空军已装备 17 架 E – 8C，交给佐治亚罗宾斯空中国民警卫队第 116 空中控制联队
机组成员	机组成员 4 名，一般还搭载 15 ~ 25 名任务专家

3. E – 2 和 E – 8 研制费用各项数据对比分析

根据 1998、2000、2001、2002、2003、2004 财政年度报告，E – 8C 的各项费用数据变化情况如表 2 – 37 所示。

表 2 – 37　　　　　　E – 8C 的各项费用数据（1998 年不变值）　　　　单位：百万美元

费用类型	1997 财年	1998 财年	1999 财年	2000 财年	2001 财年	2002 财年	2003 财年	2004 财年	2005 财年
研发费用	215.2	112.7	100.5	130.5	144.1	152.7	55.5	58.4	89.5

续表

费用类型	1997财年	1998财年	1999财年	2000财年	2001财年	2002财年	2003财年	2004财年	2005财年
采购费用	536.9	320.6	562.8	352.5	283.2	317.8	279.3	36.0	45.6
总费用	770.7	433.3	663.3	483.0	427.3	470.5	334.8	94.4	135.1
采购数量	2	1	2	1	1	1	1	0	0
单价	385.35	433.3	331.65	483	427.3	470.5	334.8	—	—

资料来源：Office of the Under Secretary of Defense/Chief Financial Officer.

第三节　对加强我军武器装备成本控制的启示

一、控制我国舰载预警机寿命周期费用的对策建议

舰载固定翼预警机的重要作用已为多次局部战争所证实。海湾战争之后，许多国家和地区竞相购买和装备空中预警机。西方发达国家在不断改进现役空中预警机的同时，积极研制新型空中预警机。根据目前国外舰载固定翼预警机的改进和研制情况，提出降低我国舰载固定翼预警机寿命周期费用的对策。

（一）不断升级改进现役预警机

以带蘑菇形旋转式天线为特征的现役空中预警机，在新一代预警机未成熟之前，仍是空中预警机的主力，它将继续服役相当长的时间。为了充分发挥其作用，一些国家将不断改进现役空中预警机。

1. 采用高新技术，提高预警机探测能力。随着隐形技术的不断发展，战斗机和轰炸机的雷达反射截面积越来越小。为提高空中预警机探测小雷达反射截面积目标的能力，将对机载预警雷达不断进行改进。将改进 E－3 的 AN/APY－2 脉冲多普勒雷达，提高其探测能力，使其能在较强电子干扰条件下探测雷达反射截面积较小的飞机和巡航导弹。E－2C 将采用 APS－145 型雷达，该雷达采用高、中、低三种脉冲重复频率，与 APS－138 雷达相比，提高了探测距离和可同时跟踪空中目标个数。另外，将增大主显示装置的尺寸。目前还正研究在该机机翼前

缘和尾翼上安装"保形"雷达天线阵。

2. 采用高性能计算机，提高数据处理能力。计算机系统已成为空中预警机的核心，采用高性能计算机对提高整个空中预警系统的工作性能有重要作用。E－2C 将采用高速处理器，使其数据处理能力大大提高。E－3 将改进 CC－2 计算机存储器，将容量为 10 兆字节且能再扩充 4.5 兆字节的超大规模集成电路半导体芯片存储器取代 2.5 兆字节的磁芯存储器。另外，改进后的联合战术信息分配系统 JTIDS，数据率增加到原来的 10 倍，增强了系统的抗干扰能力，并扩大了适用的信息目录。

3. 改进通信、导航设备，提高远距通信、导航能力和抗干扰能力。目前 E－3 预警机上的 20 部超高频电台将被可抗干扰的快速跳频电台取代。此外，还加装 2 部甚高频电台和 3 部高频电台。E－2C 将加装联合战术信息分配系统，E－2 和 E－3 预警机都将使用全球定位系统，其定位精度可由原来的不大于 3.7 公里提高到十几米。

4. 提高预警机的自卫防御能力。空中预警机体积大，飞行速度慢，又是一个很大的辐射源，很容易被敌方发现、识别和跟踪。空中预警机自卫能力弱，主要靠选择有利的巡逻空域和战斗机掩护。因此，计划在以下方面改进和加强空中预警机自卫、防御手段。一是提高预警机的电子干扰能力，目前有些空中预警机已安装了有导弹预警功能的箔条投放器和红外导弹告警器，今后将安装多种自卫用干扰机，在受到攻击时，干扰敌方使其失去目标或诱以假目标。二是提高空中预警机的飞行性能，使预警机有较大的飞行速度，当受到威胁时能边引导战斗机拦截敌机，边飞离危险区。

（二）积极发展中小型舰载固定翼预警机

以 E－3 为代表的高档空中预警机，以其高技术、高性能和高效率受到世界各国的关注。但高档预警机研制周期长，投资大，风险率高，不是一般国家所能承受的。美国 E－3A 预警机从研制机载雷达到开始生产样机，总计约 15 年，投资约 20 亿美元（1970 年美元值）。高档预警机功能齐全，但对于大多数中、小国家来说，一方面高档预警机技术过于复杂，掌握和使用困难，另一方面对于海岸线和国境线不长的国家也有点大材小用。而中、小型预警机有一定的战术预警指挥能力，可以满足中、小国家作战的需要。中、小型预警机对机场条件要求不高，使用维护时间比值大，大大减少了地面设备。更重要的是经济因素，使它受到中、小国家的普遍欢迎。因此，在马岛战争之后，对廉价的中、小型空中预警机的需求不断增加。

目前，中、小型空中预警机发展迅速，除 E－2C 仍在不断改进使其服役期限延长外，正在研制和改装的中、小型预警机还有 P－3、波音 75"防御者"等。其中 P－3 空中预警机是由 P－3 岸基反潜机改装而成。该机机载雷达、敌我识别器和数据处理机与 E－2C 相同，但雷达天线比 E－2C 安装得好，雷达波束不受机翼翼尖和螺旋桨的影响，单垂尾对雷达波束的遮挡也很小。P－3 活动半径是 E－2C 的三倍，单机价格约是 E－3A 的二分之一。该机有乘员 8 名，其中 4 名预警指挥系统操作员，每个操作员可对 10～20 批目标进行跟踪。英国的"防御者"空中预警机装有"天空主人"雷达，1 个控制台。雷达探测距离可达 240 公里，预警时间可由地面雷达的 4～5 分钟增加到 20～30 分钟，可同时跟踪 100 批空中目标，可引导 6 批飞机，4 架"防御者"空中预警机加上 1～2 名替换人员，就可以连续 24 小时监视 926 公里的前沿地带，而单机价格只相当于 E－3A 的 1/20。此外，一些国家还改装预警直升机。虽然直升机升限较低，雷达探测距离较近，性能不能充分发挥，但它可垂直起降，能利用山峦和其他地物避开地面雷达的探测，可配备给中型舰艇或陆军部队直接使用。

（三）研制新型舰载固定翼预警机

为了进一步提高空中预警的作战效能，一些国家正在积极研制新型空中预警机。为减小雷达天线对飞行的阻力和机身对雷达电磁波的影响，新一代空中预警机将甩掉笨重的背负式旋转天线，采用相控阵雷达和有源相控阵天线。这种雷达利用相位控制方法进行方位扫描。相控阵天线可以采用变化的扫描速率，以适应地形的变化。间断扫描也是它的一个重要特点，可以减小敌方探测到雷达电磁波的可能性。目前正在研制的新一代预警机主要有瑞典的 SAAB－340，以色列的"费尔康"空中预警机和美国的 D－754 无人驾驶空中预警机。

SAAB－340 空中预警机装备 PS－890 型相控阵雷达及固定的"伊利眼"背鳍式双面有源相控阵天线，该天线大大减轻了雷达重量，整个系统约 1250 公斤。据国外有关资料介绍，SAAB－340 空中预警机在 7000 米高度巡逻，探测距离对大型机为 300 公里，对小型战斗机为 200 公里，巡航导弹为 100 公里；探测方位为天线两侧各 120°。该机可在离基地 16 公里处高空巡逻 6 小时。

以色列的"费尔康"空中预警机是由"波音 707－300C"改装的，1993 年

在巴黎航展上首次露面，以色列飞机工业公司对该机做了进一步的改进。机上有
13 名电子设备操作员。安装了以色列埃塔公司的 EL/2075 型 L 波段电扫描相控
阵雷达，机身上安装了三个天线阵，包括机头整流罩内安装一个直径为 3 米的天
线阵，前机身两侧的整流罩内分别安装一副相控阵天线，EL/2075 型雷达还可安
装在 C‒130 和"波音 747"等其他飞机上。机上的每个相控阵天线分别含有 768
个收/发组元，为消除机身曲面对发射波的影响，天线安装在悬浮式基座上，收/
发组元由冷却液降温，3 个天线阵舱覆盖 2600 水平视场，只要增加天线阵数量，
就能达到全方位覆盖。飞机在 9000 米高度上工作，雷达探测战斗机和舰船类目
标的距离达 400 公里。其主要电子设备分别有：被动式电子侦察系统（ESM），
EL/K‒7031 型通信情报系统（COMINT），单脉冲敌我识别系统。

D‒754 无人驾驶空中预警机，采用 UHF 波段保形雷达。保形雷达的关键是
研制装在正常机翼和尾翼内的相控阵天线，使其与整个机体融为一体，从而减轻
了飞机负荷和阻力，提高了飞机的飞行性能。保形雷达选用 UHF 波段，有利于
抗地面及海面杂波的干扰和发现低空小型飞机，对发现隐形飞机也有一定作用。
保形雷达可在 3 ~ 4 秒内建立对目标的跟踪，而旋转天线的雷达则需要 30 ~ 40
秒。在 30 秒内 M2.5 的导弹飞行距离可达 24 公里，一般雷达跟踪这种导弹是很
困难的。D‒754 无人驾驶预警机有两种使用方式，一种是在 E‒2C（或 E‒3A）
前 240 ~ 320 公里，高度 7620 ~ 9140 米高度巡逻，将其截获的数据传送给母机
（E‒2C 或 E‒3A），由母机将所有传感器传输来的数据进行综合，以监视更广
阔的区域。另一种是配置于有反潜直升机的舰船。三架 D‒754 可在战区前 240
公里处执行 24 小时的空中预警任务。在探测数量和探测距离方面，该机的性能
与 E‒2C 相当，而单机价格只是 E‒2C 的 1/9。此外，该机可节省燃料和训练人
员所需要的大量费用。保形雷达与无人驾驶飞机相结合的新概念、新技术，可解
决预警机价格与性能的矛盾，它是空中预警机进入下个世纪的标志。

（四）舰载固定翼预警机改装设计的原则和方式

据统计，迄今为止已研制的 30 种预警机，除舰载预警机 E‒2，无人驾驶预
警机 D754 是专门设计的外，其余 28 种都是现有成熟机种的改进发展型。用于舰
载的，大多从用途相近的机种，如反潜机，轻型轰炸机改装；陆基预警机都是从
运输机改进发展而来，主要原因是它们与现有运输机用途相近，并有充分的选择
余地。

1. 原型机的选择。选择改装成预警机平台的原型机，必须考虑其可用性和发展潜力，以及作为平台的有效载荷、航程和费用。除进入/退出值勤区或撤离敌方攻击区外，预警载机平台无须特别快的速度。飞机应尽快进入值勤位置，然后沿着一定的航迹盘旋或缓慢飞行，消耗最少的燃油。由于预警机的任务使命特点突出，因此，作为其原型机飞机的有效载重能力，预载机需要增加的设备、人员的重量和体积是选择原型机尺度的主要依据。飞机的巡逻高度直接影响雷达的视距，是最重要的选择条件。改装后希望能大致保持原型机的巡航状态和相近的飞行速度范围。综合后勤支援是预警机战斗力的重要因素，一般而言，预警机约有70%的备件和大部分地面设备可与原型机通用，因此选择具有良好后勤支援能力的原型机也十分重要。任何改型，一般都要恶化原型机的性能，例如，巨大天线罩会增加阻力而降低飞行性能；巨大的天线罩载荷将增加机身的集中载荷，而影响机体的结构强度，任务电子设备的冷却需求会加重飞机环控系统的负担等。显然，选择具有较高设计裕度的原型机，可以减少改装设计工作量，也为日后的进一步发展留存余地。

2. 改装设计的原则。在飞机设计中会遇到许多互相矛盾的因素，一架设计优良的飞机是各种设计矛盾的最佳折中，并取得良好平衡的结果。飞机改型虽是局部更改，但仍将破坏原有的设计平衡。因此改型设计一般是在原设计范围内，通过协调各种设计矛盾取得平衡的过程。通常的做法是，保持主要设计限制（如设计重量、设计过载）等，在确保使用安全的条件下，提高使用限制，只有在某一性能降低较大时，才采用补偿性设计措施。

为减少改装工作量，降低研制风险，任务电子系统应尽可能简单而有效地与载机综合。这要求从预警机系统总体出发，尽量使载机与任务电子系统相对独立。在尽量减少载机改动条件下进行系统集成。对属于载机但主要用于电子任务设备的支持系统等，也应尽量与载机系统独立，专门设计。例如，为任务电子系统设置的任务电源系统，冷却雷达的专用液冷系统，执行预警任务要求需要改动的飞机有关系统，应在其设计裕度范围内，通过挖掘设计潜力，调整设计参数来实现。

预警机属于非机动军用飞机，所遵循的设计规范与按 FAR－25 设计的运输机相当。改进设计应以原型机为基础，结合其战术技术要求，参照适航条例的有关规定，制定改装设计所应遵循的"型号规范"。要特别关注飞机改装后与稳定性和操纵性有关的适航要求。

3. 设计更改的分级。从飞机设计观点看，预警机的更改设计项目可按照它们在设计综合与权衡中的地位分为三级。第一级是直接满足战术技术要求的项目，如天线、设备的安装。第二级是第一级更改项目引起的项目，如为安装上述设备进行的机体结构更改。上述两级更改一般都会对飞机性能产生不利影响，克服不利影响的设计措施就是设计更改的第三级。设计更改的前两级是必需的，而第三级是否进行，取决于原型机的设计裕度和不利影响对有关性能损失的可接受度。

设计更改分级最典型的实例是机体外部安装巨大天线罩产生的一系列更改。首先，安装天线罩引起机身结构更改，同时增加阻力，降低尾翼效率，削弱机身局部强度。为此必须对机身结构局部补强，这样又引起结构增重；为了克服必需进行的改装项目所带来的不利影响，则要从飞机总体上解决，例如，更换发动机，增加推力，降低油耗以克服增加阻力带来的损失，减少有效载重，控制重心以克服增重和重心变化的影响等。因此，在预警机改型进行系统总体设计时，必须根据预警机的技术要求，逐级进行分析，研究影响的各个方面，进行权衡，综合考虑，才能正确地确定设计更改项目。

我国是一个拥有 960 万平方公里幅员辽阔的国家，并约有 4 万公里的国境线。根据"预警机应具备的雷达作用距离和部署密度"的数学模型来计算，我国将需要 40 架 E-3A，或 240 架 E-2C 才能达到昼夜全境空中警戒的目的。在费用上，购买 40 架 E-3A 需要 80 亿美元（按每架 E-3A 为 2 亿美元计算），还不考虑其他配套设备。若采用引进设备的办法，在资金上我国确实难以承受。即使财力充足，引进设备还存在着采购周期长和限制因素多等问题。更为重要的是，如果我们的装备长期依赖于国外，则只能永远处于受制于人的被动地位。为了满足国防的需要，不妨引进少量的技术设备，以应付眼前急需。但从长远观点来看，我国预警机的发展还应该走自行研制的道路为宜。

为了振兴中国的航空工业，自立于世界民族之林，我们也必须走自力更生的发展道路。我国目前在技术储备、科研生产和管理水平方面也已基本具备了自行研制预警机的能力。

预警机的核心问题是监视雷达，它的性能的好坏，功能多少直接关系到预警机的使用。我国曾在 20 世纪 60 年代末用图-4 轰炸机改装预警机，并取得一定成果。这批技术力量如今已成为预警机战线的技术骨干并具有较高的水平。若再经过几年的努力，完全可以研制出具有较高水平的监视雷达供我国预警机使用。

二、优化我军武器装备体系投资策略

近年来，国际安全形势在总体稳定的大背景下，仍为诸多的不安定因素所困扰。在世界各国加强军事合作应对共同威胁的同时，国际军事竞争与斗争也在加剧。各国特别是大国积极调整军事战略，加快军事转型步伐，加大先进武器装备研发力度，争取在军事领域占得先机之列。从上面的研究可以看出，世界主要国家军费继续保持高额投入，装备建设经费在国防费中的比重逐步增加。军事强国在确保战略威慑有效性与实用性的同时，抓紧新装备的研制部署和现役装备的更新改造，推进信息系统一体化建设与网络攻防技术发展，加强航天装备与导弹防御系统建设，重视新概念武器的研发，为打赢未来战争提供新的物质基础。这些为优化我军装备体系投资提供了借鉴。

（一）科学编制军费预算，加强军费计划管理

世界主要国家针对新的国际战略形势和本国安全需求，都会出台和修订一些重要的规划指导文件，确定未来较长一个时期内的军费预算和装备建设方向，以求确保国家战略目标得以有效实现。

我军军费编制采用增量预算编制，该预算制度尚不完善，主要弊端是不利于军费合理、有效使用。在编制军费预算方面可借鉴美军 PPBS 军费预算制度。一是根据计划要求、经费限额制定规划，注意横向、纵向的协调和综合平衡，使军事计划工作和军费预算工作紧密相连；二是运用"效益分析"理论对多种方案进行分析、论证、对比，以筛选出费用少、效益好的最佳方案。美军采用这一军费预算制度，克服了三军争夺军费、盲目上项目所造成的巨大浪费，提高了军费的使用效益，保证了国防力量的协调发展。合理、科学的军费预算是有效使用军费的前提，并可使军费产生"倍数效应"。三是建立完善的采办法规体系。世界主要国家经过多年的采办实践，逐步建立了层次分明、相互协调、便于操作的国防采办法规体系，使军品采办有法可依。美国有关国防采办的法规就多达 900 余部，主要有 4 类：国会通过的法律，如武装力量采办法、小型企业法、联邦采办政策法、合同竞争法、国防采办改革法等，总统及有关政府部门下达的行政指令管理及预算办公室通告，以及国防部采办政策文件。俄罗斯也很注重国防采办法规建设，已制定多部相关法律，主要有国防订货法、国防工业法、俄联邦国有企

业法等。英、法、德、日等国也已建立起比较完备的武器装备采办法规体系。

（二）突出装备建设位置，加大装备建设投入

进入 21 世纪，世界军事力量对比出现新的严重失衡，发展中国家与发达国家的军费投入差距进一步加大，军事技术差距也进一步拉大。我国维护国家主权和安全的斗争面临更加严峻的挑战。维护海洋权益，打赢信息化战争，改变武器装备信息化建设经费投入不足的现状，要求我们必须加大武器装备信息化建设经费投入，优化经费投向。

国防费受多种因素综合制约，国家经济实力是影响国防费绝对规模和相对比重的基础因素。从对世界各国（地区）国防费投量长期追踪、研究、分析显示：一般情况下，GDP 较高的国家，其国防费的投量也就大，装备费也就增加。美国GDP 在世界上首屈一指，国防费投量遥遥领先，装备费的投量绝对规模和相对比重都很高，国防费占 GDP 的比例基本保持在 5% 左右。

改革开放以来，中国经济实力有了长足的发展，但人均 GDP 在世界排位很低，国防费投量有限。日本《朝日新闻》编委田冈依次曾认为：中国军费从1986～1992 年虽有所增长，但"如果把通货膨胀因素考虑在内，实际上中国并未增加军费。从比重上看，1979～1994 年，我国国防费占 GDP 的比例由 5.6% 下降到 1.3%，国防费占国家财政总支出比例由 18.5% 降至 9.5%"。面对新的国际环境，习近平主席指出的富国强军思想为我们正确处理好国防建设与经济建设的关系指明了方向。在 GDP 增长的基础上，增加国防费总量，提高装备费的比重是可行的。

（三）优化装备投资结构，合理确定投资比例

装备建设需求与可能的尖锐矛盾，是世界各国面临的共同课题。美军的装备建设投入目前已接近 1800 亿美元，是其他国家望尘莫及的，但是美军仍抱怨经费短缺，很多急需的项目无法获得经费支持。因此，在武器装备信息化建设中，世界主要国家不得不在装备科研费、采购费和维修费之间进行权衡，以最大限度地提高信息化武器装备建设投入效益。装备科研、购置和维修投入既是各自独立的过程又是相互联系相互制约的整体，在一定时期确定的装备技术条件下，装备科研、购置、维修投入存在客观合理比例。只有投入决策符合这一客观比例，信息化武器装备建设投入才能发挥最大效益；否则，偏离这一客观比例越远，则信

息化武器装备建设积累的问题越多，从长远看投入效益越低。在武器装备信息化建设的经费投向上，我军必须坚持以下四点：一是要确定科学合理的科研、购置、维修投入比例。据西方发达国家统计，武器装备研制、生产、使用维修费用的比例为 1∶3∶6 较为科学合理。我军既要借鉴外军装备建设投入结构的变化，同时，又要考虑到我军武器装备发展的现实阶段，不可照搬照抄。二是加大对技术应用开发、中试、批产的投入，尤其是中试、批产的经费投入。三是解决重复研制的问题，防止投资分散、撒胡椒面；四是在技改经费的投入中，缩小基建部分的比例，减少对技术设施设备与手段改造的影响，提升技术水平。

现代科学技术突飞猛进，高新技术在军事装备上的应用将决定未来战争的胜负，特别是海湾战争中高技术装备的突出作用，促使各国重视军事科研，加大了军事科研经费的投入。西方军事大国居心叵测，不断鼓吹"中国威胁"论，绝不会把高科技含量的尖端技术转让给我国，我军的武器装备建设，要立足于"自力更生，奋发图强"，自主研制武器装备。

自主研制武器装备，一是在提高军费的基础上，加大科研经费的投入，不提高科研经费的投量将无法适应现代科技发展水平的需要。二是改革科研体制，科研项目可实行招标、竞标，军事科研可以军地、军兵种联合研制，这样有利于军事科研上规模、出成果，最大限度地发挥各自的优势，而且也可使部队有效地利用国家和军队资源。三是走军民兼容的科研道路。国防科技力量与民间科技力量兼容，它可以优势互补、资源共享、成本分摊、成果均得，降低科研经费，并在相互竞争和相互合作的促进下，使国防科研系统得到发展。

（四）适应安全形势变化，调整投入方向重点

建设信息化武器装备体系，并不意味着对所有武器装备的发展要做到面面俱到，平均使用力量。当今武器装备的研制、采购费用急剧增长。用有限的军事预算以实现武器装备的全面发展十分困难。在这种情况下，建设我军武器装备唯一正确的方针就是突出关键装备，保证重点需求。反之，战线拉得过长，力量平均使用，则会欲速而不达。确定装备发展的重点要加强三个着眼点：一是未来的军事需求及技术可行性，选择其作战理论急需的武器装备，并将"需求牵引"与"技术推动"相结合。二是从全局中把握制约本国武器装备建设的"瓶颈"，加强武器装备的薄弱环节。三是科学论证其经济的可承受性，在此基础上确立关键装备，全力投入实现突破，并以此带动武器装备的全面发展，产生"牵一发而动

全身”的效果。

世界近期发生的几场局部战争表明，空中打击正在成为一种越来越重要的作战样式，空中打击已成为西方军事大国以武力解决国际争端和干涉他国事务的重要方式。在一定意义上说，能否取得反空袭作战的胜利，已成为能否赢得未来战争胜利的关键。

未来战争中，无论是防御战还是防御中的进攻战，制空权是关键，制海权同等重要。特别是南海的“争端”，我们的军事斗争同样应在提高制海权上整体筹划，而军费也应向空军、海军和火箭军等军种倾斜。

（五）借鉴国外经验做法，探索装备建设路子

1. “民技军用”。一是为节约军事科研生产成本。高新技术产品的研究生产，需要投入巨额资金。实行“民技军用”，采购现成产品或“货价产品”，军方可大大节省国防开支。这主要是因为，采用“货价产品”，对研究和开发的需求减少，可以大量节约前期开发费用。美国军事专家认为，美军发展军事信息系统，都采用 Intel、Power PC、ARM、MIPS 芯片，ISA、PCL、VME、CPCI 总线，以及 Windows、Solaris、VxWorks 操作系统，如果军方自行研制这些信息技术产品，要投入数千亿美元。例如，在海湾战争期间，美军仅花了 1300 美元，就从市场上买到重 114 千克的全球定位系统接收机。如果按军用标准和规范去定做，约需 18 个月，重 717 千克，成本 3400 美元。再如，法军在开发“紫菀”导弹、机载计算机和基地通信系统时，由于采用了民用技术，其采办费分别下降了 15%、10% 和 50%。据法国武器装备总署估计，放弃军用规范采用民用规范，在某些情况下可降低装备研制成本 10% ~ 15%。英国国防采办局指出，对于那些技术风险低、无须严格审查的项目，直接从市场上采购相关产品，可节省采购费 20%。二是为降低投资风险，缩短信息化装备列装时间。世界主要国家在这方面的做法，分两种情况。一种情况是，军方在发展信息化武器装备特别是军事信息系统时，让拥有“成熟的民技成果”的民间高科技公司参与其中，研制一种或数种分系统。另一种情况是，军方就某一完整项目，在提出战术技术性能指标要求后，直接向相关有实力、有信誉的民营高技术公司订货。由于这些公司可很快研制出相关产品或信息化装备，因而大大缩短了新型武器装备的列装时间。三是为促进民营信息技术企业的发展，从而为军队信息化建设提供强大发展动力。在发达国家，民营信息技术公司是国家信息技术产业的主体。重视“民技军用”，军方加

强与民营高技术企业的合作，尽可能多地定购其产品，利用其技术，可为其快速发展提供雄厚的资金支持。美、英等国国防部都非常重视密切与工业界特别是与民营信息技术企业的关系，并向这些企业大量采购信息产品，促进了这些企业的快速发展。这些企业发展壮大后，将有更大能力开发更多、更先进的信息技术产品，因此也就大大促进了军队的信息化建设特别是信息化武器装备体系的建设。形成了良性循环，使"民技军用"成为军民双赢的战略举措。

2. 引入民间投资弥补信息化的经费缺口。把民间优质高科技资源引入军品市场，是进一步贯彻落实寓军于民方针的突破口。信息化武器系统及关键性信息技术和科技含量高的装备等技术研究开发乃至关键零部件的生产，具有公共品中的非排他性和非竞争性，属于纯公共品系列，应该由国家特别是军费投资；很多信息技术武器生产和军民两用的物品生产具有竞争性的准公共品性质，根据"哑铃型"结构的中间部分的投资引入竞争，实现"大动员，小军工"的新型国防建设体制。国防建设中的军民通用品、办公耗材和建筑工程等私人品则可以根据需要实行政府采购形式，而让民间资本投资，运用市场配置资源，使这些物品生产和使用更加有效率。

我国实行社会主义市场经济以来，民用科技工业产品的品种数量不断增加，民用市场得到很大发展，许多高科技产品已具备了向军品市场拓展的条件。应该充分重视和发挥市场经济的优势，组合多种资源，特别是利用民间的优质资源，建立起军民兼容的市场，服务武器装备信息化建设。目前，我国许多科技型中小企业已具有相当实力，直接采用他们成熟的高新技术成果研制新装备，采购经过民用检验而且满足军事要求的产品，同时让那些民营科技型企业参与军品科研、生产的竞争，这对国防科技工业的发展可以起到补充和提高的作用，是降低新装备研制、采购和维护费用，并使之尽快形成战斗力，实现武器装备跨越式发展的有效途径。

3. 坚持军民融合的发展思路。与发达国家相比，我军武器装备建设资源相对贫乏，不论是资金的投入、技术的储备，还是科技人员的数量规模与专业素质，都存在一定的差距。要积极推行军民融合的方式和方法，不断强化有限资源的科学配置，特色与独有技术的有机结合，优劣与短长装备的相互弥补，才能完成我军武器装备建设跨越式发展的历史使命。

现代化战争是诸军兵种联合作战，武器装备整体结构水平的高低成为制约战争胜负的重要因素。新军事变革下的武器装备整体建设，要求各个部门密切配合，各项工作有机衔接。因此，各部门、各单位要抛弃墨守成规、各自为政的做法，以创新的精神和开放的理念重新组合军事部门力量，打破军兵种体制和专业职能界限，抛弃部门间的条块分割，加强各单位力量的交叉与融合，使武器装备建设形成完整的链条，以增强联合发展的武器装备对未来战场环境的适应能力。

当前，经济与科技一体化的趋势日趋明显，技术在国际间与国家内部各部门间转移速度加快，特别是作为新军事变革主导因素的信息技术，具有高度的扩散性，这就为依托国家科技基础平台发展武器装备提供了客观可能，也是坚持多元化发展方法的现实依据。要在国家科技创新体系中，统筹协调军口、民口的科技创新，形成军品高技术促进社会经济发展，民品市场需求推动军事装备技术发展的良性互动关系。通过国家创新体系建设，真正实现国防科研与国家科技创新的有机结合，把军用和民用技术集中在一起进行突破，加快技术整体水平的提高，降低获取前沿技术的费用。在国防科技研究和武器装备研制中，要组织民用科技力量协作攻关，有效吸收民用科研经费，按照优势互补、资金分摊、成果共享的原则共同开发，使人才、技术、设备、管理等资源更加合理地配置，使各方面的力量相互关联，从整体上降低技术的研制与开发成本，不断提高武器装备研发的自主创新能力，加快跨越式发展进程。

（六）强调装备科学发展，构建信息化武器装备体系

武器装备体系是由多个相互联系、相互制约的武器装备系统所构成的复杂的有机整体。从近期的几场局部战争可以看到，现代化的战争，是陆、海、空、天、电五维一体的战争，是体系与体系的对抗。这种体系对抗的特点要求武器装备的建设必须从几种主战武器，转向重视多种功能武器装备的协调发展；从单类武器装备的高性能，上升为着眼提高武器装备体系的整体质量的效能。考虑我国国防科技工业和经费状况，我们应当以有所为有所不为的指导思想，构建具有我军特色的武器装备体系。

武器装备的信息化建设是一项复杂的系统工程。以科学发展观指导我军武器装备信息化建设，必须做到既从整体出发，又兼顾局部需求；既立足现实，又着眼发展；既突出重点，又能带动全面。为保证我军信息化武器发展的顺利进行，应按照以人为本，全面、协调和可持续的科学发展观来指导和筹划信息化武器装备建设。

1. 创新思维，"跨越式""复合式"科学发展。从历史上看，我军的装备发

展基本是采取以作战对手为需求牵引，跟踪对手的发展战略。随着综合国力的逐渐增强，国家利益空间的拓展，这种方式越来越显出难于满足国防需要、难于超越先进的弊端，为此要"跨越式""复合式"科学发展。落实到武器装备体系建设就是：一方面要机械化、信息化相复合，并大胆跨越，充分利用后发优势，打破按部就班的发展模式，越过装备的一定发展阶段或若干发展步骤，直接进入更高级发展阶段；另一方面要把以战争需求为牵引和以作战对手为需求牵引两者有机复合，也就是在考虑国家的经济承受能力的基础上，既要注重加大投入、聚焦前沿发展，又要注重跟踪主要对手的体系发展，针对敌弱点确定体系发展重点，进而形成信息化的武器装备对抗体系。

2. 重视体系建设的顶层设计。进行科学的顶层设计是确保体系建设目标顺利实现的必要条件。科学的顶层设计要求如下：一是要统一结构。体系建设顶层设计的核心就是构建统一、优化的一体化武器装备体系结构。统一的体系结构框架为武器装备体系各功能系统的设计、研制、验证与评估提供统一标准和规范，指导装备体系各系统的设计、开发、集成与运用，确保各军兵种、各部门所开发和表述的体系结构有一个共同的理解、比较和集成的基础，避免"烟囱"林立。二是要科学规划。首先要明确目标，要做到既着眼于未来作战的实际需要，立足全局、夯实基础，又着眼应急作战的急需，突出主要地区和方向的重点项目、局部先行；其次要周密制定阶段性建设计划。要根据体系建设的目标，制定出细化到位、操作性强的阶段性建设计划，确保建设的科学性和连续性。三是要严格标准。这是体系建设有序、高效展开的基础。必须从技术标准、设计规范和技术指标三个方面着手，依托国家信息化技术指标体系和军队信息化建设的军用标准，统一或制订体系建设的标准，严格执行，使体系建设逐渐走上标准化、规范化的良性发展轨道。

3. 加强综合集成。综合集成应从国情和军情出发，在按照一体化的体系结构、统一的标准和协议，充分集成现有装备的基础上，所有的改造、新研项目都注重与国家和军队信息化建设、装备信息化建设相结合，充分考虑与在役、在用、在建、引进等项目的兼容性，与之形成一个有机的统一体，发挥整体作战效能。

4. 有针对性地加强装备人才的系统培养。最好的装备不一定产生最佳的战斗力，只有实现人与体系的和谐发展才能使其内在功能得到充分发挥。要把装备人才建设纳入国家、军队人才建设的大系统，将社会人才资源作为装备人才的重要补充和战略储备；积极采取各种具体措施，加大装备人才培养的力度，抓好引进环节，提高人才起点；抓好培养环节，加快人才知识更新；坚持在使用环节中锻造装备人才队伍；尽快建立起人才快速成长的运行机制，使装备人才在"开放、流动、联合、竞争、高效"运行机制中快速成长。

第三章

我军装备建设成本控制实践与对策

装备成本是单位为研制、生产或修理一定数量和质量的装备而发生各种活劳动和物化劳动的货币表现，包括研制成本、生产成本和维修成本等几种成本形式。装备成本是装备价格的重要构成内容。科学、准确、合理地确定装备成本与价格是装备经济管理的一项重要工作。中央军委下发的《关于深化装备采购制度改革问题的意见》指出，要建立标准体系，加强装备成本和价格分析。逐步改革以成本加利润为主的现行审价定价模式，建立成本审核与竞争定价相结合的价格形成机制。

第一节　装备建设固定资产投资管理与控制

装备建设固定资产投资是装备建设固定成本的成因，和整个企业经营能力的形成及其正常维护直接相联系。军工固定资产投资（正式用语是"国防科技工业固定资产投资"，军队习惯用语为"军工固定资产投资"），是指为推动国防科学技术进步、扩大生产能力及满足国防科技工业自身发展需要而进行的相关建筑、设备设施（可形成固定资产）和手段建设等方面的投资，是由国防科工局或国防科技领域主管机关负责审批和管理的研制保障条件建设项目投资或技术改造建设项目投资。国防科工局或国防科技领域主管机关根据型号任务的研制需求，向军工单位和承担型号配套任务的民口科研生产单位进行国防科技工业固定资产投资。国防科技工业固定资产投资对我国军工单位和其他科研生产单位的发展曾经起到巨大的推动作用。但是，在社会主义市场经济日益完善、国际竞争更加激烈的今天，传统的国防科技工业固定资产投资模式存在诸多问题，面临着进行改革的战略需求。

一、军工固定资产投资管理概述

（一）研究的必要性和意义

当前，世界新军事革命正在蓬勃地向纵深发展。新军事革命的实质是把工业时代适于打机械化战争的机械化军队，建设成信息时代适于打信息化战争的信息化军队。信息化军队的基本构成要素之一是信息化武器装备。而要发展信息化武器装备，就必须加快国防科技工业转型升级，使其实现由工业时代到信息时代的"跨时代"跃升。有鉴于此，世界主要国家国防科技工业发展的总趋势是，把工业时代适于生产机械化武器装备的国防科技工业体系，改造成信息时代适于生产信息化武器装备的国防科技工业体系。

"十三五"期间，我国国防科技工业将努力实现建设先进国防科技工业总目标，其主要奋斗目标是，军工经济年均增长15%以上；实现军工核心能力建设升级换代，满足武器装备科研生产需求；武器装备供给保障能力、自主创新能力、军民转换和平战转换能力、市场竞争能力、高素质人才成长和创造能力均有较大提高，实现国防科技工业综合实力整体跃升，确保"十三五"目标任务全面实现。国防科技工业各个行业、各个领域，如何围绕目标完成工作，将是当前和今后一个时期十分重要的任务。

1998年政府机构改革，国务院明确总装备部作为国防经济的需求方，负责国防科技试制费、装备购置费、装备维修管理费、军内科研费以及有关专项经费的管理，国防科工委（2008年改为工信部国防科工局）负责固定资产投资和科研生产的组织协调，从需求和形成供给两条线明确了两个部门的职责。从当时的形势看，这种体制体现军队作为用户，国防科工委作为供给的管理关系，符合市场经济体制改革的大方向，多年来取得了较好的改革效益，但随着装备建设的实践和形势的发展，军工固定资产投资管理与国防科研和军品订货管理之间出现了一些不协调的现象，如军工固定资产投资项目重复建设、部分军工固定资产投资项目与装备需求脱节，存在一定的超前或滞后、军工固定资产投资管理对集团、地方军工、民口关键配套单位政策不平等、军工固定资产投资折旧进入军品价格、军工固定资产投资产权不清晰，杠杆作用不强等问题，一定程度上制约了装备建设经费的使用效益。本书试图深入研究装备建设经费与军工固定资产投资之间的关系与管理现状，在分析两者之间的矛盾与问题，借鉴外军对于两者协调管理的经验与启示的基础上，从装备部门的视角，提出我国军工固定资产投资改革的有关建议。

（二）国内外研究现状

1. 国外研究现状

国防科技工业是国家的战略性产业，其首要任务是为军队提供精良的武器装备以保障国防战略的实施。从宏观上看，国防科技工业服务于国家利益。从微观上看，国防科技工业运行的主体——军工企业，必须追求经济效益。军工企业是高科技企业，技术难度大，成本与风险高，一旦运行不利，将直接影响国防战略的实施。国防科技工业的稳定运行离不开完善的投资管理体系。投资管理体系的作用不仅是提供和筹措资金，而且要确保资金的优化使用，最终提升国防科技工业的能力。在这方面，以美国为代表的西方发达国家部分经验做法值得我们借鉴。

当今世界，美国的国防科技工业是规模最大、水平最高的。美国政府对国防科技工业的管理也是最复杂、最具典型性的。美国政府中涉及国防科技工业管理的主要部门是国防部，还有能源部、宇航局、商务部、国务院等。美国的国防科技工业力量主要是私营企业，还有少量政府、军队的科研生产力量。国防部组织军兵种提出武器装备需求，经国会批准和总统签署指令后，由国防部组织军兵种实施武器装备科研生产计划。在国防部提供的采办经费（包括武器装备购置费和必要的科研生产条件建设费）支持下，政府、军队、私营的科研院所和企业进行武器装备的论证、设计、研制、生产。对核武器、军用航天系统的研制生产，国防部和能源部、宇航局共同组织实施。美国有一系列法令要求国内在同等条件下优先采购国产军品，进口军品很少。加之美国国防科技工业的高度发达，国内采购在相当程度上维持了美国的国防科技工业基础。美国虽然没有专门的国防科技工业发展战略文本，但美国政府对国防科技工业发展的各种政策引导、在武器装备发展上的规划计划，事实上形成了一个国防科技工业的发展战略。当前和今后一段时期美国国防科技工业的发展战略总体上是追求全球武器装备优势，不断增加投资，充分利用全国以及全世界的科技工业力量来发展美国的国防科技工业。

在军品科研生产过程中，国防部和军队有专门的工作机构进行采办的管理，对军品科研生产的全过程进行监控。国防部每年都要制定关键技术计划，对那些影响武器装备和国防科技工业发展的关键技术给予重点支持。国防部、国务院和商务部对军品的进出口、军工技术转让进行许可证管理。

苏联解体后，俄罗斯继承了苏联的主要国防科技工业。苏联曾是与美国并驾齐驱的世界军工超级大国，但其管理模式与美国大不相同。俄罗斯的管理模式一直在不断变化，与苏联已有很大不同，并且还在处于变动之中。苏联是苏共集中统一领导的政治体制，对国防科技工业发展的任何重大决策都要由苏共中央最高领导决定。苏联政府（部长会议）对国防科技工业的管理是在苏共中央的领导下进行的。部长会议内的国防部和各国防工业部共同对国防科技工业实施具体管理。苏联的军工科研院所、企业均为国有。国防部代表军队提出武器装备需求，各国防工业部组织所属科研院所和企业进行武器装备的科研生产。武器装备的定价基本上由国防部和各国防工业部决定，军工科研院所和企业的一切运行费用由政府承担（各国防工业部具体实施投资管理）。苏联国防科技工业的发展战略是紧追美国，集中国家财力发展军工，建立专门的军工体系，以规模优势弥补水平劣势，争取与美国的总体实力不相上下。苏联武器装备几乎全是国产，但也一直是想方设法搞到西方的先进技术。由于行政上的隶属关系，对武器装备科研生产的管理是以政府各国防工业部和军工科研院所、企业共同承担的，国防部和军方的作用并不突出。对军品贸易的管理，则涉及国防部、外交部、各国防工业部，由部长会议和苏共中央最后决策。

俄罗斯独立后，由于其他领域实力特别是经济实力的大幅度下降，国防科技工业成为俄维持大国地位的一个重要砝码。俄罗斯实施了确保国防科技工业力量不流失，继续在重点领域保持领先，与美国有一定的抗衡能力的发展战略，确保总体上仅次于美国，并在某些方面不次于美国，同时大大领先于其他国家。国防科技工业的政府管理则由工业科技部承担，国防部通过军品订购参与管理。由于国内需求剧降，政府积极鼓励军品出口，放松管制。对军工科研生产的管理基本由科研院所和企业自主，国防部和军方仅对国内采办进行管理监督。军品贸易由工业科技部、国防部、外交部共同管理。

法国的国防科技工业管理体制所实行的是集中统一的决策管理体制，由隶属国防部的武器装备总署全面负责军队的国防科研和武器装备采购工作，统一归口管理国防科研、武器装备采购和国防工业。因此，武器装备总署的运行机制就基本上可以概括法国国防科技工业的运行机制，以时间序列和运行程序分为军事需求论证、计划编制和计划执行三个阶段。

一是在军事需求论证阶段。各军种参谋部要首先提出各自的军事需求，然后由联合武装部队参谋长、各军种参谋部和武器装备总署进行协调工作。其中，联合武装部队参谋部主要从未来军事需求角度协调、规划武器装备系统发展、武器装备总署主要从研究和生产角度规划武器装备系统的发展。最后，由联合武装参谋部提出作战与技术——作战研究的平衡表，详细说明军事需求，并初步列出所需作战特性优先顺序表；由武器装备总署对军事需求所需的武器装备，从技术和工艺角度进行综合分析，评估研发中可能出现的关键性风险及解决办法，预估开发费用、时间以及武器装备的使用成本，测算财政开支额度与支付的可能性。在这一阶段还要提出可以备选的不同方案，对未来项目所需资源、成本目标、采办原则都要提出比较具体的建议，并提出可能的一个或多个投标竞争的供应商。同时，还要考虑进行国际合作与出口的可能性。

二是计划编制阶段。军事需求论证阶段形成的文件提交给常设执行委员会，这一委员会由武器装备总署署长、军种参谋长以及由联合武装部长参谋长和行政秘书长推荐的人选组成，由他们负责审查所有军事需求的论证文件，然后由委员会向国防部长提出建议，经国防部长批准后项目即可立项。然后，主要是由武器装备总署与联合参谋人员组成的一体化的跨学科项目小组（必要时也聘请专家和企业界人士参加），进行计划编制工作。此外，武器装备总署从事计划工作的人员，也在费用、计划、项目管理方法、质量、采购、风险管理等方面协助工作。在计划编制阶段，要分别进行可行性研究和定义研究。可行性研究的目的在于，探讨可供解决的具体军事需求的方案，并进一步评价方案对军事需求的满足程度，最终形成定向文件。

三是计划执行阶段。在计划执行阶段，主要是由武器装备总署前几年新设定的采办执行官负责。从业务范围看，法国的国防采办包括研究和开发、武器装备设计、建立模型、测试、生产、现役保证和其他项目；从职能范围看，采办执行官全面负责采购和谈判政策、相关法律法规的执行、争端处理、采购价格和成本估算以及质量保证等事宜。

2. 国内研究现状

军工固定资产投资无论是对国民经济发展，还是对国防科技工业整体发展及军工单位个体的发展，都起着十分重要的作用。2000 年，为加强和规范国防科技工业固定资产投资的管理，促进军品科研生产结构、能力与布局的调整，合理配置资源，避免重复建设，提高投资效益，国防科工委制定了《国防科技工业固定资产投资管理暂行规定》。2006年，为了加强国防科技工业固定资产投资年度计划管理，规范年度投资计划编制程序，提高军工投资效益，国防科工委印发了《国防科技工业固定资产投资年度计划管理办法》。作为国防科技工业发展和改革的重大举措，2007年，我国颁布了《国防科工委关于深化国防科技工业投资体制改革的若干意见》，近几年，在军民融合发展战略布局下，又颁布了一系列关于深化国防科技工业投资体制改革的指导文件，这些都是专门针对国防科技工业投资体制进行的改革。

我国学者积极探索如何从体制上规范国防科技工业固定资产投资项目的管理，保证国防科技工业固定资产投资发挥最大的效益，实现投资项目的优质高效，把有限的投资用于提高武器装备研制生产能力以及科研生产能力上。王彦博的《新时期我国国防科技工业固定资产投资模式改革的战略思考》以国防科技工业固定资产投资模式在新时期面临着改革的战略需求为牵引，根据我国国防科技工业固定资产投资的现状，提出了改革国防科技工业固定资产投资模式的战略思路和方法。李庆建的《推进国防科技工业固定资产投资和管理的自身转型》分析了现行国防科技工业固定资产投资和管理面临的主要问题，提出了以改进国防科技工业固定资产投资和管理来推动转型升级。高红卫的《切实加强军工固定资产投资管理》通过多年从事军工固定资产投资管理工作实践，提出做好固定资产投资管理工作的"明确、透彻、完整、规范、统筹、确保"十二字方针。王颂的《美国国防科技工业投资体系对我国的借鉴意义》从联邦政府、小企业管理局和风险投资三个层面简要介绍了美国国防科技工业投资体系，总结了一般规律以供我国社会主义国防现代化建设借鉴。汪晓霞的《军工单位固定资产管理之投资分析》在分析军工科研单位的固定资产管理工作中所存在的问题的基础上，提出了几点对策。强培的《国防科技工业投资问题研究》深入研究了当前我国国防科技工业投资存在的问题，提出了我国国防科技工业的投资取向。胡建军的硕士论文《国防科技工业固定资产投资项目代建制管理模式研究》总结国防科技工业固定资产投资项目管理现状以及国防科技工业固定资产投资项目传统管理模式存在的弊端，分析管理现状与传统管理模式之间的矛盾，提出传统国防科技工业固定资产投资管理模式急需改革，并通过案例分析总结国防科技工业固定资产投资项目代建制管理模式的实践经验，提出完善、发展国防科技工业固定资产投资项目代建制管理模式相关建议。李缨的《国防科技工业固定资产投资项目"三超"问题解析》通过对军工企业的特点、工程项目质量形成的阶段要素、军工基建项目市场供需竞争的特点来分析和解决"三超"（超（进度）计划、超面积、超概算）问题。崔维兵的《改进军工行业投资管理工作促进国防科技工业转型升级》提出了不断改进军工行业固定资产投资工作的几条对策措施。李庆剑的《对国防科技工业固定资产投资管理与转型升级战略的思考》分析了国防科技工业固定资产投资管理面临的问题，提出了改革和完善国防科技工业固定资产投资管理转型升级的几条建议。军工企业低效率的行为曾经在理论界存在很多的探讨和争论，以科斯为首的经典的产权经济学家认为产权是关键，合理的产权配置、自由的契约环境是实现有效率经济的首要前提。而刘芍佳等经济学家提出了所谓的"超产权理论"，认为竞争型的市场结构才是促使企业治理结构改善的关键。刘小玄认为对于庞大的军工企业集团来说，不同的企业面临市场结构是不一样的。军工企业中也存在四种市场类型：完全的政府垄断市场、国有企业主导的垄断竞争市场、国有企业占主导地位的竞争市场和一般竞争市场，都能在不同的军工企业中找到。国防科技大学李湘黔认为在军工企业体制改革中产权是关键，合理的产权配置、自由的契约环境是实现有效率经济的首要前提。根据军事资产专用性程度的不同将军工企业产权改革目标模式分为三类：国有独资企业、有限责任公司和股份有限公司。军事资产专用性程度高的企业适合改造成国有独资企业或有限责任公司；军事资产专用性程度相对低的企业更适合改造成有限责任公司或股份有限公司。

二、军工固定资产投资与装备建设经费间的矛盾与问题

国防科技工业是我国军工产品、武器装备研制和生产的重要基地和技术源泉，也是我国国民经济建设中的一支重要力量。军工科研生产单位从 20 世纪 50～60 年代组建以来，不仅为保卫祖国安全、捍卫国家主权和尊严、争取国际地位作出了巨大贡献，而且也为构建我国国民经济框架立下了汗马功劳，可以说，许多重要行业都是从军工行业起步逐渐发展起来的。随着社会主义市场经济体制的逐步建立，军工企事业面临着新的形势，昔日的辉煌笼罩上了一层雾霭，尤其是许多企业投资方向不明，重复建设，摊子过大，行业重叠，投资效率低下，投资损失重大，再加上历史负担沉重，负债累累，在困境中徘徊，严重影响

了国防科技工业的自身发展以及对整个国民经济带动和促进作用的发挥。对国防科技工业投资问题进行深入研究已成为十分紧迫的课题。

（一）重复建设问题

我国军工集团主要是行政划分，而不是适度竞争后的并购重组，导致军工资产主要分布在军工集团公司及其直属企事业单位、地方军工企业。这些资源在各集团之间没有一套完善的调剂管理机制，造成有些资产闲置，运营低效。例如，我国弹药行业的生成富余能力很大，在我们调研的中国兵器工业集团下属741厂是生产特种弹药的军工企业，国家每年的军品订货任务少，难以保证企业生产能力饱和运转，但是全国还有其他弹药生产的军工企业也具有同样的生产能力，资源浪费很大。

行政划分不仅妨碍了适度竞争，还使一些集团的生产能力与科研能力脱节，因此，国家为解决一些集团生产能力与科研能力脱节的问题，又无形中帮助它们搞重复建设。军工科研工作一般都是通过项目团队来开展的，项目组在申报固定资产设备时容易产生"小而全"的设备购置模式使得固定资产的重复购置率较高，资产的综合利用率偏低。同时，军工科研设备由于针对性和精密度较高，更新换代速度较快，这就使得当前的固定资产与未来类似项目所需设备存在不兼容的问题，一旦当前项目完工，该项目的固定资产就被闲置。另外，军工科研单位购置研发类固定资产的资金大部分来自国家拨款，很多科研单位为了争取更多的科研经费，在经费申报时未能做好科学的预测和清查，这就导致了固定资产盲目购置、重复购置的现象层出不穷。

（二）需求脱节问题

长期以来资产实物状态管理机构的缺乏，使实物管理满足不了国防现代化和社会主义市场经济发展变化的需要。目前，有些单位甚至连进行初步的实物资产登记、统计和计价核算工作都不能做到及时准确，造成各级管理部门对军工企业科研生产所需的关键重要设施、设备、试验场地等实物资产的完整状态、运行状态、实际效能等底数不清，导致主管部门在安排企事业单位科研生产保障条件建设项目时，常常处于被动局面。例如，某研究所研究某型号所需的科研生产设施设备的时候就遇到这样的情况，一方面是现存的设施设备难以满足新型装备科研需要，另一方面是研制新型飞机所需科研设施设备要向国防科工委请示。这样不可避免地存在时间上的滞后，等到科研生产设施设备建成使用时，飞机型号的研制也已经成型，造成部分固定资产的浪费或损失，其应有的使用效益不能很好地发挥，而且设备及新技术的更新速度加快，有的固定资产甚至于很快被沉淀下来，固定资产的实用性得不到保证。

许多军工企业受计划经济思想的影响，固定资产管理意识淡薄，重购置轻管理现象普遍，习惯于争项目、争投资，盲目购置设备、仪器，片面追求企业资产占有最大化。同时，由于军工企业投资体制的某些弊端，使得型号任务多的单位经常有投资改造的机会，无形中造成了一些重复投资，导致生产能力分布不均，产生资产闲置。主要表现有：第一，固定资产购置缺乏前瞻性，盲目购置。投资决策的前期研究不充分，造成部分固定资产的浪费或损失，其应有的使用效益不能很好地发挥，有的固定资产绝大部分时间被闲置，甚至于很快被沉淀下来，固定资产的实用性得不到保证。另外，设备及新技术的更新速度加快，有些被淘汰的资产设备并未达到折旧年限，而成为闲置资产。第二，固定资产购置制度不健全，缺乏有效的制约机制。有的单位仍延续着传统的固定资产购置操作方式，基本上是由业务人员到市场上自由采购。由于受专业知识及其他因素的局限，购置的资产在实用性和价格上都要打折扣。第三，存在计划外自行购置固定资产的现象。主要是利用结余的预算指标，不经批准突击花钱购置固定资产，甚至赶潮流、盲目动用预算指标自行购置固定资产，这样做的结果必然要超预算，挤占其他方面的资金，设备的重复购置使得资本和资源的整体配置不合理，进而影响了军工科研单位整体的效率和效益。

（三）投资政策问题

军工固定资产投资对集团、地方军工、民口关键配套单位政策不平等。沈阳飞机制造厂、601 所和 741 厂都处在东北老工业产业圈内，中央重振东北老工业基地的政策并没有给他们带来任何优惠待遇。但是在西南地区的军工企业却能因西部大开发，享受税收、土地、房地产等方面的特殊待遇，不可避免地产生不公平竞争。

（四）军品价格问题

装备价格的高低受多种因素影响，在其他条件不变的情况下，固定资产折旧率的多少，直接影响着装备价格的高低。20 世纪 90 年代以来，装备价格呈现不断上涨趋势，其原因是多方面的，但其中很重要的一点是，它与长期以来国家对生产装备的国防科技工业固定资产投资力度加大，使固定资产折旧基数增大，折旧费增加有着直接关系。问题的关键在于国家既是生产装备的投资者，又是装备的购买者。于是出现国家买一样物品，花双份的货币，加重了国家装备费的投入。

固定资产的折旧反映了固定资产在当期生产中的转移价值，它对军工科研单位的成本分析、售价决策、利润确定、税款缴纳和现金流量都会产生一定的影响。然而军工科研单位固定资产折旧核算管理体系却不够合理，具体表现在：第一，军工科研单位既有国防科研经费和国家专项技改投资购置的固定资产，又有自有生产经营收入积累购置的固定资产，在固定资产计提折旧方面就有别于其他单位。现行的折旧计提没有区分科研单位固定资产来源，对固定资产计提折旧的范围划分不明确，导致对所有固定资产折旧采取"一刀切"的办法。例如，我们调研的 741 厂在计提折旧时，就存在某一弹型的科研费投入不在价格中计提，采取"一刀切"的办法，计提在所有弹型的生产成本。第二，固定资产损耗是计提折旧政策确定的基本依据。固定资产损耗包括有形损耗和无形损耗。我们必须在制定折旧政策时充分考虑固定资产的各种损耗。对固定资产的损耗预估不准确使得计提折旧时不合理，容易产生偏差。第三，军工科研单位没有根据固定资产的类型选择适当的固定资产折旧计提办法，计提固定资产折旧时使用最多的是直线法即平均年限法，这种方法不太适合军工科研设备仪器的折旧计提，应针对不同用途、不同性质的固定资产选用不同的折旧方法；同类固定资产由于使用情况不同，也可采用不同的折旧方法。

现实存在的情况是，不少单位对已经提足折旧的固定资产仍然继续计提折旧；在"项目研制期内"，对"国防科研试制费和国家专项基建技改投资购置建设"的固定资产不计提使用费的，在其他项目中仍然按照折旧分摊折旧费计入成本。随着国家对国防科技工业固定资产投资的增加，装备价格的折旧费就越高，形成"投资增加→折旧增加→价格上涨"的"投资价格怪圈"。制度经济学认为，路径决定制度、制度决定效率。国防科技工业固定资产投资模式决定着投资的效率。国防科技工业固定资产投资形成的国有资产，由于所有权主体缺位，无法对企业使用资产行使监督，无法有效获得与所有权相应的收益，企业行为不当会造成国有资产流失，即我们常见的企业生产存在的"拖、涨、降"现象，使国家投资效率低下。

（五）投资产权问题

军工固定资产产权管理中最根本的问题是固定资产的产权归属不明。军工固定资产主要来源于国家资金的原始投入，因而其产权归属国家所有。我国实行社会主义公有制，生产资料归全体人民共同所有，相应的国有资产的最终所有者是全体人民，从这一点上来讲，产权是明晰的。但是由于全体人民不可能实际行使所有者的职能，全民所有制只能采取国家所有制的形式。国家成为固定资产的主体，是固定资产的人格代表。然而国家是一个抽象的概念也不可能自己来管理，只能委托全民中的一员行使其所有者职能。军队国有资产管理部门是国家利益的最直接体现者，因而国家将固定资产委托给军队国有资产管理部门代管，而军队国有资产管理部门作为国家的代理人管理这些固定资产。正是这种代理关系造成了固定资产管理中的一个明显的漏洞，即代理关系中的所有者缺位。从表面上看是固定资产产权人所有，但实际上人人都不拥有，固定资产产权缺乏明确的责任主体，产权虚置现象十分严重。

1998年重组十大军工集团公司之后，集团公司内部各企业公司之间的产权关系并不明晰，决策权责也不明确，基层企业不拥有完整的法人财产权，重大经营活动不能独立自主决策，难以以市场主体身份独立地参与市场竞争。同时，由于集团公司与企业二级法人的体制，形成决策主体二元化，决策权则界限不清，往往形成有权无责、有责无权的不合理现象。另外，集团公司的外部环境，往往由于政府和军方主管部门对企业科研生产活动干预过多，也影响了企业的市场主体地位。

尤其军工科研单位非经营性资产转经营性资产，其资产的使用性质发生了变化，因此必须明确其产权关系，理顺国家作为资产所有者与科研单位占有、使用者以及资产经营者三者之间的责、权、利关系，使国家所有者权益不仅在法律上，而且在经济上得到体现，确保国家所有权管理到位。具体表现为：在产权关系上，有些单位在非经营性资产转为经营性资产时，既未对投入经营的资产进行资产评估，没有核准投入经营使用的价值量，也未按国家有关规定办理审批及有关资产转移手续，造成对转入经营的资产产权归属不清，管理缺位。投资者也没有向经营者收取回报的观念，经营者也没有向投资者缴纳经营收益的意识，国有资产被无偿占用。有的"非转经"资产存在很大的随意性，非经营性资产与经营性资产混为一谈，没有合理界定、理顺产权关系，时间一长，资产的所有权问题就发生了争议，进而造成国防调用、设备维护更新难的局面，导致在固定资产保值增值上，缺乏有效的监督，固定资产流失严重。

有的企业进行股份制改造，不区分军品生产设备和民品生产设备，造成国家给予军品生产的一些优惠政策同时被并非用于经营军品生产的其他资本所享受；有的企业通过改制上市时，将从事军品的军工国防资产也都算在一起重组。如果上市公司因亏损严重而要清算，上市公司内的军工国防资产也将一同遭到清算。有的企业设立三产公司时，以军工国防资产出资，直接改变了资产的用途；有的干脆转让给民营企业，造成国有资产流失。有的企业利用军工保留生产能力同时生产民品，但是得到的收益并不用于加强军工生产能力。有的企业虽然事先承诺，保证入股的设备在需要的时候仍能用于军品生产，等事到临头时却又变了卦。例如，我们调研的741厂由于集团公司与企业二级法人的体制，形成决策主体二元化，决策权则界限不清，往往形成有权无责、有责无权的不合理现象。另外，集团公司的外部环境，往往由于政府和军方主管部门对企业科研生产活动干预过多，也影响了企业的市场主体地位。该厂本身经济效益就不理想，但是在集团的要求下，还是兼并了一家濒临破产的枪弹军工厂，严重影响了企业的发展。

（六）投资模式问题

我国国防工业相对封闭，国防科技工业固定资产投资仍沿袭着计划经济体制的单一化，主要依靠国家进行投资，且订单也主要来自政府采购。所以，企业基本上没有压力，仍然带有非常浓厚的计划经济色彩，企业观念比较落后，经营效率比较低，对我国国防工业长期发展非常不利。近几年，我国军工行业面临战略转型和产业升级，因此需要有大量的资金投入，然而我国军工企业的资金来源仍然主要是财政拨款和银行贷款，这样的融资体制为我国军工产业的发展提供了稳定的资金保障，但这种过于单一的融资方式，一方面加重政府的财政负担，提高了企业的融资成本，另一方面军工资产资源不能进行有效的配置，产业资源得不到有效整合，军工企业没能实现合理发展。由于存在国有资产所有者主体缺位、政企不分现象严重、职能定位不明确等不足，还没有建立完全意义上的国防科技工业现代企业制度，未能合理确定政府对国防科技工业的投资领域及对军工国防资产实施特殊管理，投资模式、投资主体与投资方式也未实现多元化和创新。例如，我们调研的沈飞制造厂、601所和741厂，固定资产投资基本仍沿袭着计划经济体制的单一化，主要依靠国家进行投资，且订单也主要来自政府采购。所以，企业基本上没有压力，仍然带有非常浓厚的计划经济色彩，企业观念比较落后，经营效率比较低。对产业升级和转型所需的资金投入，企业自身并没有考虑投资模式、投资主体与投资方式的多元化和创新。

（七）其他问题

1. 投资结构不合理。由于重复建设、盲目引进，大量投资未能形成有效使用的国有资产。投资结构的失衡，造成产业结构、产品结构的雷同和错位，一些产品现有的和即将形成的生产能力明显超过国内市场需求量和可能的出口量，加工能力大大超过主要原材料的可能供给量，致使生产能力大量闲置空放；而有些急需的产业和支柱产品却因投资不足而迟迟产生不了效益甚至萎缩，从而丧失了发展的大好时机。

2. 投资主体单一。投资方式以政府为主。国防科技工业固定资产投资长期实行单一的以政府为主的方式，投资主体是政府，审批也是政府。近几年，在项目资金来源上虽然引入了建设单位银行贷款和自有资金，打破了单一的以政府投资为主的局面，但审批方式的实质并没有改变。总体上还没有采用社会主义市场经济条件下比较成熟的投融资方式，社会融资不够；即使在政府投资方面，也还没有更多的应用市场化的手段。长此以往，必将造成国防科技工业政府投入负担过重、政府投资难以发挥应有的引导作用的问题，不利于国防科技工业的转型和可持续发展。

3. 投资项目管理不规范。自国防科技工业体制改革以来，国防科工委出台了一系列加强投资项目管理的办法和规定，加强了投资项目的咨询评估、规划计划、项目审批、监督检查、竣工验收和后评价等管理工作的力度，各军工集团公司和项目建设单位也探讨了很多管理模式和方法，取得了一定的经验，但与提高政府投资效率、效益和效果的要求还存在差距，部分管理还不到位。军工建设项目的保密管理、固定资产投资项目的监督检查、后评价管理工作的规范，咨询评估的监督与质量评价，勘察、设计的适度竞争机制，工程建设和设备监理、施工组织的行业指导与管理，项目招投标的规范管理等工作还有待加强。

三、外军国防科技工业投资管理的经验与启示

当前，世界新军事革命正在蓬蓬勃勃地向纵深发展。新军事革命的实质是把

工业时代适于打机械化战争的机械化军队，建设成信息时代适于打信息化战争的信息化军队。信息化军队的基本构成要素之一是信息化武器装备。而要发展信息化武器装备，就必须改革国防科技工业体制，使其实现由工业时代到信息时代的"跨时代"跃升。有鉴于此，世界主要国家国防科技工业发展的总趋势是，把工业时代适于生产机械化武器装备的国防科技工业体系，改造成信息时代适于生产信息化武器装备的国防科技工业体系。

（一）世界主要国家国防科技工业发展新态势

1. 适应发展信息化武器装备需要，推进国防科技工业整体转型。不同时代的武器装备形态要求有与之相适应的国防科技工业，而不同时代的国防科技工业又适于生产不同形态的武器装备。

工业时代的国防科技工业适于生产机械化武器装备，信息时代的国防科技工业适于生产信息化武器装备。因此，世界各国国防科技工业转型的基本任务是，把工业时代适于研制特别是生产机械化武器装备的国防科技工业逐步改造为信息时代适于研制特别是生产信息化武器装备的国防科技工业。然而，如何才能逐步建立适于生产信息化武器装备的国防科技工业，如何进行国防科技工业转型？在这一方面，美国正在进行有益的尝试。2003 年 2 月美国防部发布《国防工业基础转型路线图》，开始有计划地推进国防科技工业转型，以适应军事转型和建设信息化军队的需要。该路线图提出了 2020 年前美国国防科技工业发展的总体思路，其要点有二。

第一，构建"基于作战能力的国防工业基础"。这就要求改变原来"按照产品属性划分国防工业领域"的传统做法，把国防工业基础划分为"战场感知""指挥控制""兵力运用""防护""聚焦后勤和网络中心战" 6 个作战职能领域，使国防工业基础实现由"装备供应商"角色向"作战能力提供者"角色的转变。该路线图要求，美国国防部按照"基于作战能力的国防工业基础"的新构想，对国防工业基础能力进行系统研究与评估，以发展和提供各种作战能力。美国防部2004 年对"战场感知""指挥控制""防护"的工业基础能力进行了评估，2005年又完成了对"兵力运用""聚焦后勤""网络中心战"领域的工业基础能力的评估工作。美军认为，这样区分国防工业基础的好处是：有利于在武器项目从论证到拨款、采办的整个过程中，从兵力结构一体化的角度，最大限度地提升各军事职能领域的作战能力，有利于打破行业门户之见，实现系统的互联互通和综合集成，有利于避免重复使用国防资源，造成浪费，有利于对每个作战职能领域的关键技术需求和系统评估结果进行分析，使军方更好地掌握国防工业基础的研发与生产能力。

第二，调整国防工业基础的主要构成。美国防部的基本想法是在大量吸收中小企业进入军工领域的同时，提升它们在军品承包中的地位，以打破顶级国防工业公司的垄断地位，改变国防工业生产过度集中的局面，逐步形成大中小并存、军民一体、基础广泛，竞争能力和创新能力俱强的国防科技工业力量。这支力量，亦即国防工业基础，主要由三部分组成：一是传统的国防供应商，即构成主承包层的少数几个顶级国防工业公司；二是新型国防供应商，它们极具活力和创新能力，大多是军事技术革命催生出来的"次级公司或小型公司"；三是为国防服务的民间公司，如医疗器械与药品公司、能将虚拟现实等新技术转化为军事应用的娱乐品公司等。

美国推行国防科技工业转型，对世界其他军事强国产生了重大影响。英国2006年10月公布的《国防技术战略》提出，在推进国防工业基础转型过程中，将重点实施军品"供应链创新"。日本也将启动国防科技工业转型，加大对中小企业的扶植力度。预计，随着新军事革命的深入发展，其他国家也将根据本国国情实行国防科技工业转型。

2. 出台相关法规与政策，促进军工行业快速发展。在新军事革命条件下，军工行业的主要任务是为建设信息化军队研制尤其是生产各种类型的信息化武器装备。因此，军工行业要快速发展，就必须迅速提升信息化武器装备的研制特别是生产能力。而生产信息化武器装备不同于生产机械化武器装备，必须根据信息化作战需求，按照一定的原则、规程、规范与标准进行。为此，各国近年来相继制定与出台了很多相关法规与政策。

第一，国防工业法规与政策。这些法规与政策规定了国防科研与生产的重点以及国防工业的发展方向。美国防部在其 2002~2007 财年《国防报告》中制定的国防工业发展政策是加大对国防工业的投入，吸引大量高素质人才进入国防科研领域，采取各种措施，鼓励非传统的新型供应商加入国防科技工业体系，更多地采用商业采购惯例，减少民间供应商进入防务市场的障碍，保护企业知识产权，加强企业创新能力。2001 年 7 月，俄政府正式批准与颁发了《2001~2006年俄罗斯国防工业改革与发展规划》，计划分两个阶段建立适于生产信息化武器装备的、以军工综合体为龙头的国防工业体系。2002 年 10 月，英国国防部出台

《国防工业政策》白皮书，其要点是：鼓励科技创新，增强国防工业国际竞争力，加强军地合作，建立国防部与工业界的伙伴关系，加强基础技术研究，从根本上提升国防工业生产能力。

第二，国防采办管理法规与政策。国防采办管理法规与政策对国防工业的军事科研与生产活动有重要的规范和导向作用，可使军品承包商严格按照军方要求生产各种信息化武器装备和军需物资。为此，一些国家或国家集团出台了不少相关法规性文件。2002年1月，美国防部发布了用以指导和规范信息时代国防采办管理的纲领性文件——新版5000.1号指令《国防采办系统》和5000.2号指令《国防采办系统的运行》。这两个文件提出了新的武器装备采办原则，重新划分了采办阶段和里程碑决策点，强调要加强武器系统的互联互通，大力发展综合军事信息系统，使新型武器装备尽快转化为部队战斗力。2005年11月，欧盟通过了《欧盟国防采办行为法》，提出的政策要点是规划欧洲国防科技工业布局，加强国防技术基础：实行标准化，在国防采购合同中各成员国使用统一的国防标准手册，协调制定欧盟各国采办规则，建立欧盟统一军品市场。

第三，全军武器装备发展法规与政策。这类法规与政策阐明了武器装备发展的军事需求、原则与重点，对国防科技工业发展有重要导向作用。在这一方面俄罗斯国防部近几年出台了《2010年前俄罗斯武器装备发展规划》，《2015年前国家武器发展纲要》和《俄联邦2015年前军事技术政策基础》等。另外，俄军武器装备发展的军事需求、指导原则、远景规划和重点项目等，还包括在它制定的《2016年俄联邦武装力量建设与发展思路》和《俄联邦武装力量2021年前建设构想》中。美国防部不制定与出台单独的全军性武器装备发展计划或规划，而是将其放在每年一度的《国防报告》和《五年国防计划》，以及"构想"类、"四年防务评审"类和"军事转型"类等涉及全军发展与建设的法规性文件中。例如《2010年联合构想》《2020年联合构想》，每4年颁发一次的《四年防务评审》报告，以及《国防部转型计划指南》和《军事转型战略途径》等。

第四，专业性法规与政策。世界主要国家制定与颁发的这些法规和政策种类繁多，但大多与军事航天技术、信息技术和军事信息系统的建设有关。这主要是因为，新军事革命主要在航天空间和信息空间进行，当前各国都在大力发展信息化武器装备体系，而这一体系的内核又是全军性综合信息网络系统。在航天领域，美国政府2003年先后推出了《弹道导弹防御政策》和《商业航天遥感政策》，2004年颁发了《航天运输政策》和《天基导航、定位和授时政策》，美空军 2004 年、2006 年又分别制定了《空间防御行动计划》和新版《空间作战纲要》，俄罗斯 2005 年出台了《2006～2015 年航天发展规划》，争取在今后 10 年内建成真正的天军部队，欧盟 2002 年 7 月公布了《21 世纪航空航天战略》报告，日本航天活动委员会 2002 年 3 月推出了《航天发展规划纲要》，2003 年又颁发了《日本宇宙开发中期计划》。在军事电子信息领域，美国 1998 年制定了《国防信息基础设施主计划》以后又出台了几版《全球信息栅格计划》，以及 C^{4}ISR 系统和 CKISR 系统发展计划，争取到 2030 年左右建成基于全球信息栅格的 CKISR 系统。俄罗斯国防部 1994 年提出《统一军事空间建设计划》后，军事信息系统建设发展迅速，近几年又推出多项相关计划，如《俄武装力量通信系统向数字化信息传输和交换方式过渡构想》《俄武装力量一期通信网分阶段向数字化远程通信设施过渡专项纲要》《武装力量地区通信系统建设构想》《战术级通信系统发展专项纲要》《战术级指挥系统建设构想》和《战役级指挥系统建设构想》等。另外，英、法、德、日、印等国国防部也推出了很多军事信息系统建设计划。

3. 积极进行调整改革，优化国防工业管理体制。要推进新军事革命，建设信息化军队，就必须使国防科技工业管理体制朝着适于研制与生产信息化武器装备的方向转型。为了加速推进武器装备信息化建设，发挥国防工业的整体效能，提高国防工业的效益、效率和国际竞争力，各国近年来对其国防工业管理体制进行了大刀阔斧的调整与改革。

美国调整改革国防工业管理体制的着眼点是为适应军事转型和建设"网络中心"军队的需要，推动国防科技工业整体转型。美国防部 2003 年出台《国防工业基础转型路线图》后，为了使国防工业向"基于作战能力"的方向转变，对国防工业组织管理体制进行了调整改革。其主要做法是，于 2004 年 9 月成立了由 28 家专业大公司组成的国际工业财团——"网络中心战工业联盟"（NCOIC）。该工业联盟由来自国防工业的企业代表、系统集成商、信息技术产品供应商、学术界人士组成，在建议制定基本标准与规范、确定采办基本方法、使各种各类信息系统在"全球网络中心环境"中实现互联互通互操作等方面起到了很大作用。2005 年，"网络中心战工业联盟"又成立了顾问委员会和附属委员会，以确保联盟全体成员能够很好地进行协调与合作。该联盟的成立，是贯彻《国防工业基础转型路线图》的结果，是美国国防工业转型以满足为军方提供"网络中心战"能力的需要而采取的重要举措。可以预见，美国工业界在今后转型过程中还将成立其他工业联盟，通过国防工业管理体制改革，促进整个国防工业基础的转型。

俄罗斯政府调整国防工业管理体制的落脚点是变分散管理为集中管理。2004年3月，俄国防工业管理体制进行了重大改革。在改革前，俄国防工业管理权相对比较分散，政府中有10余个部委行使管理职能。在改革中，俄政府撤销原工业与科技部，成立新的工业与能源部负责主管整个联邦的工业和能源的宏观调控与管理工作，取消原工业与科技部下属的5个国防工业管理局，即航空航天管理局、弹药管理局、常规武器管理局、控制系统管理局和造船管理局。在工业与能源部下，成立联邦工业局，负责除航天工业以外的所有国防工业的管理，成立联邦航天管理局，专管航天工业。此次改革，进一步加强了俄罗斯国防工业的统一集中管理，突出了航天在国防工业中的地位。但是，俄罗斯国防工业管理体制由于受政府二元机制（总统和总理分别领导不同部门）的制约，仍然不能全部集中统一。因此，2006年3月普京总统又签署命令，成立国家军事工业委员会，同年6月，俄联邦政府下令，成立国家军事工业委员会科学技术理事会，其组成人员为知名科研机构、高等院校、大型军工企业的领导人和科学家。

为了加强和优化国防工业管理体制，各主要国家还成立了各种各类军工协会，并非常重视发挥它们在军民之间的桥梁和纽带作用。美国成立的非政府、非营利性质的军工协会很多，如美国老乌鸦协会，美国国防与政治发展学会，美国通信与电子学会，美国陆军协会等。这些协会或学会经常组织有军方和军工企业参加的研讨会或"军民搭桥"活动。英国政府认为，"军工行业协会"是政府和国防工业联姻的"媒人"，要管理好国防工业，就必须充分发挥这些协会的作用。英国的这类民间组织有英国国防制造商协会，英国航空航天制造商协会，英国电子工程协会，英国海军装备协会，英国空军装备协会等，其主要职责是，把相关行业中有能力承担军品研究与生产任务的民营企业组织起来，代表相关民营企业与政府有关部门和军方保持密切联系。日本成立的民间军工协会称为"工业会"，如"日本兵器工业会""日本造船工业会""日本防卫装备工业会""日本防卫技术工业会"等，它们是日本政府管理国防科技工业的重要助手。欧盟为了推进欧洲国防工业一体化进程，2004年把欧洲航宇工业协会、欧洲防务工业协会和欧洲航天工业协会合并，成立了欧洲航宇与防务工业协会。该协会代表欧洲20个国家的32家行业协会，成员公司超过800家，直接雇用60万人，年营业额在1000亿欧元以上。

4. 加大投资力度，强化国防工业基础。在通常情况下，国防预算增加，军品订货增多，军工企业就发展，国防工业基础就会得到加强；反之，国防预算减少，军品订货下降，军工企业就萎缩，国防工业基础就会被削弱。这就是说，要加强国防工业基础，就必须增加军费，加大投资力度。

在新军事革命条件下要巩固与强化国防工业基础，更需要增加国防预算，加大对军工产业的投资力度。这是因为，新型国防科技工业体系的任务是生产信息化武器装备，而这类装备的造价要比机械化装备高得多。20世纪50年代，美国一艘航母造价为5500万美元，一架作战飞机50万美元，一辆坦克7万美元，到了80年代，由于武器装备的信息技术含量大幅上升，一艘核动力航母为40亿美元，一架F-22"猛禽"战斗机为1.3亿美元，一架B-2隐形轰炸机为21.6亿美元，一辆M1A1主战坦克为250万美元。美军计划从2008年开始建造下一代"CVN-21"航母，其首艘航母造价预计将高达80亿美元。另据美国《防务新闻》报道，美军正在研制的陆军"未来作战系统"将耗资1770亿美元，美国主导、多国参与开发的第五代战机"F-35"的总研制、生产与采购费高达2450亿美元，英、德、意等西欧国家共同实施的"欧洲战斗机计划"将花费900亿美元。

美国为了巩固和加强国防工业基础，不断增加国防预算，加大对国防工业的投资力度。2004财年，美国国防预算总额为3997亿美元，比2003财年增加170亿美元，增幅4.4%；2005财年，为4220亿美元，比上一财年增加223亿美元，增幅5.3%，2006财年，为4420亿美元，增加200亿美元，增幅4.5%，2007财年，为5064亿美元，增加644亿美元，增幅12.7%。美国国防预算的年年增加，保障了对国防工业投资的不断增长。例如，对航天工业的投资，2003财年为194亿美元，2004财年为200亿美元，2005财年为217亿美元，2006财年为231亿美元，年年递增。又如，在电子信息工业领域，美国防部2003财年投入282亿美元，2006财年增至293亿美元。

世界其他主要国家也在增加国防预算的基础上，不同程度地加大了对国防工业的投入。俄罗斯国防预算总额，2004年为4522亿卢布（约合130亿美元），2005年为5280亿卢布（约合180亿美元）增加28%，2006年为6683亿卢布增幅21%。随之，俄国防订货预算也逐年增加，2004年是1480亿卢布；2005年是1870亿卢布，2006年是2367亿卢布。法国2006年国防预算达377亿欧元（约合450亿美元），实现74年的连续增长。日本的国防预算2005年是4.86万亿日元，约合415亿美元。这些国家将国防预算的很大一部分投到国防科技工业，投入部分约占国防预算总额的 30% ~ 40% 。

另外值得注意的一点是，随着新军事革命的深入发展，军队信息化建设渐入高潮，各国纷纷加大信息技术的投资力度，推动了国防电子信息工业的迅速发展。美国国防部 20 世纪 90 年代末每年对信息技术的投资总额约为 500 亿美元，2003 年为 645 亿美元，2005 年增至 707 亿美元，2006 年又增至 742 亿美元。据报道，俄罗斯国防部将其国防订货费的约 20% （300 亿~450 亿卢布）用于建设"统一军事空间"，发展各类各级指挥自动化系统。

5. 大力推动并购与重组，使军工行业不断向集团化专业化方向发展。各国国防科技工业发展的另一新情况是，军工行业在大规模合并与重组中，不断朝集团化专业化方向发展。出现这一情况的直接原因是，在"冷战"结束后的最初几年内，各西方大国为分享"和平红利"，纷纷压缩国防预算规模，从而导致军品订货大量减少，军工行业内部及国际军品市场竞争加剧。

军工行业的集团化专业化发展，是一把"双刃剑"。有利的方面是有助于合理分配与利用资源，降低军品成本，提高竞争力。不利的方面有两点：一是容易形成垄断，抑制军工企业的发展活力和创新能力；二是军工行业的分工过细，不利于武器装备的综合集成和发展以综合军事信息系统为核心信息化武器装备体系。美、英等国已经认识到了这一点，正在采取措施，吸引众多具有创新活力的中小企业或公司进入国防科技工业体系。

美国军工行业的并购、兼并与重组已经进行了 30 余年，而且至今仍未最终完成。20 世纪 90 年代中期，美国国防部责成国防科学委员会研究如何引导与鼓励军工企业向集团化方向发展的问题。国防科学委员会的研究报告提出的建议被国防部采纳。随之，美国军工企业便展开了大规模兼并与重组，最终形成了几个超大型军工集团公司。美国洛马公司兼并洛拉尔公司后，又收购诺斯罗普·格鲁曼公司，使军品业务涉及除坦克和潜艇以外的所有武器装备，成为世界第一大军工企业集团；波音公司收购麦道公司和洛克韦尔国际公司的军品研制业务后，成为世界最大的航空航天公司；雷神公司在兼并了得克萨斯仪器公司、克莱斯勒技术公司和休斯飞机公司的军品研制业务之后，也成为美国的最大国防工业公司之一。重组后的美国国防科技工业集中度很高，100 家最大的军工集团得到约 70% ~75% 的国防科研生产经费，其中前 25 家大集团占国防科研生产经费总额的约 50% 。军工生产的过度集中，导致了国防市场的垄断，而垄断不仅削弱了市场竞争，还造成了军工企业创新能力的下降。为处理好垄断与竞争的关系，调整军工市场布局，美国防部指出，必须改变少数几个主承包商控制军品市场的局面，引导和鼓励技术创新能力强的中小企业或公司进入军品生产领域。

根据《2001～2006年俄罗斯国防工业改革与发展规划》，俄政府2001年将苏霍伊设计局、伊尔库茨克航空制造联合企业，塔甘罗格别里耶夫航空科技联合体，以及阿穆尔共青城和新西伯利亚的航空制造联合企业合并后，成立了苏霍伊航空集团公司。2002年在军事电子工业领域，对近200家企业进行重组，组建了10个大型科研—生产联合体。2003年，以在彼尔伊地区的众多企业为基础，成立了一个大型飞机发动机制造公司。2004年，开始组建"米里"直升机集团公司。经过对军品生产企业的合并、重组与股份化，俄罗斯的军工企业或公司已由957家减至247家。据计划，俄政府最终将在10个军工专业领域组建41～55家大型军工企业集团。

为了加强与美国公司的竞争能力，欧洲各大国也在积极推进军工企业的集团化专业化发展。英国航空航天公司收购皇家军械厂部分产业和英国制造研究公司后，成为世界上仅次于美国洛马公司和麦道公司的第三大飞机军工企业。法国经过数年的兼并与重组，在其国防科技工业体系中，已形成4大核心专业集团，即以法国航空航天公司和达索公司为核心的航空航天集团，以汤姆逊公司为首的电子信息集团，由原子能委员会及其下属的军事应用局及泰克尼卡汤姆和热玛核生产企业组成的核工业集团以及由地面武器工业集团和舰船建造局组成的机械制造集团。德国军工企业也在不断合并与集中。它最大的装甲车辆制造商威格曼公司与"豹"式主战坦克制造商克劳斯—玛菲公司合并，组成了大型兵器集团克劳斯·玛菲·威格曼公司。德国奔驰公司首先兼并MBB公司组成戴姆勒奔驰航空航天公司，尔后又与盖克莱斯勒合并组成了一个更大的公司集团。目前，德国的军工科研生产已有一半以上的营业额集中在20个左右的大企业集团手中。

6. 在军品开发与生产中，积极践行"民技军用"。在现阶段，世界各国新军事革命的主要任务是，加速推进武器装备信息化建设，以最终建成信息化武器装备体系。信息化武器装备是大量采用高技术特别是信息技术的武器系统。发展信息化武器系统所用的信息技术来自何方，据外国军事专家估计，其中70%～80%来自现成民用信息技术，20%～30%来自军用信息技术。这就要求，在研制与生产以信息化武器装备为主体的军品过程中，必须实施"民技军用"。

主要西方发达国家的军工企业推进"民技军用"的主要措施有三：一是在武器装备研制中尽量采用民品。例如，美国军品承包商在为海军生产信息化作战平台和指挥控制系统时，需要内置大量计算机，其中 80% 为商用计算机。又如，日本陆上自卫队服役的轻型装甲人员输送车，有 40% 的部件和技术为民品和民用技术，引擎、电池等部件都是直接从市场上购买的民品。二是积极采用民用标准或规范。美、英国防部和日本防卫省都对过去所有的军用标准和规范进行了全面清理审查，废止了大量军用标准，提高了民用标准在军品标准化文件中的比例，鼓励承包商最大限度地采用能满足军事需求的民用标准和性能规范，限制使用军用标准。三是鼓励或资助民营企业发展军民两用技术。为此，美国防部成立了两用技术办公室，负责实施《技术再投资计划》，资助民企发展以信息技术为主的军民两用技术。该办公室管理的两用技术项目开发费用分摊的比例是，军方承担 25%，国家出资 25%，其余 50% 由参加项目的企业或公司承担。为发展军民两用技术，英国防部不仅制定了三项计划，即"非国防部门科技研究支持计划""民企科技研究资助计划"和"'探索者'军民两用技术计划"，而且还成立了 5 个军民两用技术中心，负责管理民营军工企业的两用技术开发工作。

"民技军用"是推进新军事革命的战略措施，是建设信息化军队的内在要求。实行"民技军用"的好处很多，主要是：第一，可大量节约科研生产军费开支。美国海军透露，建造信息化水面舰艇和潜艇，通过采购和使用民用信息技术和产品，可降低造价近 50%。法军在开发"紫菀"导弹、机载计算机和基地通信系统时，由于采用了民用技术，使其采办费分别下降了 15%、10% 和 50%。英国国防采办局指出对于那些技术风险低、无须严格审查的项目，直接从市场上采购相关产品，可节省采购费 20%。第二，可降低投资风险，缩短信息化装备列装时间。为此，各国采取的具体做法有二：一是军方在发展信息化武器装备特别是军事信息系统时，让拥有"成熟的民技成果"的民间高科技公司参与其中，研制一种或数种分系统。由于相关高科技公司有良好的技术储备，能很快拿出相关产品，因而可加快信息化武器系统的研制进程。二是军方就某一完整项目，在提出战术技术性能指标要求后，直接向相关有实力、有信誉的民营高技术公司订货。由于这些公司可很快研制出相关产品或装备，因而大大缩短了新型武器装备的列装时间。

（二）美国国防科技工业投资管理研究

1. 美国国防科技工业管理体制及特点

美国国防科技工业是当今世界规模最大、水平最高的。其国防科技工业管理体制如图 3 - 1 所示。美国政府对国防科技工业的管理也是最复杂、最具典型性的。美国政府中涉及国防科技工业管理的主要部门是国防部，还有能源部、宇航局、商务部、国务院等。美国军队受总统、国防部的领导和管理。美国的国防科技工业力量主要是私营企业，还有少量政府、军队的科研生产力量。

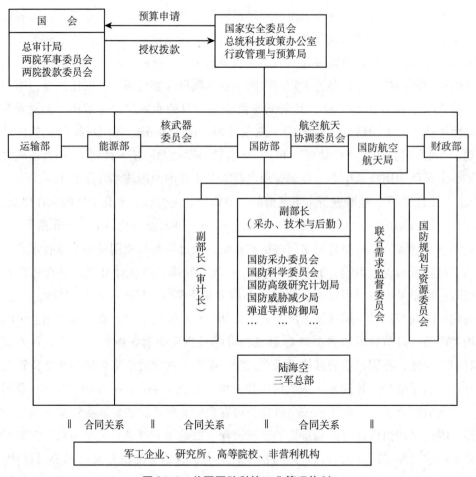

图 3 - 1　美国国防科技工业管理体制

国防部组织军兵种提出武器装备需求，经国会批准和总统签署指令后，由国防部并组织军兵种实施武器装备科研生产计划。在国防部提供的采办经费（包括武器装备购置费和必要的科研生产条件建设费）支持下，政府、军队、私营的科研院所和企业进行武器装备的论证、设计、研制、生产。对核武器、军用航天系统的研制生产，国防部要和能源部、宇航局共同组织实施。美国有一系列法令要求在同等条件下优先采购国产军品，进口军品很少。加之美国国防科技工业的高度发达，国内采购在相当程度上维持了美国的国防科技工业基础。美国虽然没有专门的国防科技工业发展战略文本，但美国政府对国防科技工业发展的各种政策引导、在武器装备发展上的规划计划，事实上形成了一个国防科技工业的发展战略。今后一段时期美国国防科技工业的发展战略总体上是追求全球武器装备优势，不断增加投资，充分利用全国以及全世界的科技工业力量来发展美国的国防科技工业。在军品科研生产过程中，国防部和军队有专门的工作机构进行采办的管理，对军品科研生产的全过程进行监控。国防部每年都要制定关键技术计划，对那些影响武器装备和国防科技工业发展的关键技术给予重点支持。国防部、国务院和商务部对军品的进出口、军工技术转让进行许可管理。

美国国防科技工业管理体制大致呈现出以下几个主要特点。

第一，统分结合。作为美国国防科技工业的最主要的管理部门，美国国防部实行国防部长办公厅统一领导和三军分散实施相结合的管理体制：宏观政策和计划审批、协调由国防部统筹；三军作为武器装备采办全过程的执行部门，在国防部统一领导下，负责本军种采办的具体实施，包括编制军种的采办计划、预算，并组织、协调和落实。因而，这种"统分结合"的管理体制，使得各部门职责分工明确，既有集中统一，又有业务自主。

第二，分级管理、层次分明。具体的采办过程又分两个层次，实行政策、计划和具体实施分开管理：国防部长办公厅及其领导的负责采办、技术与后勤的副部长办公室主管装备采办的方针政策、规划计划、经费预算和业务协调；各军种负责在国防部统一领导下，组织本军种采办计划的制订、项目的实施和经费落实。此外，在各军种内部也分有一定管理层次。这种"分级管理、层次分明"的管理体制，既有利于领导层摆脱具体事务，集中精力做好战略决策和宏观调控，也便于实施层全力抓好项目的管理实施，避免过多的行政干预。

第三，建立了多方位的沟通渠道。国防部负责采办、技术与后勤的副部长办公室设有工业事务副部长帮办和设施副部长帮办职位，以及弱小企业利用局和国际合作局，通过各种手段加强与国防科技工业界的联系。国防部还建立了若干协调委员会，如"航空航天协调委员会"，保持与其他有关政府部门的协作。同时，国防部设联合需求监督委员会，保持与作战指挥部门的联系。这种"建立多方位沟通渠道"的管理体制，可以就重大问题实行集体讨论，有利于吸纳各方意见形成统一决策，并避免了各自为政、政出多门现象的发生。

2. 美国国防科技工业投资体系

美国国防工业投资形式实际上是实现军民一体化转轨模式，将国防工业基础与民用基础融为一体。美国拥有世界上最大的国防工业基础。2011 年，在世界100 家最大的军火生产商中，美国占了 44 家，美国军火公司的武器总销售额占全球总销售额的 60% 以上，占全球武器出口额的 30% 以上。每年与国防部签订主承包合同的国防工业厂商大约 3.5 万家，分承包商约 15 万家，从业人员约 300万人。美国国防工业养活了全美国 25% 的工程师，支撑着美制造业的 20%，资助全美计算机研究的 50%。

从所有制看，美国国防工业基础分为国有和私有两大类，以私有为主。私有部门占国防部科研任务的 70% 以上，生产任务的 90% 以上。国有部门又分为两大类。一类是国有国营，另一类是国有私营，现在已所剩无几。从结构层次看，美国国防工业基础分为三类：第一类是系统主承包商，均为世界知名骨干企业，如洛克希德—马丁公司、波音公司、通用电器公司、雷神公司等。这些公司直接从美国国防部采购部门得到合同，美国国防部科研生产经费的绝大部分落入这些大军火巨头之手。如前 100 家军火公司占有全部国防合同额的 70%～75%，前20 家占有总额的 50%。第二类为分系统—部件承包商。它们一般从系统主承包商那里得到转包合同，并接受国防采购部门监督。第三类为零部件供应商，负责向主承包商提供零部件或原材料。据美国空军一项调查，一项大型武器系统，涉及的分承包商与零部件供应商一般在 1300 家左右。从部门分类看，美国的国防工业基础主要有航空航天导弹工业、军用电子工业、船舶工业、核工业和兵器工业等。更具体地说，在美国，与国防工业基础相关的行业共有 200 余个。其中，军品销售占行业总销售额 10% 以上的有 61 种，占 25% 以上的有 21 种。其中，船舶工业军品销售额占 80% 以上，飞机工业军品占 55%，无线电与电视通信设备军品销售额占 51%。美国正是依靠国会、总统、国防部和三军来决策、实施国防工业投资。

3. 美国国防工业科研机构组成模式

美国国防工业属于典型的资金密集和技术密集型行业，科研活动所支撑的强大科技优势奠定了国防工业的产品优势。美国国防科研机构主要由三大部分构成。

第一，政府科研机构。这是美国国防科研活动的基础力量，包括国防部（含各军种）和能源部所属的研究所、实验室和各类试验鉴定机构，以及国家航空航天局（NASA）的各研究中心。国防部包括三军种共有 38 家研究所、实验室和试验鉴定中心，能源部有 3 家专门从事核武器研究设计的实验室，国家航空航天局有 10 个从事航空航天研究的中心。这些机构从事部分基础研究工作、大部分的应用研究工作以及试验鉴定任务，其中一些机构还要履行政府投资的科研项目的管理职能。国防部与各军种的研究机构主要执行面向任务（特别是面向军种任务）的国防科学和技术计划，承担大约 30% 的基础研究项目、36% 的应用研究项目和 24% 的先期技术发展项目。

第二，高等院校。在美国 3000 余所大专院校中，有条件从事研究的"研究型"大学约有 400 所，其中与国防部有合同关系的超过 200 所。这些大学不仅为美国的军事科研生产输送了大批人才，而且还直接承担了许多军事研究项目，对美国武装力量增强技术基础、保持技术优势发挥了很大作用。大学主要从事基础科研工作，承担了国防部第 6.1 类预算计划中 55% 的工作份额。

第三，工业界科研机构。美国从事国防科研生产的主要企业也是军工科研的重要力量，许多企业都拥有自己的研究机构，例如，西屋电气公司的 56 个研究机构承担了核潜艇反应堆、北极星导弹发射装置等方面的研究工作；波音公司设有专门进行先进技术研究与开发的"鬼怪"工作部等。企业的研究机构主要从事与产品和工艺结合紧密的发展研究和系统设计工作，工业界承担了国防部近 50% 的应用研究和 65% 的先期技术发展任务。

4. 美国国防部实物资本投入分析

美国国防工业在其承担的职能方面，基本由科研、生产和维修三大部分组成。国有和私营机构在其中承担的任务和发挥的作用不尽相同。可以说，私营企业在美国国防工业中占主导地位，但国有机构尤其是国有科研机构又是不可或缺的组成部分。

在科研领域，国防部 1/3 的研究计划由国防部研究机构承担，许多高风险、前瞻性、长周期的探索性研究工作由国防部的国防高级研究计划局完成；国家航空航天局在航空航天等领域承担了大量的民用研究任务；能源部的 3 个核武器研究所则承担了所有的核武器设计和研制任务。私营企业构成的工业界承担了 1/3 的研究计划，以及国防部第 6.4 类预算计划中几乎所有的演示和验证工作。整个美国国防工业界每年可以获得数千亿美元的政府采办合同，其中占科研任务 90% 的私人企业，每年会针对这一市场投入上百亿美元的自有资金进行科研工作。总体来看，美国国防科研经费总额达到每年 1000 亿美元。

在生产领域，国有企业和私营企业在不同产业中所占比例有一定差别。在航空航天工业和军事电子工业中，绝大多数生产厂商都是私营企业；船舶工业中的主要船厂都是私营企业，海军的 4 家船厂主要承担维修和改造任务；兵器工业中有部分弹药、枪炮生产厂属于陆军部，但它们中很多都采用国有私营的运作方式；核武器的生产集中在能源部下属的十几家工厂，而民用核产品几乎都由私营企业生产。

在维修领域，每个军种都有一些大型维修基地为大型武器提供技术保障。但随着"冷战"结束，部分国有维修厂关闭，众多私营开展武器装备维修和升级这部分业务。

美国国防工业中私人企业承担 70% 以上的国防部科研任务，90% 以上的生产任务，以及绝大部分维修任务，且这些企业与美国国防部有大量防务合同，所以从美国联邦政府投入国防开支中用于实物资本投资的数据，即可看出美国国防工业界每年的投资规模（参见表 3 - 1）。

表 3 - 1　　　　　　　　　　美国联邦政府国防实物资本投资列表　　　　　　　单位：亿美元

项目年份	国防实物资本① 投资（当年价）	国防开支（050）② （当年价）	国防实物资本占 国防开支的 比例（%）	国防实物资本投资 （2005 年不变价）
1980	304.9	1340	22.8	455
1981	391.0	1575	24.8	507
1982	479.6	1853	25.9	574
1983	592.2	2099	28.2	672
1984	682.3	2274	30.0	745
1985	779.6	2527	30.9	848
1986	846.6	2734	31.0	943
1987	895.3	2820	31.7	1021
1988	857.0	2904	29.5	998

① 注：实物资产是指有物质形态的资产。它包括存货和固定资产等。存货包括库存材料、成品以及生产中的半成品。固定资产，是指使用期超过一年的房屋、建筑物、机器、机械、运输工具以及其他与生产、经营有关的设备、器具、工具等。不属于生产、经营主要设备的物品，单价在 2000 元以上，并且使用期超过两年的，也应作为固定资产。会计中的固定资产是指同时具有下列特征的有形资产：（1）为生产商品、提供劳务、出租或经营管理而持有的；（2）使用寿命超过一个会计年度。实物资产和固定资产两者之间的关系：（1）从会计的角度来说：实物资产包括固定资产；（2）其他方面该是一样的。因此，此处以美国联邦政府公布的实物资本投资数据作为美国国防工业固定资产投资数据参考。

② 美国国防开支（050）包括：国防部开支（051）、能源部门开支（053）、其他相关国防开支（054）。

续表

项目年份	国防实物资本投资（当年价）	国防开支（050）（当年价）	国防实物资本占国防开支的比例（%）	国防实物资本投资（2005年不变价）
1989	904.9	3036	29.8	1046
1990	897.0	2993	30.0	1021
1991	892.2	2733	32.6	989
1992	823.6	2983	27.6	902
1993	761.4	2911	26.2	815
1994	667.3	2816	23.7	697
1995	598.7	2721	22.0	614
1996	549.6	2657	20.7	555
1997	524.0	2705	19.4	538
1998	535.5	2682	20.0	554
1999	538.8	2748	19.6	554
2000	560.6	2944	19.0	573
2001	610.4	3047	20.0	627
2002	683.4	3485	19.6	710
2003	747.1	4047	18.5	772
2004	836.1	4558	18.3	855
2005	894.7	4953	18.1	895
2006	972.7	5218	18.6	955
2007	1078.3	5513	19.6	1042
2008	1263.1	6161	20.5	1204
2009	1397.1	6610	21.1	1323
2010	1472.2	6936	21.2	1384
2011	1684.1	7682	21.9	1562
2012	1517.9	7375	20.6	1389
总和	27239.2	11964		28339

数据来源：

（1）1980～2012年美国联邦政府实物资本当年价和2005年不变价数据来自《美国联邦政府2012年历史数据概览》（Historical Tables of Fiscal Year 2012 Budget of the U. S. Government）第186、187页。

（2）1980～2012年国防开支数据来自美国战略和预算评估中心的Todd Harisson撰写的《2012年国防预算分析》（Analysis of the FY Defense Budget）第71页。

以 2005 年不变价计算，美国联邦政府在国防实物资本上的投入从 1980～2012 年的变化如图 3-2。1980 年以来，美国国防实物资本投资呈"Z"字形变化。1980～1988 年前后，直线上升，1987～1989 年，联邦政府实物资本投资额达 1000 亿美元左右。1989 年以后，实物资本投资直线下降，于 1997 年下降至谷底，为 538 亿美元。1997 年以后，联邦政府的实物资本投资直线上升，于 2011 年达到顶峰，为 1562 亿美元。随后，2012 年，美国实物资本投资额比上一年陡然下降 11.1%，达 1389 亿美元（参见图 3-2）。

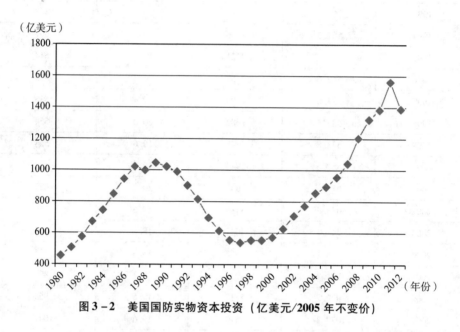

（亿美元）

图 3-2　美国国防实物资本投资（亿美元/2005 年不变价）

1980～2012 年，美国联邦政府实物资本投资总额按当年美元价计算达 27239.2 亿美元；按 2005 年不变美元计算达 28339 亿美元，年均投资达 858.8 亿美元。同期国防开支总额按当年美元价计算达 11.964 万亿美元。33 年间，美国联邦政府用于实物资本投资总额占国防开支总额的比例为 22.8%。如图 3-3，1980～1994 年，美国国防实物资本投资占国防开支比例超过 33 年平均值，达 28.3%；1991 年峰值更是达 32.6%。1991 年以后，美国国防实物资本投资占国防开支的比重直线下滑，直至 1997 年下滑至 19.4% 以后，才有所回升。2000 年以来，尤其是"9·11"事件后，美国国防战略发生重大调整，追求"先发制人、快速打击"，上马多项信息化集成武器装备系统的研发和采购。2000～2012

年，国防实物资本占国防开支比例平均达19.8%，国防实物资本占国防开支的比例呈先降后升趋势：2000～2007年，平均值不超过20%；在2008年以后，该值一直超过20%。

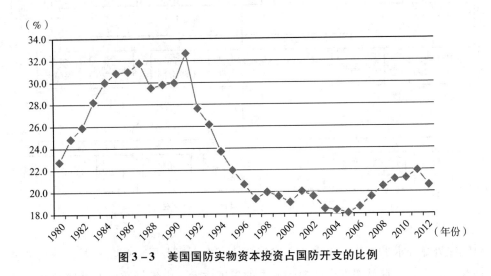

图3－3　美国国防实物资本投资占国防开支的比例

（三）俄罗斯国防科技工业投资管理研究

1. 俄罗斯国防科技工业管理体制及特点

苏联解体后，俄罗斯继承了苏联的主要国防科技工业。苏联曾是与美国并驾齐驱的世界军工超级大国，但其管理模式与美国大不相同。俄罗斯的管理模式一直在不断变化，与苏联已有很大不同，并且还在处于变动之中。目前其国防科技工业管理体制见图3－4。

苏联是苏共集中统一领导的政治体制，对国防科技工业发展的任何重大决策都要由苏共中央最高领导决定。苏联政府（部长会议）对国防科技工业的管理是在苏共中央的领导下进行的。部长会议内的国防部和各国防工业部共同对国防科技工业实施具体管理。苏联的军工科研院所、企业均为国有。国防部代表军队提出武器装备需求，各国防工业部组织所属科研院所和企业进行武器装备的科研生产。武器装备的定价基本上由国防部和各国防工业部决定，军工科研院所和企业的一切运行费用由政府承担（各国防工业部具体实施投资管理）。苏联国防科技工业的发展战略是紧追美国，集中国家财力发展军工，建立专门的军工体系，以

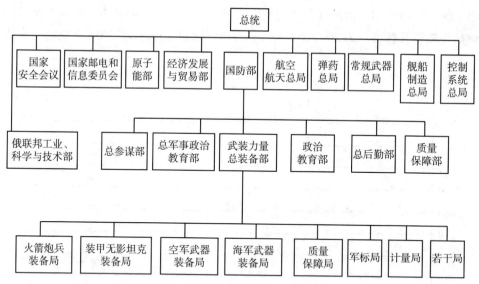

图3－4　俄罗斯国防科技工业管理体制

规模优势弥补水平劣势，争取与美国的总体实力不相上下。苏联武器装备几乎全是国产，但也一直是想方设法搞到西方的先进技术。由于行政上的隶属关系，对武器装备科研生产的管理是以政府各国防工业部和军工科研院所、企业共同承担的，国防部和军方的作用并不突出。对军品贸易的管理，则要涉及国防部、外交部、各国防工业部，由部长会议和苏共中央最后决策。

俄罗斯独立后，由于其他领域实力特别是经济实力的大幅度下降，国防科技工业成为俄维持大国地位的一个重要砝码。俄罗斯实施了确保国防科技工业力量不能流失，继续在重点领域保持领先，与美国有一定的抗衡能力的发展战略，确保总体上仅次于美国，并在某些方面不亚于美国，同时大大领先于其他国家。国防科技工业的政府管理则由工业科技部承担，国防部通过军品订购参与管理。由于国内需求剧降，政府积极鼓励军品出口，放松管制。对军工科研生产的管理基本由科研院所和企业自主，国防部和军方仅对国内采办进行管理监督。军品贸易由工业科技部、国防部、外交部共同管理。

俄罗斯国防科技工业管理体制呈现出的主要特点是：国防科技工业管理体制处于不断的改革和调整中，但总体趋势是国防科研和生产的规划和费用管理权逐步向国防部集中；国防科技工业管理体制由多个国防科技工业部门的设置向国家综合部门融合。具体的管理机构可分为国防部和其他政府部门两个系列，分别从不同角度进行管理。

2. 俄罗斯国防科技工业投资体系

（1）国防工业产业结构体系。俄罗斯继承了苏联 70% 以上的军工企业，80% 的科研能力，85% 的军工生产设备和 90% 的科技潜力，国防工业体系庞大，国防工业基础雄厚，门类齐全，科研、生产能力强大，是世界上唯一能够生产所有武器及武器零部件的国家。现有国防工业企业约 1630 家（不含原子能部所属企业），军事科研机构 650 家，从业人员 300 多万人，其中科技人员 60 多万人。

从武器装备的部门结构上看，除了生产核武器、生物武器和化学武器等特种生产部门外，俄罗斯国防工业产业结构体系可分为 9 大门类：第一类是生产各种作战车辆的企业；第二类是生产炮兵武器的企业；第三类是生产步兵武器的企业；第四类是生产火箭和导弹武器系统的企业；第五类是生产 C^3I 系统的企业；第六类是生产弹药和弹头的企业；第七类是生产各种空战兵器，包括各型军用飞机和直升飞机的企业；第八类是生产海战武器（包括航空母舰）的企业；第九类是生产航空器材的企业。

（2）军工企业组织体系。经过多年的改革，俄罗斯国防工业生产体系的所有制结构发生了重大的变化，逐步形成了一个由多种所有制形式并存的混合型经济体系。有三大类别：第一类，是以军品为主的国有制企业。这类企业由国家重点保护，是各个军工行业中的骨干企业。这类企业有 700 家左右，占总数的 43%，其中 273 家禁止股份制化。第二类，是军民品并重的国家参与的股份公司。此类公司在生产军品的同时，积极扩大民品生产，大多数公司的民品生产比例超过公司产值的一半以上。国家拨款只占 20%～25%，其余的经费主要靠军品出口、生产民品及与国外合作研制新产品获得。这类企业目前有 470 家，占总数的 29%，其中 165 家禁止出售国有股份。第三类，是完全私有化的企业。此类企业一般是一些规模较小的、在军工生产中不很重要的军工企业。其产权为私人所有，已完全私有化。目前有 460 家左右，占总数的 28%。对这类企业，政府只根据合同拨款。

（3）国防科研体系。俄罗斯国防科学技术体系配套能力强，能自行开发、研制、设计和生产各种武器装备。和苏联时期相比，俄罗斯的国防科学技术体系有向国防部统一归口管理的趋势，国防部已经掌握了武器装备发展的规划计划权、费用管理权以及采购权，主要通过招标制向国防科研院所、设计局、军工综合体和生产企业下达有关国防科技方面的任务。国防部武装力量装备部是俄国防科技体系中实施武器装备科研和生产的政府执行部门。俄罗斯的四大军种均设有装备技术部，其任务是根据本军种的需要，进行武器的战术和技术论证，向国防部武装力量装备部提出战术技术任务书；围绕部队的装备的需求开展预研工作；对投产前的新武器装备进行严格的试验等。除国防部外，在俄政府中，俄总统对国防科学技术体系总负责。俄联邦委员会所属"安全与国防问题委员会"和国家杜马所属的"国防委员会"也对国防科技发展战略以及军事装备和生产等问题做出决策性意见。俄罗斯目前约有650家各类国防工业科研机构，60多万科技人员（另有约40万人流向国外）。俄罗斯国防科研体系主要由四个层次的科研机构组成，一是国家级科研机构，主要有茹科夫斯中央空气与流体动力学研究院、巴拉诺夫中央航空发动机研究院、全俄动能物理科学研究院联邦研究中心、全俄航空材料研究院、格格莫夫飞行试验研究院等11家。这些科研机构是俄国防科研各领域的主要力量，其所需经费约3/4由国家拨款，其余的靠自筹解决。主要职责：一是承担前瞻性强、国防科研重大项目的研究，对设计局提出的设计方案作国家级鉴定、对武器装备的性能、安全性做出权威性的最终结论，编制国家国防科技发展大纲、制订标准和其他一些国家规定性文件等。二是为各行业服务的部门级国防科研机构，这些科研机构国家不拨款，其研究经费主要通过合同方式获得，是国防科技各相关专业领域的科研机构。三是各企业集团自身的科研机构以及大学科研机构。各企业科研机构主要围绕产品型号设计和生产开展研究，经费主要来源于企业。四是大学科研机构，主要是进行基础性研究，并且以合同方式承接国防企业和研究院的科研项目。

3. 俄罗斯国防工业投资分析

（1）军品产量下降，民品产量上升。通过对国防工业体进行市场导向的整合，俄罗斯国防工业体的结构进一步优化、效率不断提高、竞争力逐渐增强。经过自20世纪80年代以来的转型，其国防工业体的内部结构发生了很大的变化，整个体系得到了一定的优化整合，并形成了相对集中的集团公司。国防工业体转型推动了国防工业体内部军民产品结构的优化，并对俄罗斯产业结构的调整和优化组合发挥了较强的积极作用。目前，俄罗斯国防工业体中军民产品生产的结构比例发生了很大变化（见表3-2、图3-5）。

表 3 – 2　　　　　1989～2015 年军民产品在俄罗斯国防工业产出总量中的比重　　　　单位：%

项目	1989 年	1990 年	1991 年	1992 年	1993 年	1994 年	1995 年	1996 年
军工产品	60.0	51.5	42.5	53.2	46.5	46.4	47.9	50.2
民用产品	40.0	48.5	57.5	46.8	53.5	53.6	52.1	49.8
项目	1997 年	1998 年	1999 年	2000 年	2001 年	2002 年	2005 年	2015 年
军工产品	42.8	46.1	54.3	55.5	52.8	58.1	55	40
民用产品	57.2	53.9	45.7	44.5	47.2	41.9	45	60

注：2015 年的军品、民品比重为俄罗斯 2012 年颁布的《到 2020 年全面改进俄罗斯国防工业综合体的计划》中数据。

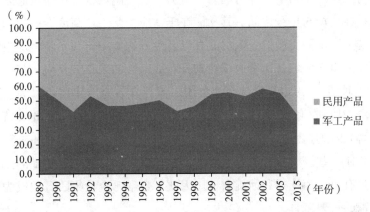

图 3 – 5　1989～2015 年军民产品在俄罗斯国防工业产出总量中的比重

　　如图 3 – 5 所示，俄罗斯国防工业产量中的军品、民品比例从 1989 年的 6∶4 变成 2015 年 4∶6；其改革力度可见一斑。普京当选为总统后，加速了组建大型国防公司的步伐。2001 年 10 月俄罗斯通过了《2002～2006 年国防工业综合体的改革与发展》和《2010 年前国防工业综合体改组的长期规划》，重新确立国防工业改革的方向，着力打造具有竞争力的大型军工集团，把包括 900 个科研机构在内的 1700 家国防工业企业合并为 40 家左右超大型国防科研生产综合体，形成俄国防工业的新架构，使其符合国防建设的要求。俄罗斯政府分两个阶段实施新方案。第一阶段从 2001～2004 年，选择一批国防公司组成国防工业，作为国防工业综合体的核心，在此基础上形成国防产业结构；第二阶段从 2005～2006 年，对在第一阶段中被选中企业进行大规模重组与合并，形成国防公司的"巨无霸"。

这些"巨无霸"分成三个部门：第一部门制造飞机、坦克、直升机、军舰等武器；第二部门制造三军的武器系统，第三部门则生产动力装置和保障系统。目前，俄罗斯基本上按照原设想进行国防工业的改组，取得了一些进展，比如，有46家防空导弹和空间科研生产机构合并组成"金刚石—安泰"防空武器工业联合体，成为俄罗斯最大的防空导弹公司，年出口创汇5亿~10亿美元。同时，国防工业的领导人大力呼吁创立跨国公司，以适应国防工业国际化、全球化的发展趋势，增强国防工业的国际竞争力。跨国公司将成为未来俄罗斯国防工业集团化、一体化的重要模式。

同时，这些大集团与其他机构和银行联合，形成协会或金融—企业集团。它来源于国防工业改革初期。那时国防工业为了解决困难，公司联合起来成立了协会，特别是在公司与银行之间。其功能在于适应国防工业高度专业化和横向联合的需要，有利于不同类型的企业的联合以及生产的集中化和不断将新技术成果并入集团并投入生产领域。协会内部特别具有战略性的因素就是引入信用实体—银行，与之"联姻"，形成金融—企业集团。银行介入企业集团可以为企业的资金来源提供更加便利、多元的渠道，还可以便利企业的各种经营业务（特别是大宗武器的销售），增强企业的竞争力，甚至可以影响到企业的管理和决策。更为重要的是，它使一些濒于破产的企业起死回生，使一些具有一定基础的企业在转产与重建中具有更多的选择和回旋余地。因此，金融—企业集团日益成为俄罗斯国防工业政策的重要工具。

（2）21世纪以来国防工业出口大幅增长。出口结构方面，尽管在未来相当长的时期里，能源和原材料的出口仍是其出口的主要且关键性的力量，但高新技术产品的出口在整个出口总量中的地位在不断提升，而且高新技术产品的出口又主要依靠国防工业体的技术实力和技术基础。但应当指出的是，未来俄罗斯国防工业体转型过程中仍存在许多问题急待解决。正如普京在国家安全会议上指出的那样，目前俄罗斯国防工业体仍缺乏极具影响力的结构转型，而且设备老化严重，如在造船、弹药生产、专门化学和元素基础等领域的战略性发展和改革尚待进一步深入。

俄罗斯政府增强了政府财政投入的目的性，加大对高新技术领域的投入，提高资金的使用效率，并推动了军工产品及军工技术的出口及国防工业体的兼并与重组。如表3所示，2007年，俄罗斯国防工业体的产品出口量已是1992年的2.5倍多。这充分说明了通过整合重组后的国防工业体在各种有利因素的共同作用下，已经出现了良好的发展势头，也充分说明了俄罗斯国防工业体自身潜能的存在和不断发挥。国防工业体在对外贸易中的作用是显而易见的，而且对国民经济的推动和支撑作用也在不断提升，见图3-6。

表3-3			1992～2007年俄罗斯军工出口情况			单位：亿美元	
项目	1992年	1994年	1996年	1997年	1998年	1999年	2000年
出口额	27.0	17.2	35.2	26.0	26.1	33.9	36.8
项目	2001年	2002年	2003年	2004年	2005年	2006年	2007年
出口额	37.1	48.1	54.0	58.0	61.3	65.0	75.0

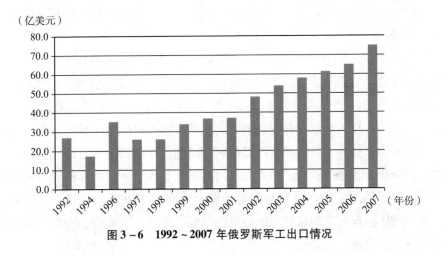

图3-6　1992～2007年俄罗斯军工出口情况

（3）增加国防工业体财政支出，军事新领域技术研发提升。在国防工业体的整合过程中，俄政府最重要、最基本的任务是保存和实现现有武器的现代化，同时加强新武器的研发工作。为实施该计划，俄政府在2002～2006年的5年里，将国防工业财政支出的40%主要投向军事领域新技术的研发方面，而在原有的体系下，政府的预算难以为继。据资料显示，2002年俄国防领域的所有债务已全部偿还，政府对国防的订购增长了117.1%。随着经济的逐渐复苏，经济实力的不断增强，俄罗斯不断增加国防工业领域的财政支出。2002年政府对国防工业体的整个预算为800亿卢布，2003年增加至1130亿卢布，2004年在2003年的基础上又增加了30%，达1480亿卢布，2005年更加增至1869亿卢布。2005年用于国防工业体的政府预算中有 628 亿卢布，占整个预算的 33.6% 的资金用于其中的科学研究和设计试验工作。

俄罗斯的《2007～2015 年国家武器装备计划》（SAP2007－2015）是国防工业基础发展计划的核心，提供了总计约 1850 亿美元来重新装备武装力量。俄罗斯重新投资于国防研究与技术基础是保持其在关键出口市场成功的关键。俄罗斯副总理德米特里·洛克金表示，俄罗斯政府常务委员会于 2012 年 2 月 22 日批准了《到 2020 年全面改进俄罗斯国防工业综合体的计划》，预计将投资 3 万亿卢布（约合 1008 亿美元）。该项目主要致力于加强科学技术、制造能力，建立先进的国防基础设施，希望通过对国防工业的大规模投资，带动俄罗斯经济发展。

4. 美、俄两国国防科技工业投资经验对我国的启示

从以上所阐述的美国、俄罗斯等主要军工大国国防科技工业管理体制及特点，我们可以得到以下几点启示。

（1）军政统一的管理组织架构。各国都实行政府对国防科技工业集中统一进行投资、管理，政府承担维持国家国防科技工业基础的责任，提出国内（军队）的武器装备需求，进行武器装备采办，管制军品进出口。军队在政府的管理之下，参与国防科技工业建设和管理的有关活动。军工科研生产单位负责武器装备的具体研制生产任务，自主经营，以赢利为目的。我国的情况与国外不同，政府有主管国防科技工业的机构，军队有专门的武器装备采办和管理机构，两者无隶属关系，军工科研生产单位又为国有国营，不完全是以营利为目的。政府、军方、科研院所企业三者间这种职能与责任上的或交叉、或错位，影响了国防科技工业的建设和发展。

（2）完善的国防科技工业投融资管理体系。各国对国防科技工业几乎都采取了投资支持政策，通过政府（军队）采购和保障军工科研生产的必要条件投资建设，维持和发展本国的国防科技工业基础。我国对国防科技工业的投资采取对"军工行业"的军品科研生产给予了税收上的优惠补贴，这在计划经济时代有其必然性，但在市场经济条件下就有许多不适应了。

（3）政府为主导的国防科技工业科研生产管理。对军品科研生产，各国主要是通过政府监督和科研生产单位具体实施管理来进行，军方往往是代表政府作为用户来实施具体采办。规划计划的制定实施、关键技术政策的制定实施都是由政府承担，预研、型号研制、军品科研生产经费、国家投资资产的管理通过政府的代表、军队和科研生产单位作为供需两方进行共同管理，军转民则由政府的引

导、推动和企业的自发努力相结合来开展，人力资源的管理上，国家养一批专业人员，大多数人员则由市场来养。我国主要是军方来对军品科研生产进行监督管理，同时实施采办，政府主管部门的作用薄弱，企业的自主性缺乏。

（4）以我为主的军品采购政策。各国的军品采购基本上是同等条件下优先国内采购，加之国际协作、分工的比较成熟，对国外的采购往往是本国不生产或生产不合算的军品，不会影响本国国防科技工业的发展。而我国的情况则很特殊，由于一方面要维持一个独立自主、又有一定能力水平的国防科技工业，另一方面我国国防科技工业的基础还不很强。目前，从经济上讲，从国外采购的合算；但从军事上讲，从国外采购尽管可以满足急需，但从长远看并不利于国防科技工业的发展，也不能解决国内采购的矛盾。过去我军的武器装备采购几乎完全是国内采购，这在很大程度上扶持了国防科技工业的发展，国内采购与国外采购之间的矛盾并不突出。改革开放后，随着我军武器装备国外采购的不断增加，国内军工企业在国外的市场又很有限，军品国内采购与国外采购之间的矛盾开始凸显。在对武器装备采办及合同的管理方面，政府职能与军方职能的交叉和错位影响着军工科研生产的高效运行。

（5）政府对军贸、军工技术转让、军工国际合作实行统一管理。各军工大国无不重视军品贸易（包括军工技术转让、军工国际合作等）的重要政治、军事和经济意义及影响。不仅各国政府都有专门的军贸统一管理机构，而且还有许多国际间军贸活动协调机构。我国军贸管理体制的集中统一职能还不强，不仅存在着军贸企业内部竞争的问题，也难以充分发挥企业的科研生产能力。

四、军工固定资产投资改革的有关建议

（一）构建符合中国国情的国防科技工业管理体制模式

由前所述，美、俄、日等国的实践表明，没有政府的管理调控，国防科技工业不可能发展起来并发展好。在各国国防科技工业的发展历程中，政府的管理调控都起到了必不可少的重要作用。而在当前我国国防科技工业管理体制中，政府因素恰恰是最薄弱的环节。当然，我们不可能照搬照抄别国的经验，正如公共行政大师罗伯特·达尔在《行政学的三个问题》中曾指出："从某一个国家的行政环境归纳出来的概论，不能够立刻予以普遍化，或被应用到另一个不同环境的行

政管理上去。一个理论是否适用于另一个不同的场合，必须把那个特殊场合加以研究之后才可以判定。"浙江大学的张钢教授在其《公共管理学引论》中也认为："在我国公共管理实现跨越式发展的进程中，（国外）公共部门的管理技术和管理制度的引进是不可避免的，而无论公共管理技术还是公共管理制度，本质上都是情境依赖的，也就是说它们总是根植于特定的历史背景、文化价值观和更大的制度框架之中。"

正是在这种大的背景下，亦正因为我国政府体制、国防体制的特殊性，因而国务院、中央军委设置为平行机构，国防部非实体。国务院国防科技工业主管部门对国防科技工业仅实施基本建设和技术改造的投资管理，军队装备管理部门实施军品的订购。事实上，对军品科研生产的管理，涉及军方和政府主管部门，以及具体的军工科研生产单位。我国国防科技工业的管理体制自新中国成立以来变化较大。但总的看来，就是在不断调整政府、军队、军工科研院所和企业三者间的关系。

在我国现有的公共行政生态环境特别是政府体制和国防体制下，要形成具有中国特色的国防科技工业管理体制，总的指导思想应是：充分利用国家投入和国内全社会及国外一切可利用的力量，充分发挥军工科研生产力量的积极性和创造性，持续、健康地建设和发展国防科技工业。基本原则是政企分开、供需分开。即在职能、责任上要明确好政府和军工集团公司；供方（军工科研生产单位）和需方（军队使用部门）间的关系。政府国防科技工业主管部门作为负责国防科技工业建设和提供武器装备的政府组成部门，具有供方的性质，作为武器装备用户——国家、政府的组成部门，又具有需方的性质，因此地位最为重要，作用最为关键，必须起到有效的管理调控和监督的作用。要运用政府投入来确保国防科技工业基础的不断加强，利用市场机制来促进国防科技工业能力、水平的不断上升。目标模式即是理顺政府主管部门、军队使用部门和军工科研生产单位三者间的关系，建立起各司其职、协调运转、集中统一的管理体制，形成植根于市场机制上政府集中统一宏观管理调控的国防科技工业良性循环机制。

（二）完善中央和地方两级政府国防科技工业组织管理机构

1. 完善中央和地方两级政府管理组织体系

建立中央和地方两级国防科技工业政府管理组织架构，一是基于国防科技工业特性的考虑，反映了国防科技工业管理上的特殊要求。国防科技工业生产的武器装备是一种特殊商品,是典型的非竞争性公共产品。但为了提高它的运行效率,也有必要引入市场竞争机制,适度开展竞争,而这种竞争又只能是在政府监控之下的竞争。即使在高度市场化的西方国家,政府也要代表国家利益和国家意志,对武器装备的科研、生产、销售进行较强的干预,承担比一般竞争性行业更多的管理职能。当这种管理职能过重时,一般有两种选择:要么在中央一级增设机构;要么向地方政府分权。经我国改革开放的实践经验证明,后一种选择更为有利。

　　二是基于我国国情的考虑,反映了我国特定行政环境的需要。一定的行政组织是建立在一定经济结构之上的上层建筑,是其所处的行政环境的产物。我国国防科技工业两级政府管理体制之所以能沿袭几十年,就是因为它适应了包括经济体制在内的我国特殊的行政环境。首先,我国的市场经济还不是很完善,目前还处于由计划经济向社会主义市场经济转轨的时期,面对的是一个不完善、不成熟的市场环境,这与西方发达国家难以相比。西方发达国家的市场经济随资本主义一起,经历了200多年的发展,已达到十分成熟和完善的程度。健全的市场体系成为资源配置和经济发展的主要力量,各种形式的民间组织越来越多地承担起本来由政府负责的组织、管理和协调功能,出现了政府职能市场化的趋势。显然,要在我国形成这样一种市场环境,还需要相当一段时间,而在这种市场环境形成以前,国防科技工业的政府管理职能是不能削弱的。其次,我国经济是以公有制为主体、国有经济为主导、多种经济成分共同发展的经济,我国的国防科技工业从一开始就是由国家投资建设、国有程度最高的行业。即使在产权制度改革以后,国有独资和国有控股企业依然是我国国防科技工业的主体。而在西方国家,国防科技工业的主体是私有企业,原来由国家投资建设的国有军工企业也逐步实现了私有化。经济制度不同,管理体制不可能一样。军工国有程度较高的印度,政府对国防科技工业的监控也明显高于其他国家。法国在推行军工私有化过程中,始终坚持在重要军工企业中的控股和计划指导地位,牢牢控制着主要军工企业的重大决策权和终审权。我国政府对国防科技工业管理任务显然比这些国家更为繁重,没有两级政府共同承担是难以胜任的。同时还要看到,我国幅员辽阔,国情复杂,各地发展很不平衡,而军工布局又相当分散,所处的社会经济环境差别很大。如果由中央一级政府对国防科技工业实行集中管理,就不可能做到因地制宜,难免产生"一刀切"等弊端。而地方管理机构熟悉地方情况,贴近基层企业,便于有针对性地执行中央决策或进行补充性决策,并对决策执行情况进行有效的监督控制。这是中央管理机构难以取代的。在我国，国防科技工业只有实行两级政府管理，才能实现统一性和多样性的结合，在中央统一领导下做到因地制宜，从而加快国防科技工业的发展。

当前完善中央和地方两级政府管理组织体系，首先，要加强地方政府国防科技工业管理机构的建设。特别是在一些民营经济比较发达的省市，如上海、广东、江苏、浙江等省市，积极组织民口单位广泛参与军品科研生产，加快寓军于民国防科技工业新体系的建立和发展，都需要政府部门的协调、监督和管理，而正是在这些地方，目前国防科技工业政府管理机构仅仅设置为国资委或经贸委的内部处室，显然难以适应国防科技工业改革发展的要求。其次，要进一步明确地方管理机构的职责权限，尤其要"授人以渔"而非"授人以鱼"，同时进一步理顺中央和地方两级管理机构的运行机制和工作关系，充分发挥地方管理组织机构的积极性和创造性。

2. 理顺军政、政企关系

根据我国的具体情况，特别是军政分设体制前提下，理顺国防科技工业管理体制中的军政关系，有两条途径可以选择，一条途径是"做实"国防部，即赋予国防部代表政府在军品科研生产、采购等方面的管理权力。然而这条途径在当前的政治体制下实现的可能性较小。另一条途径是明确"军方—需方、政府—供方"这样一种关系，以此为契机推动军品科研生产的统一规划和统一管理体制的建立。

理顺政企关系的关键是要通过明确军工资产的管理职能入手，明确政府的职责权限。这也是在当前我国客观行政生态环境中，必须而且应当可以疏通的国防科技工业管理"瓶颈"。《中华人民共和国国防法》已明确规定了"国防资产"的概念，即"国家为武装力量建设、国防科研生产和其他建设直接投入的资金、划拨使用的土地等资源，以及由此形成的用于国防目的的武器装备设施、物资器材、技术成果等属于国防资产。"按照这条规定，国防资产主要包括用于军队建设的国防资产、用于军工国防科研生产的国防资产和其他国防资产。用于军队建设的国防资产（简称军队国防资产），用于军工国防科研生产的国防资产（简称军工国防资产）。就目前的实情看，作为国有资产的特殊部分，军工国防资产产权主体事实上存在虚位问题。此外，《中华人民共和国国防法》还具体规定了国防资产的归属权和处置权："国防资产归国家所有"，"国务院领导和管理国防科研生产，管理国防经费和国防资产"，"未经国务院、中央军委或者国务院、中央军委授权的机构批准，国防资产的占有、使用单位不得改变国防资产用于国防的目的"。国防资产是国有资产中的特殊部分，占有、使用单位只有用于国防目的的使用权，而没有改变国防资产属性的处置权。

从现实情况看，十二大军工集团公司已经国务院授权经营和管理本集团内的国有资产（还不包括研究院所的国有资产），但并没有处置国防资产的授权，国防资产不管配置在哪里，包括军工集团、军用电子企事业单位、大专院校、协作配套单位、地方兵工企业，不论是配置在中央直属企事业单位，还是实行属地化管理的企事业单位，只要是由国家直接投入所形成的国防资产，其管理权，特别是配置权和处置权都是在中央一级。在军工集团公司，由集团公司总部代表国家管理和经营全部国有资产，但不能自行行使调整国防科研生产能力（军工国防资产重组）的权力。在实行属地化管理的军用电子企业、民品配套企业、地方兵工企业，其军工国防资产产权也处于模糊状态，基本上以地方政府的利益取向实施产权管理，但在法律上地方政府不能作为国家投入所形成的军工国防资产的产权主体；更有一些特殊的专项投入资金所形成的军工国防资产，例如国防科研重点实验室、"863"项目等，均实行非法人实体管理的方式运行，其军工国防资产基本上处于无主管状态，或无产权主体状态。近几年来，经常出现某些军工企业（或地方企业）破产进入法律程序时，军工国防资产处于无人认领的状况；也出现了一些向地方企业投入军品技改经费时，不知由谁来代表国家行使这部分军工国防资产管理权的现象。这种军工国防资产产权主体虚位的状况，已经对军工的调整和改革产生了较大的影响。

军工国防资产不同于一般国有资产和军队国防资产，从经济管理的角度，有其特有的性质。

第一，国防属性。军工国防资产是特殊用途的国有资产，军工国防资产的规模和质量，是体现一个国家的国防实力和潜力的重要标志之一。军工国防资产是为国防利益而投入和存在的科技与工业的物质基础，损害军工国防资产，就是损害国家国防利益。军工国防资产的经济本质主要应界定为公益性国有资产。

第二，公益性资产与经营性资产并存。军工国防资产一律都划为公益性资产不完全符合其实际情况，有些军工国防资产只能用于军工，应严格按公益性资产考核和管理；有些军工国防资产的技术属性与一般民用资产相通，可以有条件地作经营使用，其收益按规定仍用于国防科研生产，管理上仍应基本按公益性资产考核和管理；其余相当多的军工国防资产属于军民兼用类型的，则应按经营性资产考核和管理。因此，军工国防资产的经济属性类别比较复杂，应加以界定，在管理上有所区别。

第三，不能仅采用一般的价值形态管理。军工国防资产管理长年沿用计划经济管理模式，注重实物形态管理。自从国家授权军工集团公司管理各自范围内的国有资产后，财政部对其有明确的保值增值要求，军工集团公司的资产管理逐渐向价值形态管理过渡。但是，军工国防资产事关国防安全，不能仅适用一般价值形态管理，需要探索适应市场经济条件下对特殊公益性军工国防资产的管理方式。

第四，涉及面广、分布较散。军工国防资产就其行业归属来说，涉及十几个行业；就其占有单位的性质来说，随着改革开放不断深入，国家为国防科研生产的投入，已开始突破军工集团的范围，涉及一些非国有经济单位；就其财政来源渠道来说，既有中央企业，又有地方企业。

综上所述，明确政府对军工国防资产的统一管理职能不仅必要而且必须，同时这也是理顺国防科技工业管理体制中政企关系的关键。总体来讲，政府职能应包括以下几个方面的内容：一是根据国防建设的需要，确定军工国防资产的规模、结构和布局；二是组织研究并制定有关军工国防资产的使用和运营，负责国防资产的统计、核资，审批军工国防资产的转移、产权变更等事项，保障军工国防资产安全、完整和有效；三是对重要设备、设施以及国防科研生产能力（如生产线）进行实物形态管理；相应地，目前仍然由各军工集团公司承担的类似行政管理职责就应归并于国防科技工业各级政府管理机构，也只有如此，才能推动各军工集团公司真正成为市场竞争主体。

3. 依照新公共管理理念转变管理职能

政府职能的转变是一个长期的、没有止境的过程。在市场经济发展的不同阶段，政府职能转变被赋予了不同的内涵，只有在不断的适应中政府职能才能找到它最适合的状态和限度。

与传统的以威尔逊、古德诺的政治与行政的二分法和以韦伯的科层制理论为基础的官僚制的行政管理理论不同，新公共管理思想以现代经济学和私营企业的管理理论与方法作为自己的理论基础，不强调利用集权、监督以及加强责任制的方法来改善行政绩效，而是主张在政府管理中采纳企业化的管理方法来提高管理效率，在公共管理中引入竞争机制来提高服务的质量和水平，强调公共管理以市场或顾客为导向来改善行政绩效。经济合作与发展组织（OEDC）通过对发达国家政府改革的研究，对新公共管理的主要内涵作了总结归纳。认为新公共管理与传统行政管理有所不同，其主要主张有：政府服务应以社会和公众的需求为导向；更加重视政府的产出、结果、效率和质量；主张放松行政规制，实行绩效目标管理，强调对绩效目标完成情况的测量和评估；政府应广泛采用企业中成本—效益分析、全面质量管理、目标管理等管理方式；取消公共服务供给的垄断，对某些公营部门实行民营化，让更多的私营部门参与公共服务的供给；重视人力资源管理，提高人事管理的灵活性等。

新公共管理理论是当代国外行政改革的主要理论基础，影响十分广泛，对我国国防科技工业管理体制改革，特别在政府职能定位方面具有重要的现实的指导意义。

国防科技工业的管理有其与其他行业相同的内容，如企业管理、技术管理、财务管理等，但更有其特殊的管理内容，这些特殊的管理内容主要集中在政府管理模式上。政府对国防科技工业的管理，远比对其他行业的管理更重要，其更具有特点。政府对国防科技工业管理职能的转变应主要体现在以下几个方面：第一，要从长远出发，制定和实施国防科技工业的发展战略，包括国防科技工业的发展目标（结构、组织、布局、规模、水平等），发展步骤、实施的手段等；第二，要对国防科技工业实施合理的投资扶持，或是政府出资建立军工科研院所、企业，或是对民营企业军工科研生产所必需的科研生产条件进行一定的投资建设；第三，为保证本国国防科技工业的稳定发展，政府要制定和实施国内采购政策，要求本国用户必须采购一定量，甚至所有的国产军品；第四，政府还要对国内采购（采办）的全过程进行管理监督（包括国内采购政策的制定实施、军品采办的管理等），包括科研生产规划计划的制定实施、关键技术政策的制定实施、预研和型号研制的进行、国防科研生产经费及资产的管理、军转民的引导和推动、国防科研生产人力资源的管理等方面；第五，由于军品贸易的政治、外交和军事上的敏感性，政府要对军贸进行严格管制，包括军品的进出口、军工技术的转让、军工国际合作等方面。政府对国防科技工业实施管理的目的主要是既保证对国内提供必要的武器装备，又要保证武器装备的出口不致引起不良的国际影响。

（三）建立军民融合的大国防科技工业新体系

1. 树立大国防科技工业观念。所谓大国防科技工业就是指全社会从事国防科学技术研究和武器装备研制生产的设施、技术和人才的总和。这是动态的、开放的，而不是静态的、封闭的。各有关部门，特别是政府及军工有关单位首先要树立这种大国防科技工业的观念；其次，在形成大国防科技工业过程中，要正确理解"小核心、大协作"的定位、职能与作用。所谓"小核心"是指主要承担各种军品科研生产任务，特别是承担总系统项目科研生产任务的军工企事业单位，这部分不仅数量要少而且要精干。既然是"小核心"，就意味着国家必须确保且严格监管，一切投资、经营、管理实行严格的计划体制。"大协作"主要是指承担分系统项目或承担配套科研生产任务的军工企事业单位和民口单位，这部分包括了多行业、多种经济成分、不同性质的各类经济实体，数量大而广泛。既然是"大协作"，就意味着国家可以放开，一切投资、经营、管理均实行市场化。"小核心"与"大协作"是辩证的、相辅相成的，没有"小核心"何谈"大协作"；同样，没有"大协作"，"小核心"也没有基础。因此，既要继续加强"小核心"的建设和发展，同时也要积极推动"大协作"体系的建立和发展，切实为建立寓军于民大国防科技工业新体系奠定良好基础。

2. 完善民口管理的政府职能。在国防科技工业管理中，政府对参与军品科研生产的民口单位的管理非常重要，这是建立和完善"大协作"体系的重要保障。在美国，其国防部的高级计划研究局就是国防部领导军民两用技术工作的机构，它下设的 10 个办公室中有 5 个是负责两用技术的。德国军工科研生产全部由民企承担，德国国防部总装备部通过政策调控对国防科技工业进行宏观管理，并与国防技术协会等中介组织合作，使民企了解政府的国防政策、计划等内容。法国成立了由国防部武器装备总署、军种参谋部、工业界组成的一体化项目小组，参与采办计划的制定、项目管理等工作。英国建立了国防技术转化局，加强军用技术和民用技术的相互转化工作的领导及实施。

我国国防科工委是国务院主管国防科技工业的主管部门，应作为民口单位的归口管理部门，行使民口单位的规划、法规、政策、标准、监督等职能，应尽快明确民口单位的内部管理机构，具体负责组织实施。各省、直辖市、自治区国防科工委（办）应负责本辖区民口单位归口管理的政府职能。通过国防科工委及各省、直辖市、自治区国防科工委（办）的相应政府职能推动，广泛吸纳民口单位进入军工领域。军委装备发展部、各军兵种、各军工集团公司等有关单位特别是各总系统项目承制单位，应通过完善招投标制及合同制，充分运用各项国防科技及武器装备计划渠道或总承包职责，积极吸纳民口单位。

3. 加快完善相关法律制度。法律制度建设是管理工作规范化的重要基础。1994 年，美国颁布了《联邦采办精简法案》，以法规形式确定了军民结合原则，扩大了国防采购民品的要求，放宽了军用规范标准。1996 年，美国又在《技术与国家利益》中提出军用与民用工业基础的结合问题。1998 年颁布《国防授权法》，规定军方必须加大对军民两用技术开发的投资，项目经费必须采取军方、民口等部门分摊的原则。德国制定了《联邦德国订货任务分配原则》，明确规定武器装备的总承包商在承包国防任务后，必须让中小企业参与竞争。日本颁布了《研制和生产国防装备的基本政策》，明确规定了民用工业参加国防科研生产的法律地位。

我国虽然已经修改了一些限制非国有企业进入军工科研生产的法律法规条款，在法律制度上允许民口单位能够进入军工领域，但还要理顺现行的相关管理规定，调整现有相关制度的适用范围，如科研生产许可证、保密认证、军工质量体系认证、产品质量认证、计量标准、军用标准、军工产品定型、鉴定、技术状态管理、军代表验收、税收制度等。

4. 建立军民共享的研发生产体制。军民科技资源互补已成为当今世界各国发展军事技术的主要趋势。美国国会在《1992 年的防御转变、再投资和过渡期援助法》中解释了军民两用技术，它通过《联邦采办精简法案》《国家安全科学技术战略》《国防授权法》等一系列法规、管理机构、专项计划等措施，建立了军民共享的研发体制。正是由于美国国防部给予斯坦福大学、Fairchild 半导体公司及惠普公司的巨额研究合同，才使硅谷得以起步，加速了世界进入信息时代的步伐。美国军转民及民转军用技术的快速发展，正是得益于这一共享的研发体制。在伊拉克战争中，美国使用的很多高科技装备如通信器材、计算机软件、安全防毒软件、卫星图像分析技术等，有相当一部分采购自民用工业部门，据悉，仅硅谷就有 600 家公司与美国国防部签订了生产产品与提供技术服务的合同，大约获得了 250 亿美元的订单。

"二战"后，日本军事工业以民营企业为主，武器装备的研制生产均由防卫厅通过合同委托民营企业完成，在各大企业内均设有专门的军工生产管理机构。日本军方通过各种手段和形式加强与企业的联系，在政府的大力扶持下，日本建立了门类齐全、水平较高、寓军于民的工业体系。

目前，我国在促进"军转民"高技术开发方面，国防科工委已有"军转民高技术开发"计划，但在"民转军"特别是在民用高技术转化为军用上，应按照"军民结合、平战结合、军品优先、以民养军"的方针，设立相应的"民转军高技术开发"或民用技术军用计划渠道，或在国防科工委已有的有关计划渠道中，如国防基础科研计划中"军民两用技术领域"增加经费，拓展包括民用技术军用计划经费，支持经过优选的民用高技术进入军工科研的三次开发以及推广转化，建立起军民共享的研发生产体制。

（四）建立适应市场经济的军品定价机制

1. 科学认识军品定价工作的规律，更新军品定价观念。军品定价采取完全成本加5%利润的模式，不利于军工企业主动降低成本和促进装备发展，因此，必须根据武器装备研制生产的不同阶段、不同产品、不同风险、不同竞争状况，参照社会一般劳动价格水平，分别采取固定价格、成本补偿价格、市场价格等多种定价模式，并且与成本消耗大小、技术复杂程度、生产批量、质量水平等因素结合起来，把现行价格模式中隐含的"暗补"价格变为政策上的"明补"价格。同时，应通过调研和分析，重新确定军品成本利润率。另外，应参照税收管理的有关规定，确定计入军品成本的工资水平，避免效益越好，计入军品成本的工资越多，军品价格也越高的不合理现象。

2. 结合我国军品定价工作的实际，推进军品价格改革。第一，在武器装备等军事专用品的价格形成过程中模拟市场机制。此类军品主要是垄断性武器装备，其价格主要由国家确定，但要充分考虑装备采办部门和军工企业的意愿，具体即由甲方在调查研究和费用分析的基础上确定价格标底（力量不足或价格构成不复杂的情况下可不做此工作），由乙方按国家确定的定价办法和成本会计标准提出报价（包括成本数据资料和计算方法），再由甲方根据定价办法、成本会计标准和自己估算的标底对乙方报价进行审查。在报价审查基础上双方协商定价，协商不下来可报国家物价管理部门协调。第二，在后勤装备、维修设备等消耗型军品的价格形成过程中，引入市场机制，特别是竞争机制。竞争是市场价格形成的条件，在这类军品价格的形成过程中引入竞争机制，可以通过竞争定价，或在竞争的基础上，由甲乙双方继续协商定价。甲方通过审价可以剔除不合理的价格内容或添加乙方遗漏的价格内容，因此并非最低报价就是最后定价，使其更趋于公平合理。第三，积极推进目标价格管理。主要解决好两个问题：一是如何确定目标价格；二是如何控制目标价格。

3. 准确把握军品定价工作的原则，完善军品定价办法。在制订军品价格政策及定价方式时应坚持好以下原则：一是价值原则。军品价格必须以价值为基础，军品的商品属性决定了军品价格必须以价值为基础。二是低利原则。军工企业由国家投资和扶持建设，军品生产享有很多优惠政策，其成本费用可以得到补偿，产品销售有保证，因此，军品低利原则是合理的。三是激励性原则。要通过激励促进企业加强各项基础管理工作，加强对成本的控制，充分利用利益导向作用来调动企业控制和降低成本的积极性。四是双向补偿原则。在军品实际成本偏离定价成本时，超过（或低于）部分由双方共同分担（分享）的原则。五是稳定性原则。军品采购价主要应以计划价格为主，相对稳定，价格调整要注重调放结合，以调为主，统筹考虑，权衡各方面承受能力。六是技术经济一致性原则。军品定价要坚持技术与经济一致，促使企业不断采用新技术、新工艺、新材料，以不断改进和提高产品的技术性能和质量，使价格充分体现出技术因素，做到以质量取胜，确保部队得到优质高性能产品。七是适度竞争原则。在军品定价中适度引入竞争机制，可以打破垄断，解决同种产品不同价的问题，使军方在装备订货中处于主动地位；还利于企业降低成本、改进和提高产品性能和质量，真正发挥价格的经济杠杆作用。

4. 重视和加强军品合同管理，使军品定价工作更为规范有序。要完善武器装备研制生产合同制，实施军品研制生产单位资格审查制度；要引入竞争机制，实行军品生产的竞争招标，如对重大军品型号整机和少数关键部件的研制，实行在重点军工企业和实力雄厚的科研单位中招标，部分通用军品和部件的生产则在全国具有资质的单位范围内招标。一是择优选择承制方，尽量避免与具有中间承包商性质的公司签订合同，以避免这类公司从中侵占军品利润。兼顾需要和经费的承受能力进行设备选型，选择生产状态好劳动效率高的工厂定点生产；二是合理选择合同的形式，如研制周期长、不可预见因素多、风险大的研制项目，可按照预研过程的原理样机、初样、正样等几个阶段签订分阶段合同，在工程研制阶段签订总合同比较有利；三是增强合同的制约力，保证武器装备的质量和进度，维护军方权益。

总之，在我国特有的政治体制、经济体制和行政体制下，推进我国国防科技工业管理体制的改革，一方面要正确看到改革工作的复杂性和长期性，循序渐进，不能期望一蹴而就；另一方面要积极借鉴世界军工大国好的经验和做法，同时要考虑在我国现行大的体制环境中，在一定时期内还不可能建立以政府为主导的国防科技工业管理体制前提下，唯有立足于理顺我国国防科技工业现行相关管理体制和运行机制，才是现实的和有意义的。有鉴于此，笔者仅提出了四个方面的对策和建议，能否涵盖当前我国国防科技工业管理体制改革所需要解决的问题，还需实践论证和进一步研究。但笔者坚信，随我国政治体制改革不断推动，行政体制改革不断深化，社会主义市场经济体制逐步完善，我国国防科技工业管理体制的改革环境必将更加改善，真正建立起科学的、以政府为主导的、适应社会主义市场经济体制要求和我国国防现代化建设需要的国防科技工业管理新体制。

第二节　大型装备全过程成本控制机制建设

大型装备的发展是推进我军现代化建设的重要抓手，是战斗力提升的重要基础，是实现新形势下强军目标的重要要素。大型装备研制活动是国家科技实力和工业实力的集中体现，具有技术要求高、研制周期长、不确定因素多等特点，所需投入的采购全过程成本巨大。同时，大型装备研制活动的不确定性使得"拖、涨、降"现象普遍。根据美国国际战略研究中心的数据显示，2010 年美军正在进行的大型装备研制项目有 98 项，总成本预计 1.68 万亿美元，超支高达 4020 亿美元。我国还是发展中国家，无论是民生工程还是各行业的发展都需要国家的财力投入，对于如此庞大的采购全过程成本开支压力巨大。所以，如何在现有的国情军情条件下，构建出有效的大型装备采购全过程成本监控机制，使大型装备研制活动的投入既不妨碍我国社会经济的发展，又能有效的提升我军装备建设经费的使用效益，就成为了当前装备经济研究领域急需解决的问题。

一、大型装备采购全过程成本监控机制概述

（一）相关概念的界定

1. 大型装备。从一般意义上来说，军事学中的装备就是武器装备的简称。2011 版《中国人民解放军军语》中对装备的概念分为两种词性，一种是作为名词时，装备定义为："用于实施和保障作战及其他军事行动的武器、武器系统、电子信息系统和技术设备、器材等的统称。"另一种是作为动词时，装备定义为：

"向部队或其他作战力量配发武器及其他制式军事用品的活动过程。"本书所研究的大型装备，取军语中对装备的名词性定义。本书界定的大型装备是军队武器装备中的一个种类，指的是系统复杂、配套关系多、设备量大、技术含量高的一类武器装备。如航天航空工程系统、地空导弹系统、军舰及火器系统、核武器系统、卫星系统等。

大型装备具有以下特点。一是战略性。大型装备是国家综合国力和国际地位的重要体现，也是国家外交斡旋、战略实施、利益拓展的重要砝码。因此，可以说大型装备是国家走向强盛的必要条件，具有很高的战略地位。二是复杂性。大型装备在国家和军队发展建设中的作用地位突出，在国家迫切需要的同时也面临着技术、工艺等方面的挑战。技术上，大型装备是最先进科学的集合，需要相当规模的高水平科学家的集体攻关。工艺上，大型装备是精密零部件的集合，需要强大国家工业的支持。三是高投入性。大型装备对资源的需求是巨大的，这种资源的需求存在于资金、技术、人才等方方面面。同时，由于大型装备战略性的特点，所需的高投入又是必须的，有时甚至要举全国之力进行投入。大型装备的概念和自身具备的特点意味着本书的研究对象与一般商品的成本管理问题有所不同。因此，本书的研究既要结合我国社会主义市场经济体制、大型装备的研制特点、国家和军队的发展需要，又要符合市场经济所体现出的一般规律，所以必须从军事和经济两个方面考虑，探寻问题涉及的计划与市场的矛盾，寻找合理的解决办法。同时，以大型装备作为研究范畴的限定，更加明确了其研制过程中所具备的成本投入多、不确定性大和研制周期长等特点。

2. 装备研制。装备研制是指发展新型装备和改进提升现役装备性能所进行的科学研究及相关活动。装备研制是我军装备通过自主创新实现跨越式发展的主要方式，其分类主要有预先研究、型号研制、装备仿制、装备改型和改装。根据本书的研究内容，简要介绍前两个类型的装备研制。

装备的预先研究，简称"预研"。是指相关技术应用于装备性能实现的可行性和实用性研究，是装备研制的起始性工作，主要分为应用基础和应用技术的先期研究。装备的预研是装备型号研制活动的基础，其成果具有多种形式，可以是概念、报告、模型等。

装备的型号研制，简称"型研"，是指按既定的性能指标要求开展新型号装备的设计和试验的工程活动，是装备研制的实际性工作。型号研制过程具有周期长、投入经费大和不确定性多等特点，其成果是具体型号的装备，可按照常规装备、战略性装备和人造卫星等进行分类。各类装备研制的阶段虽略有不同，但总体可分为四个阶段，即论证阶段、方案阶段、工程研制阶段和定型阶段。本书的研究内容主要界定为大型装备的型号研制阶段，所以在下文的分析和论述中所指的大型装备研制即大型装备的型号研制。

3. 大型装备研制成本。一般认为，成本就是企业在所进行的经济活动中用于生产资料的货币支出。但在西方经济学中，成本的概念还不仅如此。西方经济学家认为，仅仅将成本定义为生产资料方面的货币支出过于片面，要完全理解成本的概念应从机会成本、显性成本、隐性成本和利润的概念全面分析。首先，西方经济学中定义的成本包含了显性成本和隐性成本两部分。其中显性成本是指企业在进行经济活动时要获取自己不拥有的生产资料时付出的支出；隐性成本是指企业在进行经济活动时动用自己拥有的生产资料的总价格。其次，西方经济学中定义隐性成本中包含正常利润。正常利润是指厂商对自己所提供的企业家才能的报酬支付。再次，西方经济学中正常利润属于成本的定义原由机会成本概念的提出。机会成本是指生产者放弃相同生产资料在其他经济活动中所能获得的最高收入。

西方经济学中对于成本概念的界定较为复杂。但大型装备研制成本的内涵界定较为清晰。大型装备研制成本是装备研制价格构成中的计价成本，指研制单位为研制某型号大型装备而发生的各种物化劳动和活动的货币表现。具体分为设计费、材料费、外协费、专用费、试制费、固定资产使用费、工资费和管理费八项①。

4. 监控机制。"监控"的概念从字面上直观理解就是监督加控制。《现代汉语词典》对"监控"的定义为："仪表的工作状态或事物的变化的监测和控制。"将此概念引申至本书的研究，应该取其后半句的含义，即对大型装备研制成本变化的监测和控制。"机制"一词最早运用在机械工程学中，原指机器的构造和运作原理。如今，此概念已广泛运用于社会各个领域，主要是体现各领域活动执行的构成机体在整个活动过程中表现出的运作方式。《现代汉语词典》从三个方面

---

① 目前，新版的《国防科研项目计价管理办法》（第十版）正在修订当中，传统的八大项内容将变为十项，具体的变化是，取消了论证费和试验费两项内容，变为会议费、差旅费、专家咨询费、燃料动力费四项内容，再加上原有的材料费、外协费、专用费、固定资产使用费、工资费和管理费，形成了新的十项内容。由于新修订《国防科研项目计价管理办法》还没有正式颁布，所以本书依旧按照现行的《办法》进行相关问题的论述。

定义了"机制"的概念，其中与本书研究的问题相关的概念界定是："泛指事物内部的规律或一个工作系统各部分之间相互联系和作用的过程和方式。"《辞海》中对于机制的定义与现代汉语词典中的定义相似："指一个工作系统的组织或部分之间相互作用的过程和方式。"当牛顿的"以太假说"引发了物理学界的巨大震动时，"机制"曾被认定为是过时的形而上学。步入20世纪后，当社会科学重新反思与审视这一概念时，学者们发现"机制"概念对问题的研究依旧是有着重要意义的。如今机制的概念已被广泛运用，如"市场机制""运行机制""协调机制"等。

因此，要把握机制的内涵，关键需把握住两点：一是前提。机制存在的前提是事物各部分要素的客观存在，只有事物要素存在，才有要素间的协调问题。二是方式。机制各要素间的协调一定是以某种方式进行，方式代表着机制功能的实现途径。在对现实问题的研究中，多数学者认为机制可以体制和制度为载体，展现其在现实社会中所能发挥出的功能，但这不仅是"1＋1＝2"那么显而易见而又简单的事情，而是要释放出大于2的效果。所以，本书对于"机制"的内涵具体从三个方面进行界定和理解：一是事物的构成要素；二是事物要素间的相互作用和相互联系；三是通过这种特定的相互作用和相互联系的过程表现出的功能。

通过上文中对"监控"和"机制"两词的概念界定，现可对监控机制的概念加以明确。监控机制的概念是指使事物变化监测和控制活动得以进行的各构成要素间相互联系和相互作用的方式和过程，以及在这个作用过程中所表现出的功能。

5. 装备采购成本监控机制。大型装备研制成本监控是通过特定的组织，采取科学合理的手段，按照一定的规章制度对大型装备研制成本进行监督、控制、调节等活动的总称。大型装备研制成本监控机制即大型装备研制成本监控活动所需的组织体系、执行程序、执行方式、相关保障等要素间相互联系和相互作用的方式和过程，以及在这个过程中产生的对成本监督和控制的功能。

从概念上看，大型装备研制成本监控机制具有如下特征：一是客观性。机制伴随着具体活动而存在，并以体制、制度、方法等要素为载体表现出其具体形式，通常不以人的意志为转移，具有明显的客观性。大型装备研制成本的监控机制建立在多重委托代理关系之中，其作用就是保证大型装备研制成本的合理生成，以提高装备建设经费的使用效益。机制本身的客观性决定了机制运行效果的客观性，大型装备研制成本监控机制对应不同的大型装备研制项目应该有着相对客观的研制成本监控结果，其具体运行效果不会凭空产生也不能随意捏造。二是发展性。在哲学的观点中现实世界是发展的，现实世界中存在的各种机制也应处在发展之中。大型装备研制成本监控机制也会随着历史和环境的发展变化，经历每一个时期的形成、发展和消亡。所以，在不同的历史时期或政治背景等条件下，大型装备研制成本监控机制也应表现出不同形态。随着我军装备建设不断发展，老旧装备更换、新式装备研发、先进技术引进等活动都要涉及装备的研制行为，研制成本的监控机制是顺应新时期新要求发展而形成的，能够有效提升新形势下装备经费使用效益。三是应激性。大型装备研制成本监控机制应该能够感应到各层级的委托方和代理方围绕大型装备研制成本实施的行为及产生的信息，同时不仅能将这些信息在委托方和代理方之间进行传递，还能针对这些信息做出反应，并通过机制中的各个构成和相互间的作用过程，将具体的功能体现在大型装备研制成本的管理工作中。

（二）大型装备研制成本监控机制的要素构成

大型装备研制成本的监控活动要想顺利开展，必须明确谁来监控、监控什么、怎么实现监控、如何保障监控等内容。因此，从要素视角分析大型装备研制成本监控机制应该由监控主体、监控内容、监控程序、监控方法、监控保障等主要要素构成。

1. 监控主体。任何活动都是由人来完成的，离开了执行主体这一基本要素，任何活动都无从谈起。大型装备研制成本的监控主体是成本监控活动的具体执行者，是明确"谁来监控"的要素。从我军大型装备研制活动的管理特点看，监控主体主要有三方：一是政府。作为大型装备研制活动的主要投资主体，政府代表国家行使对大型装备研制活动投资的权利，同时也具有根据大型装备研制成本信息调整投入，保证投入效率的监控职能；二是军方。在大型装备研制活动中军方也具有一定的投资权利，同时受政府委托对大型装备的研制活动进行管理，是政府与军工企业间的纽带，是大型装备研制成果的最终获取者。从这个角度看，军方是大型装备研制成本最直接的监控主体；三是企业。作为大型装备研制投资的另一重要主体，军工企业为了增加成本投入的效益也有着在装备研制过程中的成本监控和管理机制，所以企业也可以视为大型装备研制成本监控的主体之一。

2. 监控客体。大型装备研制成本监控机制中的监控客体是明确"监控谁"的要素。由于大型装备研制项目有着较为复杂的委托代理关系，所以严格地说监控客体在整个大型装备研制活动中是不同的。在预算审批环节，政府会对军方上报的大型装备研制预算进行审批，因此在这个环节中，监控客体是军方；在型号研制阶段，受政府委托的军方可以对承担大型装备研制项目任务的企业进行研制价格、研制进度和研制质量等方面的管理和监督，因此在这个环节中，监控客体是企业。通过这样的分析可以看出，大型装备研制成本监控主客体之间是可以相互转换的，也就是说军方和企业在监控活动中的身份属性是具有双重性的。由于本书所界定的研究范畴是大型装备的型号研制阶段，因此可以明确本书中大型装备研制成本监控的客体是承担大型装备研制项目任务的企业。

3. 监控内容。大型装备研制成本监控机制中的监控内容是明确"监控什么"的要素，是监控主体通过机制的运行产生作用的对象。在本书的研究中，监控内容较为明显，就是大型装备的研制成本。通过上文中对"监控"概念的界定，本书明确的监控包含了两个方面的工作，即监测和控制。这样就可以进一步明确大型装备研制成本监控机制的监控内容也应包含两方面，一是监测大型装备研制实际成本的生成量，即实际成本生成量的采集；二是控制大型装备研制实际成本生成过程中产生的偏差量，即实际成本生成量的纠偏。

4. 监控程序。大型装备研制成本监控机制中的监控程序是明确"监控步骤"的要素，可以看作是监控主体作用于监控客体的具体过程。科学合理的监控程序对实现大型装备研制成本监控机制的功能具有至关重要的作用。从管理学的角度看，对于一般事物运行的管理应从事物运行前、运行中、运行后进行全过程的控制，方能取得良好的效果。当前我军大型装备研制成本的监控通常采取事前概算审核、事中里程碑式的阶段性审查和事后的财务评审的方式对大型装备研制成本进行监控，这样的监控方式与管理学中倡导的事前、事中和事后的管理方式是一致的。

5. 监控方法。大型装备研制成本监控机制中的监控方法是明确"怎么监控"的要素，可以看作是监控主体作用于监控客体的具体方法，切实有效的监控方法是实现整体机制功能发挥的又一重要要素。大型装备研制成本监控活动是一项十分复杂的系统工程，要切实的完成成本监控的任务，需要大量的装备研制成本信息和现代管理手段的支持。由于我军当前对于大型装备研制成本的监控工作不是十分重视，所以采取的手段较为单一，主要是采取审价的方法，进行成本的核销和确定。该方法不仅过于主观，同时也没有起到相应的控制效果。

6. 监控保障。大型装备研制成本监控机制中的监控保障是明确"怎么保障监控"的要素，可以看作是监控主体作用于监控客体的激励约束、具体制度规范、相关辅助工具等一系列措施，是机制运行时规范性、合法性、效果性的保证。大型装备研制活动由于阶段多、费用高，不确定风险多，决定了其成本监控工作的复杂性和困难性，若没有完善健全的监控保障，则很难保证大型装备研制成本监控机制的正常运行。

（三）大型装备采购成本监控机制建设现状

1. 大型装备采购成本监控机制建设做法及存在的问题。

一是监控阶段的衔接度不高。按照本书的界定，当前我军大型装备采购过程中的研制活动和购置活动是相对分离的，并没有体现出大型装备研制购置一体化的发展趋势，同时也造成了采购成本监控在各个阶段的衔接度不高，没有产生采购成本全过程的监控效果。主要体现在，我军现行的大型装备采购成本监控机制总体上分为三个监控阶段，分别是事前的大型装备研制项目概算价格审核、事中的里程碑式付款和事后的财务评审。而购置成本监控的实现主要依托研制过程中的转阶段节点成本审查。理论上，事前的各项概算审核所形成的研制合同价格和购置合同价格将规范事中的里程碑付款和过程成本监控，事前和事中各阶段的监控结果又将会为事后的财务评审提供依据。这三个监控阶段应是相互影响和制约的，但是在实际中，由于大型装备研制项目的概算不准，使事前通过概算制定的合同价格很难对事中的里程碑式付款和过程成本监控产生有效的约束作用，导致大型装备研制过程中的付款更多是依据每年的经费计划而不是合同，最终的购置价格也很难在事前进行准确的估计，进而使得事前的合同和事中付款和过程成本监控之间缺乏有效衔接，同时也使事后的各项财务评审流于形式，只能起到核算的作用。这样一看，当前的三个监控阶段是各自为战的，总体表现出衔接度不高的问题，没有形成对大型装备采购成本贯穿始终的全过程监控。

二是研制成本数据采集不力。大型装备采购成本监控需要克服信息不对称、技术能力不明确、管理体制有重合等因素的制约，是十分具有难度的一项工作，必须依靠大量充分且真实的采购成本信息和其他相关信息并对其进行科学严谨的分析，方能取得一定的效果。信息经济学理论告诉我们，若在某项活动中，参与者之间信息完全对称，则在活动的进行过程中不会存在整体效率损失的问题。但是由于大型装备研制活动存在着委托代理关系，在研制过程中的信息不对称必然存在，所以，要通过大型装备采购成本监控机制，尽可能地减小在大型装备研制过程中由信息不对称造成的国防科研经费投入效率的损失。当前，我军的大型装备采购成本监控所需的基础信息系统建设工作进展缓慢，基本上处在军委机关装备管理部门、各军兵种、各军事代表局（室）等单位各自为战的局面上，没有形成合力，更没有统一的标准。这就使大型装备采购成本监控活动没有较为完善的装备成本信息提供有力支持，造成监控人员的依据不够、底气不足，形成了较为被动的局面。另外，虽然我军在相关规章制度中赋予了军事代表收集研制单位成本信息的职能，但是由于具体的权限不清、职责不明，加之研制单位处于自身利益考虑将真实的采购成本信息视为企业机密进而刻意隐瞒，导致军事代表的装备成本数据收集工作成效不高。

三是监控执行方式效果不佳。大型装备采购成本监控工作是一项集复杂性、技术性、政策性、规范性于一体的综合性工作，必须要以多种方式相互配合、相互补充才能取得良好的效果。然而，尽管当前我军形成了事前、事中、事后三阶段的采购成本监控执行方式，但具体的效果却并不理想。首先，大型装备采购项目的成本概算没有起到应有的效果。从调研的情况看，大型装备采购项目几乎没有不发生超概算的可能。这就说明当前我军关于大型装备采购项目概算制定方面是存在问题的，并没有从大型装备研制活动的特点出发进行科学合理的分析制定。其次，里程碑付款没有考虑到大型装备采购项目的客观规律。大型装备采购项目具有很强的不确定性，表现在采购成本上也会出现由于不确定性所造成的正常波动。但是当前我军对于项目的付款除了军方要求增加性能指标所增加的采购成本外，其余的采购成本波动一律按照概算的限定进行支付，即概算制定的多了军方不收回，少了军方也不再给。按照这种方式，表面上采购成本似乎得到了有效控制，但却是一种脱离客观规律的不合理控制。具体的监控执行方式作为大型装备采购成本监控机制的关键问题是整体机制运行的最直接体现，各阶段都应存在着密不可分的关联性，需要从总体上进行考虑，进而统筹设计才能获得良好的效果，所以必须正视这些问题，深入分析原因，探寻改进方法。

四是监控人才队伍建设滞后。监控人才的培养作为大型装备采购成本监控机制建设的重要保障是提升监控主体素质能力的根本。随着我军装备发展建设需求的不断提升，大型装备采购成本监控任务也日益繁重，相应人才队伍的需求也越来越迫切。但从当前的情况来看，我军现有的大型装备成本监控人才构成还不足以应对监控任务的要求。首先，我军大型装备采购成本监控人员编制不足。当前我军专门从事装备价格管理的人员数量不足千人，其余的价格管理人员多由军代表进行兼职。原总部层面的装备价格管理机构往往挂靠在各级装备采购部门中，虽然这些机构都是具体装备价格管理的专职机构，但往往都没有正式的编制。这种编制不足的情况在军兵种装备管理层面上表现的更为明显，军兵种层面的装备价格管理机构一般都挂靠在别的部门，而且人数较少，通常最多的也只有 5 ~ 6 人。这样的编制结构导致监控人员只能维持基本的工作，根本无法形成过硬的大型装备采购成本监控人才队伍。其次，我军大型装备采购成本监控人员的能力素质不足。由于我军在装备价格管理的专职机构上编制设立不足，使得进行具体的大型装备采购成本审核任务时需要从军代表机构、院校、军队科研院所等单位抽调人员，临时组成大型装备采购成本的审核组。由于抽调人员来自不同的单位，平时负责不同的业务工作，对于大型装备采购成本所展现的技术性和经济性难以有较为科学的认识和统一的把握，形成了素质能力参差不齐的现象，影响了大型装备采购成本监控工作的最终效果。再次，大型装备采购成本监控活动缺少专业的分析人员。大型装备的采购成本是整体项目所具有的技术性和复杂性在金额上的体现，因此进行大型装备采购成本的监控活动必须有十分专业的分析人员提供必要的智力支持。在这一点上，军事发达国家体现明显，如美军总部层面和军兵种层面的专职独立成本分析部门中都拥有不同分工的成本分析师，能够为美军装备研制、购置等活动提供专业的成本方面的管理智力支持，有效提升采购成本效益。

五是监控激励约束力度不足。大型装备采购成本监控活动中的激励约束是监控活动取得更好效果的有力保障。因为有效的激励约束可激发大型装备采购成本监控活动中的监控人员、研制单位、监控纪律监督人员等多方面主体的工作热情，从而提升机制运行效果。但当前这种激励约束力度还不足，主要体现在三个方面：一是价格激励力度不足。成本是价格的基础，是装备定价的主要参考依据之一，科学合理的定价方式能够有效提升研制单位主动确定合理采购成本的积极性，为大型装备采购成本监控机制运行目标的实现锦上添花，保障整体机制的运行效果。从当前的情况看，我军施行的装备成本加成的定价方式一直以来饱受广大学者的诟病，价格激励力度的不足会造成装备研制目标成本出现虚高，加大了采购成本监控的难度，导致整体机制运行效果的不理想。二是对监控人员的约束力度不足。合谋问题一直是阻碍大型装备采购成本监控机制运行效果的顽疾，是造成监控失效的主要原因。实现监控人员的科学约束，需要从理论上进行深入分析，再设计具体的实际措施，双管齐下才能使约束措施产生合理的力度和良好的效果。三是竞争激励力度不足。竞争激励不足是由大型装备研制项目所具有的特点客观形成的，但是不可否认缺乏有效的竞争激励可以使研制单位在成本投入、性能设计、研制进度方面有恃无恐，使大型装备采购成本监控活动难以进行，造成监控效果不佳。因此，有必要对该现象予以改变，尽量减小因缺乏竞争造成的大型装备采购成本监控机制运行效果的低下。

2. 存在问题的原因分析

当前我军大型装备采购成本监控机制建设存在的问题主要有监控意识不强、组织机构不健全、执行方法不科学、保障措施不完善四个方面原因。

一是采购成本监控意识不强。前文已经分析了当前我军大型装备采购成本监控机制存在的主要问题，可以说所有问题最根本的原因都是因为大型装备采购成本监控的意识不强导致的。由于我国长期受到计划经济体制的影响，形成了政府、国防科技工业体系、军队之间较为复杂和稳固的裙带关系。尽管我国已经进行了国防工业体系的国有企业化改革，但是制度惯性所产生的"路径依赖"却始终在大型装备采购成本监控的问题上压迫着人们的理性意识，从而影响了整体监控活动的效果。当前，十二大军工集团作为我国装备市场中的主要供给主体，为我国的装备市场增添了竞争性采购的组织结构特征，这是建立在传统制度惯性之上的一种主观改变。但是，由于各集团在改革之初就是按照之前的禀赋进行整合和调整的，所以整体上依旧没有脱离其在行业中的垄断角色，尤其是对大型装备而言，市场中的供给主体仍然是唯一的。这样的产业结构与政府和军队之间表面上形成了较为明确的供需主体，但实际上计划大于市场的现实还是会造成政府、军队和军工集团在市场中各自的主体地位定位不清，三者之间依旧具有千丝万缕的联系。这种情况会使政府、军队和军工集团认为"本是同根生"的兄弟单位，又何必"相煎太急"地相互为难？同时，改革之后，十二大军工集团的定位是"国有企业"，但是作为企业又必须保证"国家指令性计划的完成"。这使得我国的军工集团既具有追求利润的企业性质，也具备着按计划行事的政府公共部门性质，是企业和政府两种性质的综合体。与一般商品市场中拥有着众多的需求者不同，装备市场中的需求者也是唯一的，只有军方，也可以说是政府。需求方与供给方在性质上具有的相似性，造成了大型装备研制采购活动所需的资源可以看作是在同一体制内的周转，也使成本投入像是从左口袋进入了右口袋，这样的局面使供给方在市场中不用独立地面对市场机制而承担盈亏的风险，需求方也不会因为多付出了成本投入而过于计较，正是这样的意识导致了大型装备采购成本监控机制存在问题。

二是监控组织体系不够健全。一个具体活动的运行机制首先应该具备健全的组织体系，通过对大型装备采购成本监控机制建设现状的梳理和分析，笔者认为，当前我军大型装备采购成本监控机制存在问题的另一个主要原因是缺少专业独立的成本监控组织机构。纵观世界军事强国都十分强调成本作为独立变量在装备研制生产管理中的重要地位，纷纷在不同的管理层面建立了相应的专业独立部门进行监督和控制，以便对装备的各项成本进行全过程的管理，为管理者提供采购决策支持。值得一提的是，外军这样的组织机构往往是独立在装备价格管理组织之外的。如美军在国防部层面设置了装备成本评估局（原装备成本分析改进小组），隶属于成本评估与计划鉴定局，在各军兵种层面设置了装备成本分析中心；日本自卫队在财务装备局下设成本计算部，进行装备在研制生产过程中的成本预测、成本分析和成本监控等工作。而当前在我军的大型装备研制项目中，我军对于采购成本的监控主要以成立审核组的方式进行，其人员主要由价格专家和军事代表组成，虽然能够完成大型装备采购成本草案、概算、合同价格等内容的评审工作，但是由于这样的组织是临时成立的，在整个大型装备采购成本监控活动中显得过于单薄，其人员构成和所具备的职能权限也是临时性的，所以很难形成大型装备采购成本监控工作所需的连续性和全过程性，会出现草案、概算、合同价格审核工作、研制过程中的成本监控工作和最终的财务验收工作由不同审核组和不同人员完成的现象。同时，装备价格管理组织和所谓的装备成本监控组织还处于混沌的状态，没有按照两种任务的不同性质剥离开来，因此难保大型装备采购成本监控效果。

三是监控执行方法不够科学。不容置疑，我军现行的方式方法对大型装备采购成本监控起到了积极的效果，在一定程度上提升了大型装备项目科研试制费的使用效益。但是，总体上来说还不够科学，这也直接导致了监控执行的效果不佳。一是针对大型装备采购项目的成本概算审核不科学。按照大型装备采购成本概算审核的原则，要求在充分分析和论证的基础上，客观、科学、合理地进行大型装备采购成本的核减和核增，但是在实际的审核工作中，大多数的情况只是在研制单位形成概算的基础上进行核减，而核增的情况很少发生。这在一定程度上是会降低大型装备采购成本概算的总体规模，达到一定的控制效果。但是这样一来，大型装备采购成本概算的审核结果基本是固定的，具体大型装备项目的研制单位也十分清楚这一结果，所以往往会在编制大型装备采购成本概算的过程中有意识地将概算规模和范围人为扩大，造成概算审核工作的效果大打折扣，同时也削弱了大型装备采购成本事前的监控效果。二是大型装备研制里程碑式付款时的节点成本审核方式不科学。大型装备研制项目的里程碑式付款是根据合同订立时制定的节点进行支付的，在具体的付款过程中必须经过节点的成本审核，符合要求之后军队使用部门方能付款。由于该程序通常是军队使用部门委托驻厂军事代表执行的，所以会有一些客观因素制约了里程碑式付款原本所要达到的控制效果。例如，军事代表制度改革后，驻厂军事代表对于成本的管理职能仅仅是对成本信息进行收集，而没有切实地赋予具体的监控权限。同时，由于军代表室的人员数量有限，对节点成本审查工作有心无力，使得节点审查流于形式。再如，由于大型装备的特殊性和研制单位的具体客观情况，在大型装备采购成本科目的核算中存在着研制单位的成本核算科目与军队使用部门要求的定价成本类目不一致的情况，使得具体的成本支出不清晰不明确，也削弱了节点成本审查效果。三是大型装备采购成本的财务验收方式不科学。这一点尤其体现在研制环节方面，现行的大型装备研制项目的财务验收只是简单的对大型装备采购成本支出进行归集和统计，仅仅起到了明确具体成本支出数额的作用，缺乏应有的问责、评价、总结等成本支出绩效的评估，没有切实发挥大型装备采购成本事后控制的效果。

四是监控保障措施不够完善。大型装备采购成本监控活动是一个较为客观且具体的活动，需要由具体的执行主体按照一定的方式方法进行实施，所以在整体的机制中需要完善的保障措施予以支持，才能使大型装备采购成本监控机制良好运行。但是从现实情况看，我军大型装备采购成本监控活动保障措施不完善造成了成本数据采集不力、人才队伍建设滞后、激励约束力度不足等问题，制约了整体机制的功能发挥。一是在大型装备采购成本监控活动中缺乏科学的激励约束。从大型装备采购成本监控机制建设的现状看，无论是从大型装备研制价格激励方面、监控活动的行为约束方面还是从装备市场的竞争激励方面，我军都没有形成合理完善的机制，抑制了研制单位对于采购成本进行主动管理的积极性，降低了采购成本的监控效果。二是监控人员难以完成大型装备采购成本监控任务。当前，从军方的角度来说，大型装备采购成本监控工作主要依靠军代表进行。通过对一些驻厂军事代表机构的走访调研，笔者发现，大型装备采购成本的监控工作者对待工作明显感觉到力不从心，难以完全履行大型装备采购成本监控工作的职责。这是由于大型装备研制活动的专业性强、成本信息量大、不确定因素多等客观原因，加之军事代表自身受到研制单位成本管理的权限所限、身处研制单位内部的工作环境中难以发挥出监控职能的客观性和严格性等主观原因造成的。三是监控信息系统建设不完善。在大型装备采购成本数据信息支持方面，我军的建设进程还较为滞后，缺乏统一的成本数据库，更缺乏相应的业务操作平台，使得大量的大型装备采购成本信息处于一种零散的状态，没有形成针对具体监控业务的有效支撑。四是相关的法规制度建设不健全。通过现状的梳理可以发现，当前我军大型装备采购成本监控活动可以参照的法规主要分为国家、军队和具体执行三个层面，但是就法规的内容而言，真正直接对大型装备成本监控活动做出的明确规范很少，很多内容还没有得到明确，为大型装备采购成本监控活动提供切实规范依据的程度不足，难以形成严谨规范的制度保障。

二、大型装备采购成本全过程监控机制的建设思路

要针对现有机制不足，构建符合我国国情军情的大型装备采购成本全过程监控机制，就必须立足我军强军兴军要求，理清机制的建设思路。

（一）运行目标设定

理解我军大型装备采购成本监控机制的运行目标可以从三个层次进行考虑。一是总体目标，这层目标存在于国家和军队的层面上。要通过大型装备采购成本监控机制的运行进一步完善我军武器装备的管理方式，提升武器装备采购与建设效益，促进国防建设和经济建设协调发展，达到增强国防安全的总体目标。二是主要目标，这层目标存在于大型装备研制项目不同的委托代理层面上。在总体目标下，大型装备研制项目中有多层委托代理关系的不同参与主体还存在着不同的局部目标，进而形成各自的目标追求。我们搞大型装备采购成本监控并不是要消除这些局部利益，而是要通过机制运行尽可能地保证局部利益的合理化及各参与主体在追求局部利益行为下的大型装备研制项目效率正常化。同时，通过大型装备采购成本监控机制的运行能使委托方以合理的成本支出，按时保质地督促代理方完成大型装备的研制任务，最大限度地避免大型装备采购成本的无效投入，有效监督代理方按照委托方意愿履行武器装备采购合同，促进大型装备性能要求与成本之间的平衡。三是基本目标，这层目标存在于机制自身运行的层面上。应确保整体机制的构成要素作用清晰、功能明确、协调顺畅，确保机制能够有效运行，同时要针对上文中分析的问题探寻机制建设重点，突出各阶段采购成本监控

的一体化和全过程化，切实发挥出对大型装备采购成本的监控作用。

如图 3-7 所示，大型装备采购成本监控机制的运行目标 P 是三个层次目标相互促进和制约的结果，无论哪个层面上的目标都能影响整体机制运行的效果。因此整体机制的运行所追求的最终结果 P 点，应在三个层次目标的共同作用下，落在其应达到的效果范围之内，形成我军科学合理的大型装备采购成本监控机制的目标设定。

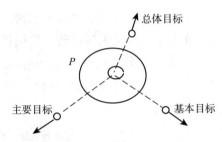

图 3-7　武器装备采购成本监控机制目标作用示意图

（二）基本框架设计

科学建立大型装备采购成本全过程监控机制，应重点在组织体制、执行方式和相应保障措施等方面进行框架设计。

1. 建立权威高效的大型装备采购全过程成本监控机构。科学建设我军大型装备采购成本监控机制的首要问题就是要统筹规划形成符合我军装备建设特点的组织机制。针对我军现有监控组织独立性不强、专业性不高、连续性较弱的现状，本书对于此问题的构想是：一要加强"纵横结合"组织体系的健全。纵向上要建立直线垂直的管理组织体系，横向上形成协同配合的执行职能部门，搭建好适合我军大型装备采购成本监控机制运行所需的组织机构。二要明确各组织部门间的职权设置。清晰明确的职能设置是大型装备采购成本监控工作顺利进行的保证，必须明确纵向上不同层级间的管理部门和横向上相互协同的执行部门的具体职责，保证整体机制顺畅运行。三要规范组织的运行机制。由于本书拟建立的大型装备采购成本监控组织是一个分层分级、协同配合的体系，因此应结合组织之间的汇报关系和业务流程科学设计相应的组织机制。应该在这一前提下，进一步规范大型装备采购成本监控工作的业务流程和汇报关系，为建立科学规范的组织运行机制打好基础。

　　大型装备采购成本监控工作是一项专业性、政策性、复杂性、综合性都很强的具体工作，所要涉及的部门多、环节多、任务多，所以需要建立职能明确、权限清晰、沟通顺畅、运行高效、监管有力的大型装备采购成本监控组织。考虑到我军现行的装备管理体制和大型装备采购成本监控机制运行的目标要求，具体的监控组织建立应该依托现有组织机构进行适当的改革调整和健全完善，进而构建"纵向分层、横向协同"的大型装备采购成本一体化监控组织。所谓"纵向分层"主要体现在大型装备采购成本监控管理机构的职能权限划分上。具体地说就是要使处在不同层次上的组织机构具有不同的职能和权限，同时还要确保权责一致。"横向协同"主要体现在基于原有的国防科研项目概算审核、国防科研试制费管理、科研项目财务审查等业务相互平行、各自为战的局面上寻求突破，整合机构和人员，调整相应职能和权限，形成职权设置科学、人才释智充分、任务目标清晰、组织保障有力的大型装备研制全过程、一体化成本监控执行组织。

　　构建纵向分层的管理组织。尽管当前分段式的大型装备采购管理模式还没有涉及装备研制环节的成本管理，但是从试行的购置目标成本监控活动的经验看，相应的归口管理部门主要是装备合同订立部门和价格主管部门，具体执行的机构有军代表机构、价格审核机构和装备论证机构，形成了初步的购置目标成本监控组织体系。但是考虑到在具体的执行过程中，各执行单位都隶属于不同的部门，在相互的业务衔接上容易存在障碍，体系交叉却不统一，极易各自为战，难以形成合力，不利于从全过程的角度对装备成本进行连贯的、无缝的、一体化的监控。鉴于当前我军大型装备采购成本监控组织建设方面的不足，建议以军委装备发展部为顶层大型装备采购成本监控管理机构，可设立全军装备成本分析改进办公室，该办公室为常设组织，为军委机关层面的装备审查工作提供装备成本方面的专业决策支持建议；军兵种装备管理部门为底层装备成本监控管理机构，可设立军兵种装备成本审核委员会，为常设组织，接受全军装备成本分析改进办公室领导，为军兵种级别的装备采购审查组织提供装备成本方面的专业决策支持。

　　全军装备成本分析改进办公室。具体来说，可在原总部有关装备监管部门所成立的审价中心的基础上，抽调和吸收相关专业专家，切实落实编制，扩大职能范围，进行人员的扩充和职能的调整。在办公室内部组织结构设置上，采用明茨博格提出的专业官僚型组织结构较为合适，如图3-8所示。理由在于：明茨伯格的组织理论认为，任何组织都由五部分组成，分别是技术中坚、技术支持、顶层管理、中层管理和管理保障，通过各组成部分在整体组织中所占比重的不同，形成了不同类型的组织结构，专业型官僚结构是其中的一种。在上文的分析中已知，该组织结构的主要特点是组织规模不大，同时组织主要构成人员属于技术中坚的专家人员。这样的组织结构较为符合全军装备成本分析改进办公室的组织目标要求。在人员构成方面，可设置主任 1 名，作为顶层管理者；下设 3 名分管业务执行、技术支持和保障管理的副主任，分别作为中层管理者、技术支持管理者和保障管理者；办公室成员由不同部门的相应专家组成，作为组织结构中的技术中坚。具体可根据大型装备研制活动的特点，分为固定资产评估、人力资本评估、装备成本分析、部队和试验场所分析、宏观经济指数分析、计划与经济性分析等团队。

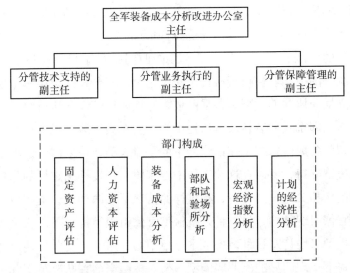

图 3 - 8　全军装备成本分析改进办公室组织结构

在图 3 - 8 中，办公室的整体组织结构同时也具备矩阵型组织结构特征，可以充分利用上文分析的矩阵型组织结构对于人力资源配置相对较为灵活的优点，针对不同需要的大型装备采购成本审核任务，将办公室的专家们分配到不同的临时任务小组中去，以便完成不同类型的大型装备采购成本改进分析工作。

军兵种装备成本审查委员会。作为大型装备采购成本监控工作的中层管理组织，处在顶层管理组织和底层管理组织中间，对上需要给全军装备成本分析改进办公室提供支持，对下需要对具体执行组织形成的报告做出决策。根据美军在这一层级的组织机构设置的实践经验看，其组织结构选用的是类似明茨伯格的组织理论中所提出的创业型组织结构（简单结构），即仅设置了一名委员会主席来管理委员会中的所有成员。这样的组织结构设置体现出了较宽的管理跨度，具有较快的反应速度，可以在大型装备采购成本监控组织运行过程中起到良好的承上启下的作用。按照这一思路，结合我军大型装备采购成本监控工作的实际需要和外军建设的实践经验，也可以选用创业型组织结构作为我军军兵种装备成本审核委员会的组织结构类型。具体来说，在人员设置上，可设置主席1名，管理下设的委员会各执行委员。

2. 构建横向协同的执行组织——军兵种装备成本监控中心。通过大型装备采购成本监控机制建设的现状分析，我国目前对于大型装备采购成本监控工作主要是依靠研制单位自行组织实施。军方负责监督和审查，具体的执行机构是军事代表机构。但是实践表明，大型装备研制项目的成本监控工作的效果不尽如人意。效果不佳的原因有很多，其中最直接的原因是我军目前还没有组建相应独立、专业、统管的成本监控执行机构。建议在上文所分析的顶层和中层的管理组织之下，建立横向协同的大型装备采购成本监控底层管理和执行组织负责具体的成本监控工作，即军兵种装备成本监控中心，受军兵种装备成本审查委员会的领导。由于大型装备成本监控工作最终产生的是对大型装备采购或定型工作具有建设性作用的决策支持，所以在这项工作中专家团队将发挥决定性的作用。根据上文中对组织结构相关理论的分析，在这样的情况下有两种组织类型较为合适，一种是专业型官僚组织结构，另一种是机械型官僚组织结构。下面将采用机械型官僚组织结构类型来设计军兵种装备成本监控中心的组织结构，并使整体组织在机械型官僚结构下呈现明显的事业职能型框架。按照当前军队改革实际，设计的军兵种装备成本监控中心将分为陆军、海军、空军、火箭军、战略支援部队和联勤保障部队六个装备成本监控中心。现以陆军装备成本监控中心为例对其结构加以说明，其他军兵种装备成本监控中心的组织结构与陆军的相似，这里不加以赘述，如图3-9所示。

这样设计军兵种装备成本监控中心的组织结构主要基于以下三点考虑：一是根据大型装备采购成本监控工作所需要的组织规模进行考虑。由于军兵种装备成本监控中心是前文所界定的大型装备采购成本监控工作的底层管理组织，同时也担负着具体的成本监控执行工作。因此，该组织机构的目标是完成大型装备采购成本监控所需进行的成本计算分析、数据收集处理、技术风险估计、价格评定审

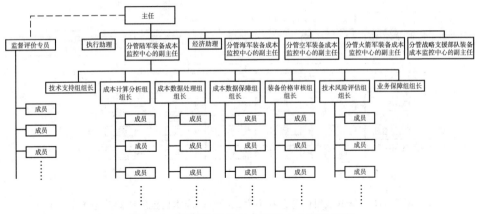

图 3 - 9　军兵种装备成本监控中心组织结构

查、监控效果评价等一系列工作。这些工作要想得以实施必须有大量相关领域的专家协同工作，其整体组织规模必然较为庞大。二是根据大型装备采购成本监控所需要的组织成员力量配置进行考虑。通过组织结构的辨析，对于大型装备采购成本监控执行组织这样的决策支持团队来说，较为合适的组织结构类型就是专业官僚结构和机械型官僚型两种。但是，这两种类型的组织结构在构成的力量配置方面存在着差异，考虑到大型装备的采购成本监控工作必然要涉及大量的信息处理，信息系统的建设是监控工作能否高效开展的重要保证，这就对组织中的技术支持人员有着较高的力量配置需求，所以机械型官僚组织中关于技术支持人员力量配比结构较为合适。三是根据大型装备采购成本监控工作所需要的人力资源配置进行考虑。上述的两点考虑解释了军兵种装备成本监控中心为何要选择机械型官僚组织结构的问题，接下来的第三点则是解释为何要使整体组织呈现事业职能型框架。通过图 3 - 9 可以看出，军兵种装备成本监控中心的组织结构呈出明显的机械官僚结构下的事业职能型框架，这样设计是从大型装备采购成本监控机制运行所需的人力资源配置角度考虑的。首先，我国正处于武器装备跨越式发展的关键时期，必然会在同一时期进行着多种大型装备的研制活动；其次，针对每个大型装备研制项目的成本监控工作，不可能也没有必要全部单独配备相应的专业人员进行分析。所以出于对人力资源进行合理科学配置的角度，将整体组织设计成机械型官僚结构下的事业职能型结构，以便更好地配合不同的大型装备项目办公室，从而在进行具体的采购成本监控工作时较为便利地将军兵种装备成本监控中心的组织结构转变为矩阵型，如图 3 - 10 所示。

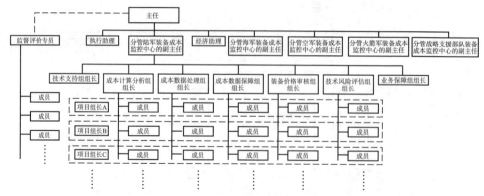

图 3 – 10   具体项目任务条件下军兵种装备成本监控组织矩阵型结构

在军兵种装备成本监控中心的人员构成方面，应该突出人员的多样性和专业性。这样不仅符合大型装备采购成本监控工作的切实需要，同时也能够提升矩阵型组织结构在人力资源配置方面的选择余地。对各组的人员配置上应尽量培养能够担任项目组长职务的能力，加强组织中的激励性，不断提升组间成员完善自身业务素质和积极追求进步的意识。应广泛吸收具有相应专业能力的人员进入军兵种装备成本监控中心，采取军人为骨干，文职人员为主体的人员性质结构类型，不断充实军兵种装备成本监控的人力资源力量，提升大型装备采购成本监控机制的运行效果。同时，需要说明的是，军兵种装备成本监控组织中的监督评价专员应由全军装备成本分析改进办公室直接任命，与军兵种装备成本监控组织主任的关系是相互配合协作的关系，其成员构成也应由全军装备成本分析改进办公室统一调配，确保相应的独立性。综上所述，本书构建了大型装备采购成本监控组织机制中完整的组织结构框架，如图 3 – 11 所示。

从图 3 – 11 中看大型装备采购成本监控组织体系的整体框架虽然简单，但是在具体的组织结构设计上，本书根据不同层级所需达到的组织目标选用了不同类型的组织结构。不仅使各层级的组织目标与组织结构更为搭配，同时也使各层级组织内部构成分工更加明确、结构更加清晰、力量配置更加趋于合理，能够更好地服务大型装备采购成本监控机制的运行。

3. 构建一体化的装备采购全过程成本监控流程。优化我军大型装备采购成本监控机制建设的关键是要改变现有分段式监控执行方式，突出具有连续性的"全程监控"，形成科学有效、三段一体的执行方式。一是把握大型装备研制项目的"前段"，即论证阶段和方案阶段，形成科学合理的目标成本，为成本监控工

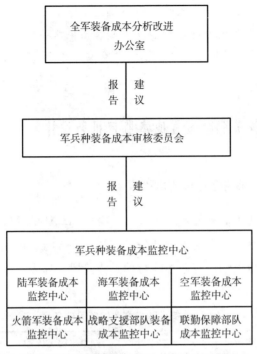

图 3－11　大型装备采购成本监控组织体系

作订立标准的同时，也可以将监控工作的作用效果有效前移，实现大型装备采购
成本的前馈监控；二是抓住大型装备研制项目的"中段"，即工程研制阶段，改
变当前在大型装备研制项目中，采购成本监控主体不明确，首尾不相顾的现状，
严格执行研制过程中的成本信息收集，科学进行分析并按规定进行成本信息分析
结果的处理，实现大型装备采购成本的过程监控；三是重视大型装备研制项目的
"尾段"，即定型阶段，在严格执行大型装备研制价格审核制度的同时，要不断完
善成本监控工作评价制度，并切实发挥评价结果的作用，利用评价结果不断总结
采购成本监控工作的效果，为下次监控工作提供相关经验的参考借鉴，实现大型
装备采购成本的反馈监控。"前段""中段""尾段"三段一体，突出了大型装备
采购成本监控工作在执行上的全过程，"前馈""过程""反馈"有机结合、相互
作用形成了科学有效的大型装备采购成本监控执行方式，更好地推动整体监控机
制运行。

　　大型装备采购成本全过程监控是包含了具体项目在型号研制阶段和生产购置
阶段的所发生的采购成本监控，具体包括了大型装备采购项目的试制费用和购置

费用。因此，在弄清了"谁来监控"的基础上，本部分内容将以监控方式为切入点，解决"怎么监控"的问题。重点从大型装备采购项目的"前段""中段"和"尾段"三阶段入手，对应建立"前馈""过程""反馈"的"三段一体"全过程监控执行方式。

三、大型装备采购全过程成本监控机制设计

（一）大型装备采购全过程成本构成

大型装备采购成本监控要想顺利执行，必须为具体的采购项目确定科学合理的成本监控节点。鉴于本书对大型装备采购活动的界定，可先按照大型装备研制活动通常的阶段划分采购成本监控执行的总体阶段。如表3-4所示。

表3-4　　　　　　　　　大型装备采购成本监控阶段任务表

研制阶段	论证阶段	方案阶段		工程研制阶段		定型阶段	
各阶段工作	形成研制总要求	设计多种方案	形成研制任务书	初样机研制	正样机研制	设计定型	生产定型
研制阶段总体划分	"前段"			"中段"		"尾段"	
成本监控执行方式	前馈监控			过程监控		反馈监控	
成本监控执行任务	确定成本监控阶段	分析成本影响因素	制定目标成本计划	成本信息采集	成本信息分析	分析结果处理	监控工作评价

如表3-4所示，当前我军的大型装备研制活动有四个阶段。论证阶段的主要任务是进行战术技术指标、总体技术方案的论证，对研制经费、保障条件、研制周期的预测，形成《研制总要求》报告。方案阶段的主要任务是对《研制总要求》进行系统研制方案的论证、验证，形成《研制任务书》。工程研制阶段的主要任务是进行装备的试制和试验，通常进行初样机和正样机两轮研制，确定是否具备设计定型试验的条件。定型阶段分为设计定型阶段和生产定型阶段。设计定型阶段是对研制装备进行全面考核，以确定其是否达到规定标准；生产定型阶段是在装备设计定型后，对转入批生产的装备进行考核，检验其是否达到设计定

型产品的水平，以确认生产单位生产该装备的能力。这四个阶段将生成大型装备的采购成本。

大型装备采购成本监控执行的总体阶段可以根据研制活动的部分转阶段节点，按照前馈监控阶段、过程监控阶段和反馈监控阶段进行划分，形成大型装备采购成本监控执行的总体监控点和监控阶段，每一个监控点都代表着监控阶段的结束，如图 3 – 12 所示。需要指出的是，本书界定的采购成本前馈监控阶段和反馈监控阶段所对应的是具体研制工作尚未切实开展和基本完成两种情况，且这两个监控阶段持续的时间相对较短，所以笔者认为无须再设计这两个监控阶段内部的具体监控点。而过程监控阶段涉及采购项目的工程研制阶段和部分定型阶段，面临的任务多、情况多且持续时间漫长，所以应根据采购项目的不同特点设计过程监控阶段内部的具体监控点，进而形成更为具体的实际采购成本监控阶段。具体节点的设置思路将在下文进行分析。

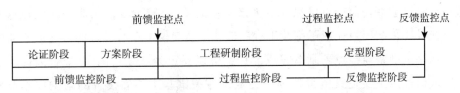

图 3 – 12　大型装备采购成本监控执行总体监控阶段示意

如图 3 – 12 所示，根据大型装备研制活动通常的阶段划分，本书在部分转阶段节点上，设计了大型装备采购成本监控的总体节点，分别是前馈监控点、过程监控点和反馈监控点。关于大型装备采购项目具体监控节点的设置，从研制活动各阶段的任务看，具体的工程施工任务都集中在项目的工程研制阶段。因此，该阶段同时也是实际采购成本大量生成的阶段，在此阶段中采购成本监控工作将进行实际成本信息收集、实际成本与目标成本的对比、对比结果的分析、分析结果的处理等工作，任务较为具体和繁重，所以应当以大型装备采购项目工程研制阶段为重点，细化采购成本监控点的设置。具体来说，应当在前馈监控中采用专家评议的方式，确定工程研制阶段的具体监控点，进而形成多个具体的监控阶段。同时，根据不同项目的特点和需要，大型装备采购项目工程研制阶段采购成本具体监控点的设置可能不同。例如，可以按照具体项目的工程施工环节进行具体的监控点设置，如图 3 – 13 所示。

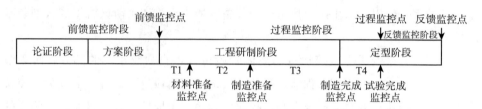

图 3 – 13　基于工程施工环节的大型装备采购成本具体监控点设置

如图 3 – 13 所示，按照具体项目的工程施工环节，在总体三阶段监控的基础上，具体监控点可大致设置为材料准备监控点、制造准备监控点、制造完成监控点、试验完成监控点等。材料准备监控点主要是具体的大型装备采购项目在完成了相关工艺准备和原材料采购之后所设置的采购成本监控点，从前馈监控点到材料准备监控点可以界定为该项目的 T_1 监控阶段；制造准备监控点主要是在具体采购项目完成了相关零件和工装制造工作后设置的采购成本监控点，从材料准备监控点到制造准备监控点可以界定为该项目的 T_2 监控阶段；制造完成监控点主要是在具体采购项目完成了部装工程制造和总装交付工作后设置的采购成本监控点，从制造准备监控点到制造完成监控点可以界定为该项目的 T_3 监控阶段；试验完成监控点主要是具体采购项目完成了相关试验工作后设置的采购成本监控点，从制造完成监控点到试验完成监控点可以界定为该项目的 T_4 监控阶段。

再比如，有些具体的大型装备采购项目采取的是分阶段合同制的签约方式。因此，也可按照具体项目研制合同的签订过程进行采购成本监控点的确定。这种设置方式遵循的是采购项目的进程而不是具体研制活动的阶段。例如，我国某型号舰载机采购项目的合同签订就分为三个阶段，第一个阶段为舰载机首飞；第二个阶段为舰载机上舰；第三个阶段为舰载机设计定型，这三个阶段也代表着采购项目的进程。可考虑将该型号舰载机的采购成本监控点就可以设计为前馈监控点、舰载机首飞监控点、舰载机上舰监控点、舰载机设计定型监控点、反馈监控点。总体上依旧是前馈监控阶段、过程监控阶段和反馈监控阶段，过程监控具体分为 T_1、T_2、T_3 三个监控阶段。

综上所述，大型装备采购成本的监控阶段是通过监控节点的设置而形成的，监控节点往往意味着具体采购项目一个阶段性工作的完成。因此，可以认为各监控阶段时间之和就是具体项目的总体研制周期。另外，大型装备采购项目采购成本监控节点应该按照具体项目的特点和需要进行科学设置，在实践工作中应该充分发挥专家们的专业水平和主观能动，采取集体评议的方式进行确定。同时，应重视大型装备采购成本监控反馈评价结果的运用，重视相关的工作总结和经验积累，增强大型装备采购成本监控点选取的科学性和合理性。

（二）大型装备全过程成本监控影响因素

在实际的研制过程中，大型装备采购成本会受到多种因素的影响，例如，技术因素、管理因素、人员因素、政策因素等。因此，加强大型装备采购成本影响因素分析，进行科学合理的成本风险识别和风险评估是前馈监控的核心内容，也是监控主体形成目标成本计划的重要准备工作。

具体来说，可以分为收集相关资料、确定评判标准、识别重要风险、分析风险机理、形成风险报告五个主要步骤。收集相关资料是由已成立的采购成本监控组收集客观监控依据的过程，主要的资料应包括具体采购项目的相关技术文件、相关的经验参考、研制单位的具体评估报告等；确定评判标准是形成主观监控依据的过程，是大型装备采购成本影响因素分析过程中最为重要的步骤，主要是专家小组的成员依照相关的客观依据，充分发挥自身专业性和主观能动性，将不同的大型装备采购成本状态进行赋值，形成具体量化标准的过程；识别重要风险是按照评判标准确定具体风险的过程，专家小组的成员可以按照具体的量化标准，依据影响因素的不同状态对应分值，确定大型装备采购项目的成本风险；分析风险机理是具体分析已确定的成本风险的过程，是大型装备目标成本计划制定的重要依据之一。具体的工作是分析风险产生的概率、产生的影响等；形成风险报告是将具体采购项目成本影响因素分析结果整理、上报、归档的过程，大型装备采购成本风险评估报告是推动大型装备采购成本监控组织纵向运行的关键报告之一，也是形成大型装备采购成本监控经验重要的资料。

大型装备采购成本影响因素的量化过程实际上就是按不同的状态程度设计具体指标等级及赋值的过程，能够为制定具体采购项目的目标成本提供科学的依据。确立量化标准的过程主要可分为四个步骤：一是确定该影响因素具体的指标构成；二是设置具体指标的状态赋值标准；三是确立某种影响因素风险状态等级评判标准；四是明确该影响因素的对具体采购项目成本的影响程度评判标准。为说明成本影响因素具体的量化过程，笔者选取影响大型装备采购成本的技术因素，按照上述四个步骤进行具体的举例分析。技术因素是可能对采购成本产生影响的装备研制理论、制造工艺、技术状态等方面的问题，是影响实际采购成本生成的核心因素，具有较强的代表性和通用性。

1. 确定成本影响因素具体指标的内容构成。大型装备采购成本影响因素具体指标的内容构成是项目中某一成本影响因素的内容细化。以影响某大型装备采购成本的技术因素为例，可将影响大型装备采购成本的技术因素界定为由技术成熟度、技术复杂度和技术创新度三类指标构成。如图 3 – 14 所示。

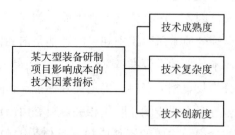

图 3 – 14　某大型装备采购成本技术影响因素指标构成

2. 确定成本影响因素指标的状态赋值标准。影响大型装备采购成本因素的状态赋值标准是执行组专家成员进行影响因素分析的打分依据，是量化分析方式的主要体现。本书以技术因素的指标构成为例，举例说明成本影响因素指标的赋值标准确定方法。

一是技术成熟度指标赋值标准。通过执行组专家成员集体决策，某具体大型装备采购项目的技术成熟度状态等级可分为十级，由于这十级状态较为清晰，在具体的专家打分过程中不会出现太大的争议，所以对应的等级赋值可设置为从 1 到 10 的具体分值，具体如表 3 – 5 所示。

表 3 – 5　　　　　　　　　　技术成熟度状态等级赋值

等级	状态	赋值
一	仅提出了基本概念	1
二	对基本概念进行了较多的理论性研究	2
三	对基本概念进行了实验性研究	3
四	核心部件或子系统在理想环境下试验成功	4
五	核心部件或子系统在现实环境下试验成功	5
六	系统试验与演示	6

等级	状态	赋值
七	初样机研制完成	7
八	正样机研制完成	8
九	正样机进行试验	9
十	正样机定型	10

　　二是技术复杂度指标复制标准。对于一些较为笼统的指标而言，由于包含的内容较多，单一的指标状态很难描述清楚其状态水平，因此可以考虑设计子指标来共同描述这类指标的状态等级。如技术复杂度指标就可以由技术理论的复杂度、工艺制造的难易度和技术储备缺失度三类子指标共同决定。在状态等级赋值上，采用设置区间的方式，方便专家打分后按加权平均原则，求平均数进行技术复杂度状态等级的相关评判。具体如表 3 - 6、表 3 - 7 所示。

表 3 - 6　　　　　　　　　　技术复杂度状态等级赋值

等级	状态	赋值范围
一	清晰	(0, 2]
二	较清晰	(2, 4]
三	复杂	(4, 6]
四	较复杂	(6, 8]
五	极复杂	(8, 10]

　　对于技术复杂度这类拥有子指标的成本影响因素指标来说，在实际工作中，专家组可先通过对技术复杂度子指标的评分，得出相应的数值，再按照加权平均原则，将具体数值对应到技术复杂度状态等级赋值表中，得到具体项目的技术复杂度状态等级评分。

表 3 – 7   技术复杂度子指标状态等级赋值

子指标	等级	状态	赋值
技术理论复杂度状态等级赋值	一	现有的单一理论，理论清晰简单	1
	二	现有的交叉理论，理论较为复杂	3
	三	需创新某种理论，理论复杂	7
	四	需创新多种理论，理论极为复杂	10
工艺制造难易度状态等级赋值	一	常见工艺，制造实现很容易	1
	二	一般工艺，制造实现容易	3
	三	精细工艺，制造实现困难	5
	四	精密工艺，制造实现很困难	7
	五	未掌握工艺，暂时不能制造实现	10
技术储备缺失度状态等级赋值	一	有样机或完整系统参照研究	1
	二	有核心部件或子系统参照研究	3
	三	有完整的同类型技术资料	5
	四	有部分的同类型技术资料	7
	五	毫无资料、自行摸索	10

　　三是技术创新度指标赋值标准。技术创新度是描述大型装备具体采购项目技术创新程度的指标，具体的状态等级可分为五级，考虑到不同的专家对于具体采购项目的技术创新度的认可程度可能是不同的，所以在等级赋值上也采用区间赋值的方法，设置赋值范围。如表 3 – 8 所示。

表 3 – 8   技术创新度状态等级赋值

等级	状态	赋值范围
一	解决某项缺陷	$(0, 2]$
二	进行少量改进	$(2, 4]$
三	进行大量改进	$(4, 6]$
四	核心部件或子系统创新	$(6, 8]$
五	系统创新	$(8, 10]$

　　3. 确定成本影响因素的风险状态等级评判标准。大型装备采购成本影响因

素的风险概率评判标准是通过影响因素具体指标评分值判断风险概率等级的参考标准。通常可以设计界定为极高风险、高风险、一般风险、低风险、弱风险五个等级，分别对应的技术因素产生风险的概率为：（80%，100%]、（60%，80%]、（40%，60%]、（20%，40%]、（0%，20%]。以技术因素的风险状态等级评判为例，可按通常的思路进行设计，具体如表3-9所示。

表3-9　　　　　　　　　　技术因素风险等级评判标准

等级	状态	发生概率的范围	赋值范围
一	弱风险	[0，20%]	(0，2]
二	低风险	(20%，40%]	(2，4]
三	一般风险	(40%，60%]	(4，6]
四	高风险	(60%，80%]	(6，8]
五	极高风险	(80%，100%]	(8，10]

　　4. 确定成本影响因素风险影响程度评判标准。大型装备采购成本影响因素的风险影响程度判断标准是通过工程技术专家和成本费用专家利用相关经验判断风险影响的参考标准。具体讲，就是一旦风险确实发生，采购成本受风险影响的上涨幅度。该标准可分为五个等级，分别是轻微影响、较小影响、一般影响、较大影响和严重影响。每一种影响程度都对应着采购成本的上涨幅度，具体幅度范围可通过执行组专家与研制单位专家进行联席会议协商确定。如表3-10所示。

表3-10　　　　　　　　　　影响因素风险影响程度评判

等级 E	状态	采购成本上涨幅度 R	赋值范围
一	轻微影响	$a\%$	1
二	较小影响	$b\%$	2
三	一般影响	$c\%$	3
四	较大影响	$d\%$	4
五	严重影响	$e\%$	5

　　表3-10中，采购成本上涨幅度中的参数为 $a < b < c < d < e$；具体的风险影

响程度赋值为 1 到 5。

计算风险权重。大型装备采购成本风险权重是目标成本计划制定的重要依据，能够有效提升具体采购项目目标成本的科学性和合理性。大型装备采购项目各监控阶段的风险权重包含了两方面的确定因子，一是风险概率；二是风险影响。可按照以下公式（3-1）进行大型装备研制具体项目各个监控阶段风险权重的确定。

$$\delta^{T_n} = P^{T_n} \cdot E^{T_n} \tag{3-1}$$

式（3-1）中，δ^{T_n} 代表具体大型装备采购项目 T_n 监控阶段的风险权重；P^{T_n} 代表具体大型装备采购项目 T_n 监控阶段的综合风险概率，E^{T_n} 代表具体大型装备采购项目 T_n 监控阶段的综合风险影响。

一是确定具体采购项目某监控阶段采购成本的综合风险概率。在具体确定综合风险概率时，先可对每一项成本影响因素的风险概率进行确定，再按照上文的方法进行综合风险概率的计算。大型装备研制具体项目的单项成本影响因素风险概率计算，主要是在德尔菲法的基础上，采取加权平均的算法进行大型装备研制具体项目成本影响因素状态等级的量化数值确定。总体上说，影响大型装备采购项目的单项成本因素状态等级量化的模型是：

$$A_j^{T_n} = \lambda_1 \frac{\sum_{i=1}^{m} A_{1i}}{m} + \lambda_2 \frac{\sum_{i=1}^{m} A_{2i}}{m} + \cdots + \lambda_q \frac{\sum_{i=1}^{m} A_{qi}}{m} \tag{3-2}$$

式（3-2）中，$A_j^{T_n}$ 代表大型装备采购项目某个成本影响因素在 T_n 阶段的状态值；

A_{ni} 代表该影响因素各指标的专家评分分值；

λ_n 代表该影响因素各指标的权重；

j 代表影响因素个数；

q 代表该影响因素指标个数；

m 代表专家组人数。

通过式（3-2），以某项大型装备采购项目在 T_2 监控阶段成本的技术影响因素为例，可以得出相应的状态等级量化模型为：

$$A_1^{T_2} = \lambda_1 \frac{\sum_{i=1}^{m} A_{1i}}{m} + \lambda_2 \frac{\sum_{i=1}^{m} A_{2i}}{m} + \lambda_3 \frac{\sum_{i=1}^{m} A_{3i}}{m} \tag{3-3}$$

式（3 - 3）中，$A_1^{T_2}$ 代表在 T_2 监控阶段影响大型装备采购成本的技术因素状态值。

A_{1i} 代表某位专家对技术因素技术成熟度指标的评分分值；A_{2i} 代表某位专家对技术复杂度指标的评分分值；A_{3i} 代表某位专家对技术创新度指标的评分分值。

λ_1 代表技术成熟度指标的权重；λ_2 代表技术复杂度指标的权重；λ_3 代表技术创新度指标的权重。权重的具体数值由执行组专家团队与研制单位专家共同协商确定。

m 代表专家人数。

通过计算可得出 $A_1^{T_2}$ 的值，根据最大隶属度原则，将该值对比表 3 - 9 所示的技术因素风险等级评判标准，即可计算出该监控阶段中每一项的成本影响因素风险概率。

再根据具体的大型装备采购成本影响因素的个数综合考虑可能发生风险，进而对成本产生影响的概率，具体如式（3 - 4）所示。

$$P^{T_n} = \sum_{k=a}^{q} P_k^{T_n} \qquad (3-4)$$

式（3 - 4）中，具体的大型装备采购项目 T_n 阶段的综合风险概率 P^{T_n} 由可能发生的风险个数共同决定。按照上文中的假设在某监控阶段中，共有 q 个成本影响因素。所以，式（3 - 4）包含了多个成本影响因素的情况下只有一种风险的概率发生到 q 种成本影响因素全都发生风险的全部可能性。

其中，$P_a^{T_n} = P_1^{T_n} \prod\limits_{k=2}^{q} (1 - P_k^{T_n}) + P_2^{T_n}(1 - P_1^{T_n}) \prod\limits_{k=3}^{q} (1 - P_k^{T_n}) + \cdots +$

$P_q^{T_n} \prod\limits_{k=1}^{q-1} (1 - P_k^{T_n})$ 代表的是单一风险发生的概率；

$P_b^{T_n} = P_1^{T_n} \cdot P_2^{T_n} \prod\limits_{k=3}^{q} (1 - P_k^{T_n}) + P_1^{T_n} \cdot P_3^{T_n}(1 - P_2^{T_n}) \prod\limits_{k=4}^{q} (1 - P_k^{T_n}) + \cdots + P_{q-1}^{T_n} \cdot$

$P_q^{T_n} \prod\limits_{k=1}^{q-2} (1 - P_k^{T_n})$ 代表的是 q 个成本影响因素中，有两个发生风险的概率；

$P_c^{T_n} = P_1^{T_n} \cdot P_2^{T_n} \cdot P_3^{T_n} \prod\limits_{k=4}^{q} (1 - P_k^{T_n}) + P_1^{T_n} \cdot P_3^{T_n} \cdot P_4^{T_n}(1 - P_2^{T_n}) \prod\limits_{k=5}^{q} (1 - P_k^{T_n})$

$+ \cdots + P_{q-2}^{T_n} \cdot P_{q-1}^{T_n} \cdot P_q^{T_n} \prod\limits_{k=1}^{q-3} (1 - P_k^{T_n})$ 代表的是 q 个成本影响因素中，有三个发生风险的概率；

以此类推，可一直推导到 q 个成本影响因素全部发生风险的概率为：$P_q^{T_n} = \prod\limits_{k=1}^{q} P_k^{T_n}$。

这样就可以根据具体大型装备采购项目的成本影响因素确定某个监控阶段影响采购成本的综合风险概率 P^{T_n}。

二是确定具体采购项目某监控阶段的采购成本风险影响。大型装备采购项目风险影响程度的确定，向来是风险管理活动中难点。作为采购成本监控机制来说，主要的运行目标就是要确保合理的大型装备采购成本支出，简单地说，合理的大型装备采购成本就是要花足该花的经费，控制住不该花的经费。根据这一思路，假设若具体项目的采购成本影响因素是符合大型装备研制活动规律和特点的合理风险，即视为在具体的研制过程中出现该风险是正常现象，属于在研制过程中可以接受的风险范围。所以可以认为，专家所界定的合理影响因素发生风险后对采购成本造成影响程度的上限即为采购成本合理与不合理的理论临界点。这样一来，大型装备采购成本监控执行方式中的风险对成本影响程度的确定问题即是所有影响因素都发生风险条件下对采购成本造成影响的程度总和，即如式（3－5）所示。

$$E^{T_n} = \sum_{k=1}^{q} E_k^{T_n} \qquad\qquad (3-5)$$

大型装备采购项目监控阶段的成本风险综合影响程度与综合风险概率一样，也与该监控阶段中影响因素的个数密切相关，式（3－5）中的 q 表示的就是 T_n 监控阶段中采购成本影响因素的个数。

综上所述，确定了综合风险概率和综合影响程度后，就可对具体的大型装备采购项目某监控阶段的采购成本风险权重进行计算了。当然，根据具体的大型装备采购项目特点，采购成本影响因素的种类和数量和对成本所造成的影响程度可能不同，具体采购项目成本监控执行组的专家成员可按照本书中所提出的量化步骤和相关方法进行具体分析，确定每个监控阶段的采购成本的风险权重，形成目标成本计划打好坚实的基础。

（三）大型装备成本前馈控制

前馈监控是一种基于对事物未来发展趋势判断而提前采取措施的控制方式。具体来说，大型装备采购成本监控前馈监控是指监控主体根据具体采购项目的类型和特点，判断成本生成趋势，制定采购项目目标成本的过程。

1. 制定目标成本

基于当前我军大型装备采购成本监控事前控制所形成的以项目概算为具体形式的目标成本难以构成有效监控区间的现状。创新大型装备采购项目目标成本的具体形式，为之后的过程监控和反馈评价定好标准，进而切实实现监控执行所提出的"三段一体"，是优化监控执行方式的重要工作。

目标成本体系是大型装备采购成本监控标准的一种表达形式，具体由理想目标成本和理想目标成本调整量组成。其中，理想目标成本为具体的大型装备采购项目的基本成本；理想目标成本由具体的大型装备采购项目的基本成本修正量和成本偏差保证量组成。具体表示为：目标成本体系（C_0）= 基本成本（C_1）+ 基本成本修正量（C_2）+ 成本偏差保证量（C_3），如图 3 – 15 所示。

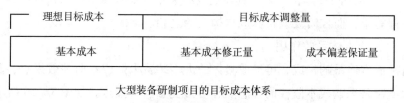

图 3 – 15　大型装备采购项目的目标成本体系构成

理想目标成本是以具体采购项目的工作分解结构（WBS）为依据，通过技术工程专家论证估算，再经过委托方和代理方共同协商所形成的目标成本分解结构（CBS）的总和。本书界定的理想目标成本是没有考虑大型装备采购项目不确定性条件下的一种理想的目标成本预设，是具体的大型装备采购项目所估算出的基本成本，表示为 C_1。

理想目标成本调整量是在理想目标成本的基础上，以具体采购项目的成本影响因素的分析结果为依据，经过军方和研制单位的共同确认而形成的某具体大型装备采购成本监控工作执行的预留量，也可以看作是采购项目的成本风险准备金，由基本成本修正量和成本偏差保证量组成。

其中，基本成本修正量表示为 C_2，成本偏差保证量表示为 C_3。基本成本修正量是通过具体采购项目成本监控组的专家会同研制单位该项目工程技术专家，分析项目研制过程中影响成本的因素可能会出现的风险概率和产生风险后，所确定的对理想目标成本的修正量。由于大型装备采购项目的主要特点之一就是不确定性，所以基本成本修正量可看作是大型装备采购成本监控活动可接受的目标成本调整量，可使大型装备研制目标成本的形成更加科学合理。成本偏差保证量是当大型装备采购项目的实际成本突破了理想目标成本修正量时，为保证采购项目继续进行所设计的大型装备采购成本监控最高目标成本预设。当采购项目的实际成本动用了成本偏差保证量时，可以认为项目研制过程中可能存在问题，进而导致了采购成本的超支，需要进行分析、查明原因、采取措施对大型装备采购项目的实际成本进行纠偏。

综上所述，按照本书界定的大型装备研制目标成本体系构成，结合具体采购项目所确定的监控阶段，大型装备采购项目的目标成本体系可以表示为：

$$C_0 = \sum_{k=1}^{n} C_0^{T_k}; \quad C_1 = \sum_{k=1}^{n} C_1^{T_k}; \quad C_2 = \sum_{k=1}^{n} C_2^{T_k}; \quad C_3 = \sum_{k=1}^{n} C_3^{T_k} \qquad (3-6)$$

式（3-6）的具体含义是：具体的大型装备采购项目每一项目标成本体系的构成，都等于各监控阶段该目标成本构成的之和。

2. 目标成本体系的作用

目标成本体系的构成，可形成具体的大型装备采购成本监控效果点，具体可分为大型装备采购成本监控的理想点、可接受点、失控点。如图3-16所示。

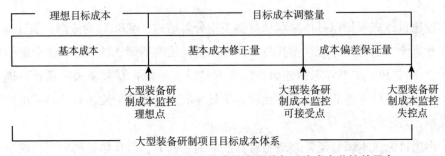

图3-16　基于目标成本体系构成的大型装备采购成本监控效果点

一般来说，在具体的大型装备采购项目中，实际采购成本都会突破基本成本，即大型装备采购成本监控的理想点，因此，专家对于具体项目的研制风险分析会对整体的大型装备采购成本执行方式产生十分重要的影响，正确科学地确定大型装备采购成本监控可接受点，是保证大型装备采购成本合理生成的重要依据。当实际成本突破了大型装备采购成本监控可接受点时，说明该项目采购成本已出现问题，需要进行分析纠偏。设置大型装备采购成本的成本偏差保证量，主要是考虑到大型装备采购项目的战略性特点。简单地说，要想减小采购成本问题对整体项目计划的影响，就必须在采购项目的成本出现问题时，依然有能够保证采购项目继续进行的资金预置，为分析问题原因留出时间的缓冲和资金的缓冲。当项目的实际成本突破了成本偏差保证量的最大值时，即达到了大型装备采购成本监控的失控点时就应该暂时中止项目，彻底分析出现问题的原因，进一步论证采购项目的必要性。

本书界定的目标成本体系相比现行的大型装备采购项目概算而言，最大的优势在于增加了目标成本调整量的设置，这是大型装备采购成本前馈监控的具体体现。简单地说，设置目标成本调整量就是提前估计大型装备研制过程中可能出现的超概算，并将这类超概算纳入目标成本的管理范畴内，实现针对实际采购成本的前馈监控。这样一来不仅增加了大型装备采购项目目标成本的影响程度，同时也使目标成本的设置更加符合大型装备采购项目的特点要求。因此，笔者认为，目标成本调整量的设置是优化大型装备采购成本执行方式最核心的方式创新，同时也是实现大型装备采购成本过程监控的基本条件。可以说，没有目标成本调整量的设置就不存在大型装备研制过程中对成本的调整空间。从目标成本体系的整体构成看，在实践中大型装备采购成本的浮动空间主要应该存在于理想点和失控点之间，而整体成本监控机制运行的目标是要将具体项目的采购成本控制在理想点和可接受点之间即可，也为下一步确定实际采购成本的状态提供了参考区间。

3. 目标成本体系的形成

大型装备采购项目理想目标成本的形成。大型装备采购项目理想目标成本的形成是基于具体采购项目的工作分解结构（WBS）形成的成本分解结构（CBS）的总和。具体包含以下几个步骤：首先，大型装备采购项目的承研单位会根据军方提出的性能指标要求，形成工作分解结构，再按照相关的规定标准形成对应的成本分解结构，再将成本分解结构中的目标成本逐层相加，得到相应的大型装备采购项目目标成本概算；其次，军方组织价格专家对大型装备采购项目概算进行审核，通过与研制单位的协商，核减不准确的项目，进而形成军方和研制单位都能接受的目标成本。这两个步骤是当前我军大型装备采购项目概算的形成过程。同时，也是本书所界定的前馈监控机制运行中大型装备采购项目不考虑成本影响因素的条件下，形成项目基本成本的过程。

大型装备采购项目目标成本调整量的形成。大型装备采购项目目标成本调整量的形成是在基本成本形成的基础上，考虑各监控阶段采购成本影响因素及其产生风险后对采购成本所造成的影响，而对基本成本的一种修正和补充。目标成本调整量的形成依据主要是大型装备采购成本影响因素形成风险后所造成的后果，即风险的影响程度。在上文中已经具体阐述了影响程度计算方法，已为目标成本调整量的形成做好了相应的准备工作。

①基本成本修正量 C_2 的形成。按照上文的分析，基本成本修正量的形成可在形成基本成本和确定了风险影响程度的基础上，按照式（3－7）进行测算。

$$C_2 = \sum_{k_1=1}^{n} \left[C_1^{T_{k_1}} \left(1 + \sum_{k_2=1}^{q} R_{k_2}^{k_1} \right) \right] \tag{3-7}$$

$C_1^{T_{k_1}}$ 表示大型装备采购项目某一监控阶段的基本成本；

$R_{k_2}^{k_1}$ 表示大型装备采购项目某一监控阶段风险对采购成本造成的影响幅度。

②成本偏差保证量 C_3 的形成。按照本书界定的大型装备研制目标成本体系的构成，成本偏差保证量是在具体项目的采购成本超出基本成本修正量后，保证项目能够继续研制的经费保证，可看作是对采购成本影响因素遗漏和综合影响程度误差的一种补充。可以依照现有大型装备采购项目中的不可预见费计提规定进行配额，原则上一般不超过可接受成本的5%。具体如式（3－8）所示。

$$C_3 = 5\%(C_1 + C_2) \tag{3-8}$$

C_1 为具体大型装备采购项目的基本成本；

C_2 为具体大型装备采购项目的基本成本修正量。

综上所述，按照本论文界定的大型装备研制目标成本体系构成，理想目标成本调整量等于基本成本修正量与成本偏差保证量的和。具体如式（3－9）所示。

$$\Delta C = C_2 + C_3 = \sum_{k_1=1}^{n} \left[C_1^{T_{k_1}} \left(1 + \sum_{k_2=1}^{q} R_{k_2}^{k_1} \right) \right] + 5\%(C_1 + C_2) \tag{3-9}$$

其中，ΔC 为大型装备采购项目的理想目标成本调整量。

4. 目标成本调整量的分配

大型装备采购项目目标成本调整量的分配是根据具体采购项目成本影响因素的风险权重将基本成本修正量和成本偏差保证量分配至各监控阶段的过程。在具体的大型装备采购项目中，哪个监控阶段风险权重越高，则该阶段的目标成本调整量的分配额越多。所以各个监控阶段成本影响因素的风险权重是大型装备采购项目目标成本调整量的主要依据。通过对具体采购项目的成本影响因素进行分析，能够计算出各监控阶段的采购成本风险权重，即已经完成了分配目标成本调整量的准备工作。在具体的执行过程中，可按照式（3－10）进行各监控阶段目标成本调整量 ΔC^{T_n} 的分配。

$$\Delta C^{T_n} = \frac{\delta^{T_n}}{\sum_{k=1}^{n} \delta^{T_k}} \Delta C \qquad (3-10)$$

ΔC^{T_n} 表示分配到 T_n 监控阶段的目标成本调整量；

δ^{T_n} 表示在 T_n 监控阶段的采购成本风险权重；

$\dfrac{\delta^{T_n}}{\sum_{k=1}^{n} \delta^{T_k}}$ 表示按采购成本风险权重 T_n 监控阶段所能分配到的目标成本调整量

比例。

最终，通过大型装备采购成本监控前馈监控机制的运行，可形成具体采购项目较为完善和科学的目标成本计划要素结构，该要素结构中应该包含具体采购项目的监控节点和各节点上制定的目标成本。如图3－17所示。

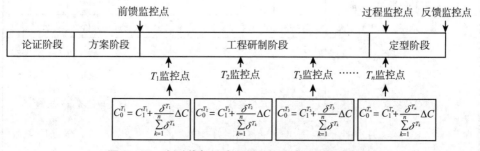

图3－17　大型装备采购项目目标成本计划要素结构

5. 编写目标成本计划报告

目标成本计划报告的构成。根据上文中对大型装备采购成本监控前馈监控工作的设计，本书认为，配套前馈监控工作的目标成本计划报告，可以设计为由三个部分组成。即大型装备采购项目目标成本计划审批表，目标成本计划报告正文，相关材料所组成的附录。

目标成本计划报告的形式要素。第一，大型装备采购项目目标成本计划审批表是目标成本计划整体的汇总材料，主要作用是简明地显示出由前馈监控形成的大型装备采购项目的目标成本，方便上级监控组织审批确认。所以，在内容上应该突出重点、一目了然，具体形式要素如表 3 – 11 所示。

表 3 –11　　　　大型装备采购成本监控目标成本计划审批表的形式要素

目标成本计划审批表

金额单位：万元　　　　　　　　　　　　　　　　　　　　时间：年　月　日

采购项目名称						
研制单位						
目标成本体系构成		总额	基本成本	基本成本调整量	成本偏差保证量	目标成本形成依据
监控阶段	第一阶段（具体时限）					
	第二阶段（具体时限）					
	第三阶段（具体时限）					
	……					
	第 N 阶段（具体时限）					
军兵种装备成本监控中心意见			军兵种装备成本审核委员会意见		全军装备成本分析改进办公室意见	
单位签章 年　月　日			单位签章 年　月　日		单位签章 年　月　日	

第二，大型装备采购项目目标成本计划报告正文是报告的主体，主要作用是向上级监控组织详细说明目标成本计划的形成过程和形成依据。所以，在内容上应该逻辑严密、表达清晰，具体形式要素如表 3 – 12 所示。

表 3 – 12　　　　　　大型装备采购项目目标成本计划报告形成要素构成表

要素	形式	说明
抬头	一般可表述为"×××装备成本监控中心目标成本计划报告"	抬头中应具体体现出军种信息
标题	一般可表述为"×××项目的目标成本计划报告"	标题中具体应体现出研制单位和采购项目信息
主要内容	1. 采购项目基本情况 2. 采购项目监控组构成及分工 3. 采购项目目标成本计划制定 4. 采购项目目标成本计划的依据说明	(1) 采购项目基本情况主要是简要介绍项目的战略意义、预研情况、预算情况等内容； (2) 采购项目监控组构成及分工主要是说明监控组人员、资历、分工等相关情况； (3) 采购项目目标成本计划制定主要是明确各监控阶段的基本成本、基本成本修正量、成本偏差保证量的分配等内容； (4) 采购项目目标成本计划依据说明主要是根据采购项目的《研制任务书》《研制总要求》、采购项目成本概算、采购成本影响因素分析结论等材料，详细说明采购项目监控阶段划分和目标成本体系分配的依据； (5) 目标成本计划报告应根据主要内容，设置相应密级。
落款	采购项目监控组名称及组长签名	无
日期	年　月　日	无

第三，大型装备采购项目目标成本计划报告附录是一系列材料的汇总，主要作用是为大型装备目标成本计划制定的依据提供佐证材料，包括大型装备采购项目《研制任务书》《研制总要求》、采购成本影响因素量化分析材料及其他有关材料。具体的形式要素可参照现行的大型装备型号研制《研制任务书》《研制总要求》等材料编制的相关规定进行汇总工作。

6. 大型装备研制目标成本计划报告的审批

具体大型装备采购项目的成本监控组，应在完成采购成本前馈控制后编写《目标成本计划报告》，并逐级请示审批。由于本书的研究对象是大型装备。根据上一章中对大型装备采购成本监控组织运行机制的相关界定，大型装备采购项目的《目标成本计划报告》应经军兵种装备成本审核委员会的审核后，呈报全军装备成本分析改进办公室审批。审批确认的《目标成本计划报告》可作为决策支持材料，为军委装备管理部门相应的经费管理决策提供依据。

（四）大型装备成本过程监控

大型装备采购成本监控执行过程监控机制是在前馈监控形成了相应标准和计划的基础上，结合具体项目的实际成本信息进行对比、计算、分析的过程。大型装备采购成本过程控制的具体执行组织是军兵种装备成本监控中心，主要的监控环节有：收集实际成本信息、分析实际成本信息、处理信息分析结果等。在过程监控的执行过程中，会在不同的监控节点，形成相应的大型装备采购项目《实际成本节点分析报告》，推动整体采购成本监控机制的运行。

1. 规范严格的实际成本信息采集标准。大型装备采购项目的实际成本信息是过程监控机制运行的重要依据。实际成本信息的采集工作本质上就是大型装备采购成本监控活动中"监"字所表达的含义，必须形成严格的采集标准。

一是规范实际成本信息的采集内容。大型装备实际采购成本信息的采集内容，即是研制单位需在相应的时间节点内呈报的内容，具体应包括：第一，某监控阶段实际成本信息汇总表；第二，采购项目采购成本明细表；第三，采购项目采购成本总体说明；第四，采购项目各单项计价成本计算说明；第五，其他相关成本资料。但是，这些内容在我国现行的大型装备采购项目的成本会计工作中，还存在着军方与研制单位间就项目采购成本科目的界定不一致的情况。如军方所认为的大型装备采购项目的计价成本就是传统的八大项内容①；然而，研制单位在具体的研制过程中却采用原材料、燃料动力、工资薪酬、外部加工、成品等科目进行成本的核算和管理，虽然在总体的含义上两种成本构成大致相同，但是却不能明确显示研制单位的实际成本生成究竟属于"八大费"的哪一项，造成军方对于大型装备采购项目的计价成本的理解与研制单位无法有效衔接，可能导致采集内容的失真，进而降低实际采购成本的采集质量。为什么军方和研制单位会在成本构成上有所差异？其主要原因是，传统的八大项内容无法真实体现研制单位的实际研制生产活动，所以研制单位往往先根据企业所规定的成本构成进行核算，再将具体数据转化为军方要求的八大项内容以供审查，这样就大大降低了实际成本信息采集的规范性。在即将颁布的新版的《国防科研项目计价管理办法》中，已准备将国防科研项目计价成本类目做出一定的调整，使成本构成更加符合研制单位实际研制和生产活动的特点，实现军地双方关于采购成本构成的一致

---

① 计价成本构成即将发生的变化在本书的概念界定部分应经进行了说明，这里不再赘述。

性，这样也将势必会提高大型装备采购项目实际成本采集的规范性和有效性。

二是统一实际成本信息的采集格式。大型装备采购成本费用十分复杂和庞大，统一标准的采购项目实际成本信息格式是大型装备采购成本监控工作和相关信息系统建设和运用的基础，能够有效提升项目成本监控工作的效率。因此，有必要规范统一的大型装备研制实际成本信息的采集格式。其具体的形式要素如表3-13所示。

表3-13　　　　　　　大型装备采购项目实际成本采集表

第（　　）监控阶段实际成本信息汇总表

金额单位：万元　　　　　　　　　　　　　　　　　　　　时间：　年　月　日

采购项目名称				
研制单位				
监控阶段起止时间				
数据采集起止时间				
统计类目		数额	第（　）监控阶段实际成本	第（　）监控阶段目标成本
采购项目计价成本	设计费			
	材料费			
	外协费			
	专用费			
	试验费			
	固定资产使用费			
	工资费			
	管理费			
研制单位数据呈报负责人：			监控组数据保障负责人：	

三是提升实际成本信息的采集效果。要想提升大型装备采购项目各监控阶段实际成本的采集效果，须做好四方面的工作。一是健全成本信息报告制度建设。加强大型装备采购成本监控组成本信息采集的制度保障是提升实际成本信息采集效果的首要措施。当前我国的军代表虽然被赋予了收集研制单位项目成本信息的职能，却没有权威的制度予以保证，导致实际中的大型装备采购成本信息采集效果不尽如人意。因此需加快建立大型装备采购成本信息报告制度，以制度保障项

目监控数据保障人员的职权统一。二是严格限制成本信息提交时限。严格限制采购项目实际成本的提交时间是为了留出信息审查和整理的时间，如美军进行具体采购项目的里程碑节点审查时，每个监控节点至少需要预留出九个月的时间，进行各种信息资料的审查和整理，最终再将形成的资料提供给委员会进行审查。该实践经验告诉我们，面对大型装备采购成本，必须预留出足够的检查处理时间，才能确保实际成本信息的真实程度和统一格式，提升采集效果。三是严格审查成本信息的真实程度。大型装备采购项目实际成本信息的真实程度是采集效果的根本保证，虚假的成本信息是没有任何作用的，所以要加大各监控阶段上的成本信息真实程度的审查，保障大型装备采购成本监控机制的有效运行。四是加强责任追究制度建设。加强大型装备采购项目实际成本采集工作的责任追究制度建设是保证信息采集效果的有效制度保证。不断加强该项制度建设能够使参与具体项目的各单位和相应人员，时刻保持高度的责任感和认真负责的工作态度，保证实际成本信息的采集效果。另外，不断加强该项制度建设也能在出现问题时提供规范的处理依据。

2. 采用量化的实际成本状态分析方法。大型装备采购项目各监控阶段的实际成本信息分析是监测具体项目实际成本状态的环节。考虑到该环节在实践中的简便性和可操作性，应该设计较为直观且简单的量化分析方法。所以笔者在上文分析的基础上，设计了实际成本生成状态指数的计算方式和实际成本状态量化评判标准，可以使监控主体在采集了有效的实际成本信息后，快速方便地判断该监控阶段实际成本的状态。若实际成本生成存在问题，再组织专家进行专业的分析，这样既可以降低监控成本，又能够提升监控效率。

一是计算实际采购成本状态指数。大型装备采购项目各监控阶段实际采购成本的状态指数是指实际收集来的各阶段采购成本生成量与各阶段目标成本体系量之间的比值。在前文中，本书构建了大型装备采购项目的目标成本体系，分别界定了体系中基本成本、基本成本修正量、成本偏差保证量的具体含义。可以明确的是，这些成本构成就是具体采购项目实际成本生成状态的对比依据，通过某监控阶段实际成本与该监控阶段目标成本之间比值的计算，可以快速得到一个具体的数值，这一数值就是实际成本生成状态指数，可以通过这一指数较为便利且准确地判定大型装备采购项目实际成本的节点状态，其计算公式如式（3–11）所示。

$$\kappa = \frac{C_{T_n}}{C_0^{T_n}} \tag{3–11}$$

其中，κ 表示大型装备采购项目实际采购成本状态指数；

$C_0^{T_n}$ 表示分配到 T_n 监控阶段的目标成本体系;

C_{T_n} 表示采集到的 T_n 监控阶段的有效实际成本。

二是确定实际成本状态量化评判标准。在前文的分析中,本书不仅界定了大型装备采购项目目标成本体系的构成和含义,还分析了不同的目标成本构成在实际监控活动中的所代表的具体意义,进而推导出了大型装备采购成本监控的理想点、可接受点和失控点。所以,结合目标成本体系的构成和监控状态点的分类,可以形成这三个监控状态点的具体量化数值,如图 3 – 18 所示。

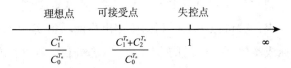

图 3 – 18　大型装备采购成本监控状态点量化值坐标轴示意

如图 3 – 18 所示,通过目标成本体系的成本构成和不同监控状态点的界定,本论文得出了三个十分有意义的大型装备采购成本监控状态点的量化数值。其中,$\dfrac{C_1^{T_n}}{C_0^{T_n}}$ 表示的是大型装备采购项目 T_n 监控阶段的理想成本点;$\dfrac{C_1^{T_n}+C_2^{T_n}}{C_0^{T_n}}$ 表示的是大型装备采购项目 T_n 监控阶段的可接受成本点,1 表示的是大型装备采购项目 T_n 监控阶段的成本失控点。

结合图 3 – 18 和式(3 – 11),可以形成大型装备采购项目实际成本状态的评判标准,具体如表 3 – 14 所示。

表 3 – 14　　　　大型装备采购项目实际成本生成状态量化评判表

实际采购成本状态指数值区间	实际采购成本状态
$\left(0, \dfrac{C_1^{T_n}}{C_0^{T_n}}\right]$	理想状态
$\left(\dfrac{C_1^{T_n}}{C_0^{T_n}}, \dfrac{C_1^{T_n}+C_2^{T_n}}{C_0^{T_n}}\right]$	合理状态
$\left(\dfrac{C_1^{T_n}+C_2^{T_n}}{C_0^{T_n}}, 1\right]$	偏差状态
$(1, \infty)$	失控状态

从表 3 – 14 中可以看出，大型装备采购项目的实际成本生成状态可以分为四种，分别是：理想状态，对应的实际成本生成状态指数值区间为 $\left(0, \dfrac{C_1^{T_n}}{C_0^{T_n}}\right]$；合理状态，对应的实际成本生成状态指数值区间为 $\left(\dfrac{C_1^{T_n}}{C_0^{T_n}}, \dfrac{C_1^{T_n}+C_2^{T_n}}{C_0^{T_n}}\right]$；偏差状态，对应的实际成本生成状态指数值区间为 $\left(\dfrac{C_1^{T_n}+C_2^{T_n}}{C_0^{T_n}}, 1\right]$；失控状态，对应的实际成本生成状态指数值区间为 $(1, \infty)$。

通过具体的大型装备采购项目实际成本生成指数 κ 的计算，再对比实际成本生成状态量化评判表，就可以较为便利的监测出当前项目实际成本的生成状态。

三是基于目标成本体系剩余量的实际成本状态分析。在实际研制过程中，不同的大型装备采购项目的实际成本生成状态，对应着不同的目标成本体系剩余，如图 3 – 19 所示。

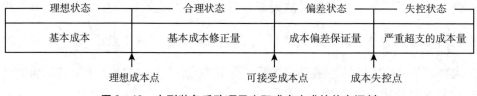

图 3 – 19　大型装备采购项目实际成本生成的状态评判

从图 3 – 19 中可以看出，当大型装备采购项目的实际成本生成处于理想状态时，基本成本还存在着剩余，这是相当理想的状态；当大型装备采购项目的实际成本生成处于合理状态时，基本成本已消耗殆尽，基本成本修正量还存在着剩余，这是可以接受的合理状态；当大型装备采购项目的实际成本生成处于偏差状态时，基本成本、基本成本修正量都已消耗殆尽，开始动用成本偏差保证量，这说明该项目出现了成本方面问题，可能是前馈监控制定的目标成本计划有误，或者是研制单位出现问题，应组织专家进行分析，探寻成本问题的原因；当大型装备采购项目的实际成本生成处于失控状态时，目标成本体系已消耗殆尽，这时该项目已经出现了严重的问题，应考虑终止项目，彻查原因。

3. 形成制式的实际成本信息处理结论。实际成本信息的处理结论是综合了具体采购项目的目标成本制定情况、实际成本生成情况和项目具体研制情况的条件下，以采购项目成本监控执行过程为导向形成的具体项目采购成本监控执行结果。在本书的论述中，制式的实际成本信息处理结论形成过程是《实际成本节点监控分析报告》的形成过程。

大型装备采购项目的《实际成本节点监控分析报告》与《目标成本计划报告》一样，是推动大型装备采购成本监控工作纵向管理运行和横向业务运行的重要报告，在整体监控机制的运行中具有重要的作用和地位。因此，有必要对报告的内容进行明确的规范和统一，加强对报告质量的要求，充分发挥报告在大型装备采购项目管理工作的决策支持作用。具体的报告形式要素如表 3 – 15 所示。

大型装备采购项目《实际成本节点监控分析报告》须连同《监控阶段实际成本信息汇总表》及采购项目定价成本明细、计算说明等相应材料，呈报上级大型装备采购成本监控组织逐级审批，其过程与作用与上文界定的大型装备采购项目《目标成本计划报告》的审批过程一致，这里不再赘述。

表 3 – 15　　　大型装备实际采购成本节点监控分析报告形式要素构成

要素	形式	说明
抬头	一般可表述为"×××装备成本监控中心实际采购成本点监控分析报告"	抬头中应显示出军种信息
标题	一般可表述为"×××项目的第（×）监控阶段实际采购成本监控分析报告"	标题中应显示出采购项目、研制单位、监控阶段信息
主要内容	1. 采购项目成本监控执行情况 2. 采购项目目标成本执行情况 3. 实际成本生成状态分析 4. 有关实际成本偏差控制方案的建议	（1）采购项目成本监控执行情况主要是报告项目采购成本监控组自身的运行情况； （2）采购项目目标成本执行情况主要体现考察目标成本体系中各构成要素的剩余情况、实际成本生成状态指数、实际成本状态的初步定性等内容； （3）实际成本生成状态分析是报告的重点内容，具体应体现实际成本生成中存在的问题、问题产生的具体原因、实际成本生成状态的最终定性等内容； （4）有关实际成本偏差控制方案的建议应体现研制单位的处理建议和项目成本监控组的处理建议等内容； （5）实际采购成本监控节点分析报告应根据主要内容，设置相应密级。
落款	采购项目监控组名称及组长签名	无
日期	年　月　日	无

（五）大型装备成本反馈监控

大型装备采购成本监控评价机制是评价主体运用一定的方法，按照具体的指标和程序对成本监控工作效果进行量化评判的过程。重视大型装备采购成本监控工作的"尾段"，做好相应的评价工作，形成科学的《采购成本监控工作评价报告》，不仅是对当期大型装备采购成本监控工作的总结，也可以为下期同类型项目的成本监控工作提供宝贵的参考依据和经验。

1. 明确反馈评价机制的总体定位。通过科学的采购成本监控反馈评价机制可以有效看出大型装备采购项目在成本监控工作中好的方面和存在的不足，从而总结整体监控机制的建设经验，完善相关制度和措施的建立，推动整体监控机制不断发展。因此，大型装备采购成本监控反馈评价结果是每期成本监控工作总结和整体成本监控机制不断完善建设的重要依据，具有十分重要的意义。所以从这个角度看，大型装备采购成本监控评价机制的总体定位也是一种监控，能够体现具体项目采购成本监控机制运行效果的整体反馈。虽然采购成本监控反馈评价无法直接控制当期的项目成本监控工作，却可以起到一定的督促作用，同时也可以对下期同类型项目采购成本监控工作起到促进作用。因此，具体项目的采购成本监控工作评价是大型装备采购成本监控的反馈监控。具体作用过程如图 3 – 20 所示。

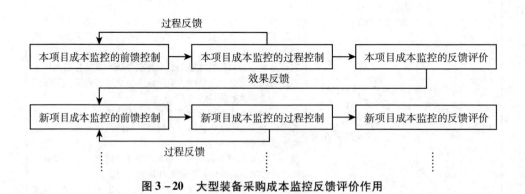

图 3 – 20　大型装备采购成本监控反馈评价作用

大型装备采购成本监控的反馈评价机制，旨在对整体成本监控机制的运行进行科学的评价和系统的分析，总结装备采购项目成本监控效果和监控绩效水平。并利用反馈评价机制，全面理清整体监控机制建设上存在的不足，找出相应的薄弱环节，予以高度重视和重点建设，进而强化机制的运行效果。此外，通过建立大型装备采购成本反馈评价机制，能够形成一定的监督控制的效果，可以更好地督促大型装备研制各方积极参与成本监控工作，为后续全面提高采购成本全过程监控的效果发挥作用。

2. 确立反馈评价工作的基本程序。为了保证大型装备采购成本监控执行反馈评价机制顺利运行，必须确立反馈评价工作的基本程序。具体来说，大型装备采购成本监控反馈评价工作主要包括了以下几个程序。

一是评价准备。首先，成立评价小组。这一准备工作是确立评价主体的过程，可由全军装备成本分析改进办公室任命具体项目的监督评价专员，并从相应的审计、财务、装备价格管理等职能业务部门抽调相关的人员，组成具体采购项目的采购成本监控评价小组，确保大型装备采购成本监控的反馈评价工作协调客观开展。其次，收集评价信息。主要是由评价主体，全面收集大型装备采购项目的成本生成信息，详细了解大型装备采购项目的成本监控情况，系统把握大型装备采购成本监控所需评价的重点环节和重点任务，为评价实施奠定扎实的信息资料基础。具体来说，要根据采购项目的不同，采取多种方式和方法了解和掌握相应的信息资料。例如，为掌握研制过程中的目标成本计划的执行情况、实际成本生成信息、成本分析和监控执行等情况，大型装备采购成本监控评价小组可会同军委机关有关成本管理和价格管理部门人员采用实地调研、交流访谈、资料查阅等方式，全面获取并掌握具体采购项目在成本监控过程中的相关信息。

二是组织实施。大型装备采购成本监控反馈评价的组织实施阶段，主要由大型装备采购成本监控评价小组会同装备定型管理和价格管理部门人员，联合相关技术专家和工程师，在掌握大型装备采购成本监控工作相关信息的基础上，以反馈评价机制的总体定位为基本出发点和根本落脚点，按照"集体组织，个人评价，共同评议"原则，采取规范科学的方法，对大型装备采购成本监控工作需评价的内容进行集体判定。

三是分析结果。大型装备采购成本监控反馈评价的结果分析阶段，主要是对形成的评价结果进行分析，进而形成对本次采购成本监控工作的总结和相应的完善对策的过程。具体来说，在产生评价结果之后，由大型装备采购成本监控评价小组会同大型装备采购成本监控组成员，根据评价结果，针对评价内容中的具体项目展开分析，对评价结果低的内容要追本溯源，挖掘症结的原因，并针对重点问题的原因和趋势进行探讨，便于不断完善相应的制度和措施，推动大型装备采购成本监控机制的不断发展，促进大型装备采购成本监控能力和经费使用效益的显著提升。

3. 规范反馈评价工作的评价方法。为保证大型装备采购成本监控执行评价工作的顺利组织实施，提升评价结果的有效性和权威性，必须规范相应的评价方法。

一是明确评价指标体系构成。依据大型装备采购成本监控机制运行流程和相应配套建设，具体的监控评价指标体系可设计为四个维度。

监控计划维度。关于大型装备采购成本监控计划维度需进行成本监控节点选择的合理性、成本影响因素分析的准确性、目标成本计划制定的科学性三个目标的评价。具体指标包括：成本监控节点数量设定是否合理、成本监控阶段跨度设置是否合理、成本影响因素选取是否合理、影响因素的关联性确定是否合理、基本成本测算是否准确、理想目标成本分配是否合理等。

监控执行维度。关于大型装备采购成本监控执行维度需进行实际成本信息收集的详实性、实际成本信息分析的有效性、信息分析结果处理的规范性三个目标的评价。具体指标包括：成本信息是否真实、成本项目是否完整、数据形式是否规范、对信息资料计算是否正确、人员专业性发挥是否充分、处理程序是否合规、各类报告是否规范、处理依据是否充分等。

监控效果维度。关于大型装备采购成本监控效果维度需进行采购项目成本情况、采购项目进度情况、采购项目质量情况三个目标的评价。具体指标包括：采购项目的经济可承受性、实际成本超支率、目标成本调整率、超支成本保障率等。

监控保障维度。关于大型装备采购成本监控保障维度需进行相关政策制定情况、人才队伍建设情况、信息系统建设情况、法律法规建设情况四个目标的评价。具体指标包括：装备采购项目定价激励是否合理、监控人员行为约束机制是否有效、装备采购项目竞争设计是否科学、数据库对监控工作的支持程度、功能模块对监控工作的支持程度、成本监控机制运行制度是否完善等。

综上所述，可建立大型装备采购成本监控评价指标体系。由于具体项目不同，我们不可能一次性构建出"万能"的指标体系。可以按照前馈监控和过程控制中所需进行的工作程序，建立大型装备采购成本监控反馈评价的指标体系，为具体项目的反馈评价机制建设提供了相应的参考和思路。如表 3 - 16 所示。

表 3－16　　　　　　大型装备采购成本监控反馈评价指标体系

维度层	目标层	指标层
监控计划	成本监控节点选择的合理性	成本监控节点数量设定是否合理
		成本监控阶段跨度设置是否合理
	成本影响因素分析的准确性	成本影响因素选取是否合理
		影响因素的关联性确定是否合理
		对成本影响程度的确定是否合理
	目标成本计划制定的科学性	基本成本测算是否准确
		理想目标成本分配是否合理
		目标成本调整量分配是否合理
监控执行	实际成本信息收集的详实性	成本信息是否真实
		成本项目是否完整
		数据形式是否规范
	实际成本信息分析的有效性	所需的信息资料是否齐全
		对信息资料计算是否正确
		人员专业性发挥是否充分
	信息分析结果处理的规范性	处理依据是否充分
		处理程序是否合规
		各类报告是否规范
监控结果	采购项目成本情况	采购项目的经济可承受性
		实际成本超支率
		目标成本调整率
		超支成本保障率
	采购项目进度情况	项目进度滞后率
		项目进度提前率
	采购项目质量情况	性能指标合格率
监控保障	相关政策制定情况	装备采购项目定价激励是否合理
		监控人员行为约束机制是否有效
		装备采购项目竞争设计是否科学
	人才队伍建设情况	人员工作效率
		人员能力素质

续表

维度层	目标层	指标层
监控保障	信息系统建设情况	数据库对监控工作的支持程度
		功能模块对监控工作的支持程度
	法律法规建设情况	成本监控机制法规体系是否健全
		成本监控机制运行制度是否完善

二是规范评价指标体系的处理步骤。

构建各评价指标的模糊判定矩阵。所谓的模糊判定矩阵，是各指标之间模糊关系的矩阵表示，即各评价指标相对重要性程度的矩阵表示。对于大型装备采购成本监控的反馈评价指标之间 $U = \{E_1, E_2, E_3, E_4\}$ 的模糊关系，"某指标相对于另一指标重要得多"的矩阵表示为模糊矩阵 $R(r_{ij})_{n \times n}$。其中，r_{ij} 是评估指标 E_i 相对于评估指标 E_j 具有的模糊关系，即 "E_i 相对于 E_j 重要得多"的隶属度。在本书中，将考虑采用取值为 0.1 到 0.9 区间，对各指标之间的模糊关系进行标度。具体的标度值如表 3 – 17 所示。

表 3 –17　　　　　　　　　　　模糊关系标度值列表

0.1 至 0.9 五个标度	含义
0.1	表示评价指标乙极端重要于评价指标甲
0.3	表示评价指标乙明显重要于评价指标甲
0.5	表示评价指标乙元素与甲元素同样重要
0.7	表示评价指标甲明显重要于评价指标乙
0.9	表示评价指标甲极端重要于评价指标乙
0.2，0.4，0.6，0.8 可以取为 0.1 到 0.9 五个标度相邻的判断中值	

由此，在大型装备采购成本监控反馈评价指标的模糊关系判定矩阵中，使判定矩阵中每个元素 r_{ij} 都满足 $0 < r_{ij} < 1$，$r_{ij} + r_{ji} = 1$，（$i = 1, 2, \cdots, n$；$j = 1, 2, \cdots, n$）就得到了大型装备采购成本监控反馈评价所需的模糊判定矩阵。

各评价指标的模糊判定矩阵的一致性检验。第一，确立装备采购成本控制模糊判定矩阵中确定性最强的一行指标元素；第二，以这一行的元素值为基础，减去其他各行对应的元素值。当且仅当 $r_{ij} + r_{ji} = 1$，$r_{ii} = 0.5$，$\forall i$，j（i，$j = 1$，2，$\cdots$，n），且任意两行之间的差值为某一固定常数，则调整完成；第三，若不为一固定常数，则仍需对矩阵进行调整，直至满足条件为止。

确立各评价指标权重。各评价指标权重确立分为层次单排序和层次总排序：即依据所得到的模糊判定矩阵，按照相应的计算方法确立各评价指标的权重。首先，对大型装备采购成本监控反馈评价的各层评价指标进行层次单排序，在构建起模糊判断矩阵之后。利用式（3-12），计算该评估指标层次单排序的权重。

$$w_i = \frac{\sum_{j=1}^{n} r_{ij} + \frac{n}{2} - 1}{n(n-1)}，\quad i = 1，2，\cdots，n \qquad (3-12)$$

其次，对大型装备采购成本监控反馈评价的各级评价指标进行层次总排序。具体地，就是指某个层次的单个指标相对于整个指标体系的重要性权值。这主要是沿评价指标体系的递阶层次结构，由上层往下层逐级相乘，最终得到各个评价指标在整个大型装备采购成本监控反馈评价指标体系中所占据的权重。

规范监控效果的评估方法。首先，建立反馈评价的评估矩阵。在本书中，主要依据成本监控效果和指标取值的等级的不同，将各个指标的评定结果按照五级标准建立对应的模糊评判集 $Z = \{Z_1，Z_2，Z_3，Z_4，Z_5\}$，分别表示"差、较差、一般、较好、好"，根据本书所构建的评价指标集，以及划分的模糊评判集 Z 建立模糊评估矩阵 U。

$$U = \begin{bmatrix} x_{11} & x_{12} & \cdots & x_{15} \\ x_{21} & x_{22} & \cdots & x_{25} \\ \cdots & \cdots & \cdots & \cdots \\ x_{n1} & x_{n2} & \cdots & x_{n5} \end{bmatrix}$$

其中，各 x_{ij} 为武器装备采购成本反馈评价的各级指标评定为某一模糊评判集 $Z_j(1 \leqslant j \leqslant 5)$ 的隶属度。

然后，进行模糊综合评估。将大型装备采购成本监控反馈评价的各级评价指标值与其对应的权重值 w_{ij} 相乘，逐级向上汇总，最终可以得到大型装备采购成本监控工作的综合评价结果，并依据大型装备采购成本监控工作效果评价的模糊评价值等级标准，确立大型装备采购成本监控工作的评价等级。

三是规范评价报告的形式要素。大型装备采购项目的《采购成本监控工作评价报告》是对整体监控机制运行效果的总结，是监控机制建设完善的指南和依据。规范报告的形式要素，不仅有助于报告本身质量的提升，也有助于通过报告内容的规范，进而强化评价过程的规范性执行，具有重要的意义。报告的具体形式要素构成如表 3-18 所示。

表 3-18　　　　大型装备采购成本监控工作评价报告形式要素构成

要素	形式	说明
抬头	一般表述为"×××装备成本监控中心采购成本监控工作评价报告"	抬头中应体现出军种信息
标题	一般表述为"×××项目的采购成本监控工作评价报告"	标题中应体现出研制单位和采购项目信息
主要内容	1. 大型装备采购项目采购成本监控的整体情况 2. 大型装备采购成本监控工作的问题 3. 问题产生的原因分析及总结 4. 监控机制建设建议与意见	(1) 采购项目成本监控执行方式的整体运行情况应体现出本次监控工作的各层次指标得分情况； (2) 采购项目监控执行存在的问题是对本次采购成本监控执行情况的评判； (3) 问题产生的原因分析及总结是对本次采购成本监控执行情况的总结与反思； (4) 采购成本监控机制建设的建议是对下次采购成本监控工作的展望； (5) 应根据采购成本监控工作评价报告的主要内容，设置相应密级。
落款	采购项目监控组名称及组长签名	无
日期	年　月　日	无

从形式要素和审批程序上，大型装备采购项目的《采购成本监控工作评价报告》与执行方式中的另两份重要报告具体设计相一致，这里不再赘述。

4. 加强反馈评价工作的结果运用。通过对大型装备采购成本监控执行反馈评价工作总体定位分析可知，反馈评价工作也是一种控制方式，具体是通过当期监控工作的总结对下期采购项目的成本监控工作产生一定的控制和指导作用。因此，对评价结果的运用就成为了监控评价工作实现反馈控制的关键途径。应完善基于评价结果的大型装备采购成本监控案例库建设，逐步建立大型装备采购成本监控工作在案例库基础上的案例推演过程。案例推演法是 20 世纪 80 年代提出的一种新兴的管理方法，是人们结合过去的经验，解决新问题的一种分析手段。每一项大型装备采购项目的完整成本监控过程都是一个案例，每一次对监控工作的评价都是对案例的总结，每一次总结都能积累出有关采购成本监控工作的宝贵经验，推动着整体监控机制建设的不断完善。具体地，在案例录入的形式上要加以规范，明确每一件案例的属性、格式、表述形式等基本要素；在案例录入内容上要突出重点，选择能够明确地表示出本案例属性的问题、原因、造成的影响、解决方法等内容；案例属性要简约，避免案例的冗余重复，便于实际运用中的案例检索和匹配，切实提升监控主体运用案例分析解决问题的效率。

大型装备采购项目的《采购成本监控工作评价报告》是采购成本监控工作的总结，从形式要素上看，报告的内容正是大型装备采购成本监控工作案例的有效依据，通过评价工作形成的报告，完整的总结采购项目成本监控工作的整个过程，揭示监控工作中存在的问题、原因、影响，归纳监控过程中出现问题后的解决方法及效果，提供基于评价结果的机制建设建议等内容，这些都是对案例属性最直接的描述，也是最为权威的提炼和浓缩。因此，要加强对《采购成本监控工作评价报告》这一反馈评价工作结果的运用，为总结机制运行效果和完善整体机制建设提供有力依据。

（六）健全相关法规制度

大型装备研制成本监控机制执行层面的准则是行动的指南，是在监控活动具体执行过程中的重要参考依据，必须不断加以细化和完善，以保障大型装备研制成本监控执行过程的规范性和合法性。从当前执行层面准则的建设情况看，军队相关部门和政府相关部门都做了大量的工作，形成了较多的规章制度。如军方有关部门制定的《装备价格改革工作指南》《国防科研项目概算价格评审暂行办法》《单一来源采购装备审价工作程序》《装备价格测算调整管理办法》等；政府有关部门制定的《国防科技工业标准化科研管理实施细则》《国防科研项目合同管理细则》等。总体来说，与大型装备研制成本监控机制运行有关的执行层面的准则内容较多、涵盖面也较全，但是随着国家层面法律和部门层面法规的不断健全和完善，执行层面的准则也必然处在一个不断细化和调整的过程中。本书认为，执行层面的准则建设应在国家层面法律的框架下，以部门层面的法规为依据，不断细化大型装备研制成本监控活动的具体执行规定，如《大型装备研制成本信息采集标准》《大型装备研制成本监控执行程序》《大型装备研制项目目标成本调整管理办法》《大型装备研制成本监控人才队伍管理办法》等。

大型装备研制成本监控的制度法规保障体系建设应该是循序渐进的，需要经历逐步建立、逐步完善、逐步深入的过程，有时甚至还要经历失败和教训才能发现法规体系中的问题和缺陷。所以，大型装备研制成本监控的法规保障体系建设是一项任重道远、较为复杂、投入较大的系统工程。同时，我们也要清楚地认识到在新形势我军军事战略的框架和强军目标的指引下，大型装备研制任务刻不容缓。因此必须加快推进大型装备研制成本监控的法规保障体系建设，为大型装备研制成本监控机制运行提供完备的制度保障，提高装备经费使用效益，保障大型装备研制项目顺利进行。

第三节　现役装备信息化改造成本控制研究

如何抓住历史机遇，迎接世界新军事变革的挑战，加快我军装备信息化建设步伐，以信息化带动机械化，努力实现武器装备的跨越式发展，是当前应该而且必须着力解决的重大现实问题。要解决这一重大问题，推动中国特色的军事变革，必须充分利用以信息技术为核心的高技术成果，全面加强武器装备信息化建设，大力发展新型的信息化武器装备，在实现军事技术整体跃升的基础上，实现武器装备的信息化和一体化。武器装备信息化建设是推进中国特色军事变革的内在要求，是实现我军跨越式发展的必然选择，也是打赢未来信息化战争的根本保障。

一、现役装备信息化改造成本控制概述

（一）研究背景与意义

1. 研究背景

世界经济一体化的进程正迅速改变世界的格局，推动其形成和发展的动力来自近年迅猛发展的信息技术。从整个国民经济发展层面来看，跨入 21 世纪，信息技术和互联网的高速发展及对制造业的渗透、影响，使得"运用信息技术改造传统产业""以信息化带动工业化"的步伐加快，已成为我国"走新型工业化道路"国家战略。从国防建设的实际来看，随着技术的发展，装备性能越来越先进、结构越来越复杂、使用维修技术要求越来越高、装备发展投入越来越大，传

统的装备保障观念和手段已经不能适应新军事变革中装备保障的需要，对装备实行信息化改造和保障成为装备保障的必然趋势。作为军队信息化和机械化复合发展的重点任务，把握武器装备信息化改造的规律，研究武器装备信息化改造的方法，探索武器装备信息化改造的途径，尽快摸索出一条适合我国国情和军情、统筹协调好装备信息化改造和经济可承受性投入关系的新路子，是我军信息化建设中亟待解决的重大问题。

一是新军事变革对现役装备提出新的作战需求。现役的老式武器系统大多具备火力猛、机械化程度高的优点，但信息化水平一般较低。事实证明，武器系统的威力越大，其使用效率对信息的依赖程度越高，越需要及时、可靠、准确的信息保障，否则打击兵器的强大战斗力就无法充分释放。因此，根据现代战场环境的变化和部队作战的需求，必须对现役装备进行信息化改造。

二是世界各国积极探讨和推进现役装备信息化改造。选择何种方式来推进装备信息化建设的步伐，各国要依据本国国家安全战略、针对目标、作战理论、编制体制、装备现状以及军费开支等来确定。美军依据其"军队转型"的战略构想，结合近年的几场现代战争经验，认为现役装备还将继续服役至2020年之后，有的甚至将服役到2030年。为使这些"老龄"武器系统焕发青春，继续在21世纪信息化战场上叱咤风云，美军对其进行信息化改造也就成为一种现实的选择。

三是我军以科学发展观指导装备建设及信息化改造。面对21世纪前20年我国重要战略机遇期，面对世界复杂多变的形势和新军事变革提出的挑战，我们必须以科学发展观指导装备建设，重点抓好对我军现装备的信息化改造工作，加大对各国军队装备信息化改造的研究力度，可以为我军装备的信息化改造提供很好的借鉴。

世界各国军队在大力研制新装备的同时，都十分注重将高新技术应用于现役装备，以提高武器装备的作战效能。我们是发展中国家，国民经济对装备建设的承受能力十分有限，新研制的装备只能是少数。我军装备建设在总体上落后于世界先进水平，要在较短的时期实现跨越式发展，则必须科学处理好利用现代高新技术特别是信息技术改造现役装备的问题，同时要统筹协调好装备信息化改造投入与装备经费总量控制关系的问题，这事关我军装备建设走出一条机械化、信息化、集约化复合发展道路的重大问题，事关推进中国特色军事变革的重大问题。

2. 研究意义

（1）深入研究装备信息化改造费用，是武器装备发展的必然要求。随着我军装备建设规模越来越大，品种越来越多，技术含量越来越高，装备维修和改造费用急剧增大。当前，我国正集中力量进行经济建设，国防经费非常有限，军费开支不论同世界发达国家相比，还是与周边部分国家和地区相比，无论从绝对数，还是从占 GDP 的比重看，都处于较低水平，装备发展需求与有限军费支撑的矛盾日益凸显。因此，只有重视和加强包括信息化改造成本在内的装备寿命周期费用的研究，节约使用我军有限的装备费用的总体开支，才有可能以最低的经济代价，取得最优的军事效益和经济效益，保持装备持续稳定不断地发展，以适应国家军事战略的需要。

（2）深入研究装备信息化改造费用，有利于不断转变我军装备研制、采购、保障的决策观念。多年来，传统的"重性能，轻费用""以最低研制、采购费用为经济原则"等非科学思想一直在我军装备发展中占主导地位。武器采办过程的管理分散在军方和国家机关的多个职能部门，装备全寿命管理理念尚未在装备建设中全面体现，以成本为核心的管理理念还比较薄弱。只有深入进行信息化改造费用研究，才能彻底摒弃这些观念，从全系统、全方位、全寿命的角度去认识装备发展的一系列问题，以适应由于社会主义市场经济体制的建立引起的装备发展模式的变化。

（3）深入研究装备信息化改造费用，是社会主义市场经济发展的必然要求。近年来，我国对国防工业系统在优化系统结构、培育竞争机制等方面深化改革。装备采购和合同保障的市场化步伐日益加快，装备采购途径和技术改造渠道日益增多，这给国防工业系统带来了机遇和挑战，客观上要求军工企业和军队相关职能部门提高成本管理水平，主动采取各种限费降费技术。信息化改造成本控制，对于市场双方而言都是一种双赢的结果。对于军工企业来说，从短期看，成本控制可以赢得合同与订单，取得合理的收益；从长远看，成本控制可以促进自身建设与发展、提高市场综合竞争力，增强长远发展的实力与潜力。而对于军方来说，有效控制采购及维修改造成本，将极大节省有限的装备发展经费，切实提高部队和装备业务部门的决策能力和管理能力，有力促进装备科学化、规范化、长效化发展。要实现以上目标，都需要装备信息化改造费用方面的深入研究作为支撑。

（4）深入研究装备信息化改造费用，可以为装备采办过程中遇到的诸多费用问题提供实质性指导。武器装备采办过程中的多项决策，如装备发展规划计划的制定、装备论证、装备维修和技术改造外包合同的制定等，费用问题是决策过程中必须予以重视的重要因素。譬如，如何科学合理地确定装备技术改造立项费用需求？如何确认承制方或承研方报价的正确性？如何科学合理地确定费用目标等？军方作为武器装备唯一的需求方，如果不对装备费用问题开展深入研究，就难以在装备日益发展的复杂情况下做出科学合理的决策，就难以在与承制方协商经费、谈判中拿出令人信服的理由和根据，也难以为费用目标控制和过程控制提供强有力的依据，从而丧失在费用控制中的应有的地位和作用，最终难以从根本上摆脱装备费用急剧增加以及项目经费"长流水"的怪圈。

（5）深入研究装备信息化改造费用，可以推动我军装备可靠性和维修性的提高。研究表明，在装备寿命周期费用中，使用和保障费用是其主要组成部分，而可靠性、维修性又是影响使用和保障费用的关键因素。同时，可靠性、维修性的提高会使装备系统效能进一步提高，起着"兵力倍增器"的作用。因此，开展装备信息化改造费用研究，不仅可以引起人们从全局角度提高对装备可靠性、维修性的重视程度，而且也可以推动我军装备可靠性和维修性水平的提高，加快部队战斗力生成模式的转变。

（二）相关概念界定

1. 信息化改造。武器装备信息化改造主要是利用电子信息技术和产品，按照建设信息化军队、打赢信息化战争的要求，研究建立信息化武器装备体系，并对现役武器装备实施系列化改进的措施，包括采用加装、嵌入和升级等方式进行的信息化改造，即加装信息技术装置，对原有装备进行升级换代或将其与信息系统相连接，使其具备原先不曾有的信息探测、传输、处理、控制和对抗等功能，从而使武器装备的机动性能和作战效能得到成倍的提高，体系对抗的整体水平得到跃升，装备全寿命周期的成本投入结构得到有效优化。

对传统机械化装备进行信息化改造，是迅速提升装备作战和保障效能的有效途径。武器装备信息化改造因为具有"双十效应"，受到了世界主要军事强国的普遍青睐：一是平台改造可以迅速提升传统机械化武器装备的作战和保障效能，与新研相比，改造一代武器装备平台的经费只需 1/10，周期可缩短 2/3；二是平台改造可以大幅提高武器装备的作战效能，使总体作战能力平均提高 10 倍以上[①]。利用高新技术特别是信息技术改造现役装备，改进和提高装备战术技术性

---

① 阮方. 对武器装备平台信息化改造的若干思考 ［J］. 中国电子科学研究院学报，2006（2）：1－2.

能，是装备信息化建设的重要内容。国外典型数据统计表明，现役装备信息化改造所需费用只是研制同等能力新系统的33%～40%，而改进周期更缩短至研制同等能力新系统的一半左右。发达国家军队利用信息技术改造的武器装备约占现役武器装备总量的40%～50%[①]。美军按照"聚焦后勤"理论，不失时机地在保障装备平台上嵌入各种电子、信息设备，使其变得"耳聪""目明""脑灵"。一些国家的成功经验表明，在研发新型后勤装备的同时，大力改造现有后勤装备，通过"附加""嵌入"等方式，使其具备定位导航、数据传输、智能操作、自动检测等信息化功能，促成装备升级换代，形成使用一代、改造一代、新研一代、储备一代的良性发展路子。

2. 装备磨损。由以上定义可知，装备信息化改造就其本质而言，是应用现代科学技术成就和先进经验，通过装上或更新部件、新装置、新附件（包括软件），改变现有武器装备的结构，以补偿装备的无形磨损，提升装备的技术水平。从作用机理来看，现役武器装备进行信息化改造的一个重要原因来自于装备本身的磨损。这里的磨损包括有形磨损和无形磨损。所谓有形磨损，是指装备在使用中所发生的实体性磨损，也称为物质磨损。装备在使用过程中，在力的作用下，部件会发生摩擦、振动和疲劳等现象，致使装备的实体发生磨损，这种磨损称为第Ⅰ种有形磨损。它的一般表现是：装备原有的公差配合性质发生变化，精度降低；装备部件的原始尺寸形状发生变化，甚至损坏。此外，由于管理不善和缺少必要维护，装备也能引起实体磨损，称为第Ⅱ种有形磨损。它的一般表现是：金属件的生锈、腐蚀，化学器件的老化变质等。第Ⅰ种有形磨损与装备的使用时间和使用强度有关，而第Ⅱ种有形磨损在一定意义上与装备使用维护状况有关。

装备除承受有形磨损外，还会承受无形磨损（又称效能磨损或效能劣化）。无形磨损就是由于科学技术进步而不断出现性能更加完善的装备，致使原装备已不能满足作战效能要求。无形磨损按形成原因，也可划分为两类：由于技术进步、工艺改进、劳动生产率提高等使相同结构装备重置价值的降低而带来的原有装备价值的降低，称为第Ⅰ种无形磨损，也称经济性无形磨损。这种磨损一般不影响现有装备的使用；由于科学技术的进步，诞生了综合战技效能更为完善的新型装备，而使原有装备在技术上相对落后，导致原有装备价值贬低，称为第Ⅱ种无形磨损。这种无形磨损的后果不仅使原装备的价值降低，而且会使原装备部分

---

① 吴海翔. 关于我军装备改造的几点思考 [J]. 国防技术基础，2006（5）：36.

或全部丧失其使用价值。这是因为即使原装备还未达到其物理寿命，能够正常工作，但如继续使用会降低训练或作战的整体效能，增加额外的成本。这就有可能产生用新装备代替旧装备的必要性。第Ⅰ种无形磨损并没有降低装备的使用价值，不需要进行补偿。第Ⅱ种无形磨损使旧装备相对于新装备的性能、功能、战斗效能方面显著降低，对此种磨损的补偿方式可以局部补偿即技术改造，也可以是完全补偿即更新。

3. 装备寿命。大型武器装备是军队、国防乃至国家综合国力的集中体现，它作为军队建设最重要的资源之一，既是军队战斗力形成和发展的重要物资基础，也是军队资源消耗的阶段性成果，其重要地位和特有的技术经济特性，决定了必须进行统筹规划和科学配置，才能实现武器装备体系的"均衡态"发展，充分发挥军队资源的军事经济效益。而武器装备定寿工作对于整个军队装备体系的"年龄结构"、技术结构层次、武器装备发展的需求论证、研制、采购、改造更新以及维修保障计划安排等都有着深刻而重大的影响[①]。

根据 GJBZ－20517－1998《武器装备寿命周期费用估算》规定，装备寿命周期可划分为需求论证、型号设计、工程研制和定型、生产部署、使用保障和退役报废等 6 个阶段。目前，对不同类型的装备去做寿命周期阶段的划分虽然还有不同的见解，但总体而言我军装备寿命周期划分的方式以及日常运作都是线性管理模式。随着科技进步以及在军事领域应用的加速，特别是信息技术发展所带来的信息革命浪潮，使得科技发展呈现出明显的非线性特征，整个武器装备的系统设备改造和更新速度陡然加快，军事转型和技术的非线性发展对武器装备管理需要的转变和现行的线性管理模式之间的内在矛盾进一步凸显。对现役装备进行信息化改造，在改造经费的约束之下，应科学决策，突出重点，准确把握待改造装备的各项性能指标，特别是要做好装备的定寿决策工作。在当前装备实际管理过程中，定寿决策一般只涉及装备寿命周期中的两个阶段，即论证阶段的寿命初步确定和退役阶段的寿命最终确定，而事实上信息化改造对延缓装备的退役时间、延长装备的服役周期意义重大。目前，我军装备定寿工作对现役装备进行信息化改造，既要考虑装备的有形磨损和无形磨损，又要考虑装备改造的经济效益。装备的寿命参数是我们进行装备信息化改造技术经济分析的重要参考依据。一般来

---

① 张怀强，梁新，魏汝祥等. 驱逐舰系统设备寿命与总体维修周期匹配研究［R］. 海军工程大学学报，2007（1）.

说，装备具有四种不同性质的寿命。

（1）折旧寿命。折旧寿命是装备根据法定的耐用年限，每年予以折旧，以致装备的账面价值减到零时的全部时间过程。

（2）物质寿命。物质寿命又叫物理寿命，是指装备从全新状态下开始使用，直到老化、损坏到不堪再用而予以报废的全部时间过程。它主要取决于有形磨损的速度。

（3）技术寿命。由于技术进步，在装备使用过程中出现了技术更先进、经济上更合理的新型装备，使得旧装备的使用变得不合理。技术寿命就是指从装备投入使用开始到因技术落后而被淘汰为止所经历的时间过程，它主要取决于科学技术发展的速度。

（4）经济寿命。关于装备的经济寿命有两种不同的定义，一种定义是：装备的经济寿命是指装备从开始使用到其年度平均费用最小的年限。使用年限超过装备的经济寿命，装备的年度平均费用又将上升，所以装备使用到其经济寿命的年限更新最为经济。另一种定义是：装备的经济寿命长短不能单纯看年度费用的高低，而是要从使用装备时所获得的总效益的大小来定。也就是说，要在经济寿命这段有限的时间内获得最大的总效益。

（三）信息化改造与成本控制

1. 信息化改造与成本控制的关系

对武器装备进行信息化改造具有较高的效费比，即用较少的经费和较短的时间获得性能较高的武器装备。一是信息化改造可以节省大量经费和缩短研制周期。据美军统计，对装备进行信息化改造，通常可以节省 1/3 ~ 1/2 的费用，研制周期缩短一半以上[1]。美军利用激光制导装置对普通炸弹进行改装后，其精度基本上接近空地导弹和巡航导弹，但价格仅为空地导弹的 1/5，巡航导弹的 1/10。二是信息化改造可以大幅度提高装备性能。美军的 M1A2 坦克与 M1A1 坦克相比，捕获目标时间缩短了 45%，目标切换时间缩短了 50% ~ 70%[2]；AH - 64 攻击直升机经过信息化改造后其杀伤力提高了 4.2 倍。三是信息化改造可以延长装备寿命。历经半个多世纪的 B - 52 系列战略轰炸机，通过结构延寿和信息化改

---

① 童兴莆. 改造现有装备加快武器装备信息化步伐 [N]. 解放军报，2003 - 4 - 29.
② 赵步道，陈益生. 信息化改造装备逞能伊拉克战场 [N]. 解放军报，2003 - 5 - 21.

造，综合性能得到很大提高。据美军预言，B－52H 将服役到 2040 年。在发达国家军队中，用高技术改造的武器装备占现役武器装备总数的 40%～50%。

2. 影响装备信息化改造成本增长的主要因素

在认识到装备成本增长的趋势基础上，只有进一步分析装备成本增长的原因，才能有针对性地提出解决问题的思想和方法。研究表明，影响装备信息化改造成本增长的主要因素有如下几方面。

（1）性能因素。装备战术技术性能与信息化改造成本有密切关系。一方面，随着武器装备复杂程度的提高，采用的新技术、新材料越来越多，造成改造费用增加。同时，由于现代装备是一个复杂大系统的综合平衡体，一个领域性能水平的提高，往往带来其他领域的改进和提高，造成装备改造整体费用的急剧上升；另一方面，随着人们认识的不断提高，更加强调现代装备系统作战效能，由此引起对装备可靠性、维修性、保障性等性能要求的不断提升，装备可靠性、维修性、保障性等特性对其信息化改造费用、使用和保障费用均有不同程度的影响。

（2）物价因素。在影响装备费用的外在因素中，物价变化是最主要的因素之一。物价上涨通常会引起装备费用更大幅度的上涨。根据英国国防部发表的资料表明，1990 年前的 30 年间，英国护卫舰的实际价格上涨 20 倍左右，但是扣除通货膨胀因素的影响之后，舰船实际费用的上涨约为 4 倍[①]。我国自 20 世纪 70 年代后期以来，装备成本上升较快，其中一个重要因素就是物价上涨的影响。

（3）人员费用因素。人员费用是造成装备费用增长的另一个主要原因。随着整个社会人们生活水平的不断提高，人员耗费明显提高，而且现代装备研制、生产、使用和保障所需人员素质有了很大提高，从而造成人员费用急剧增加，它体现在包括装备改造在内的研制、生产、使用和保障各阶段。

（4）体制及管理因素。现代装备从研制、生产到使用和保障，周期长、环节多，节点管理不善，治理不严，以及诸如经济政策、立法、制度和组织结构存在的弊端，是导致武器装备费用上涨的又一重要原因。某一环节不加强管理，都可能造成不应有的浪费，这种现象国内外均有不少实例。例如，根据美国有关法令对所谓"销售费用"的规定，通用动力公司把参加巴黎航空展览的 100 多万美元的费用、斯佩里公司把 17 万美元广告费，甚至许多公司把高级职员的旅行费、娱乐费等费用，都可以纳入国防部合同的间接费用中，这种把与执行合同无关费用计入技术外

---

① 大型武器系统费用增长趋势与美国的基本对策［M］. 北京：国防科工委情报研究所，1987.

包合同的"间接费用"，往往导致装备研制改造的间接费用超过直接费用。又例如，竞争是市场经济的内在要求，价格是竞争的重要内容和前提，一旦装备信息化改造实行市场外包，自由竞争将是促使改造成本下降的一大因素。据估计，通过提高竞争性合同的比例，能使美国国防部的武器装备费用减少1/3。从装备信息化改造的整体流程来看，推行"一站式"的服务（也就是装备的研制与后续技术支持实现一体化和集成化）将有助于减少改造成本，这必然要求装备承研方应能实现自主经营、自负盈亏、自我发展、自我约束，表现出相当的自主性特征，而这些都与传统的高度集中的装备经费管理产生冲突，从而影响装备改造成本。

3. 装备信息化改造成本控制的原则

（1）处理好装备发展与装备信息化改造费用之间的协调。在一定时期内，国防资源是有限的，尤其在我国现有情况下，新型装备的发展费用和现役装备的使用、保障和改造费用之间的矛盾非常尖锐，影响装备的长远发展和部队战斗力的生成转换，对此必须科学地加以协调。

（2）处理好重点改造和一般改造的关系。在制定装备信息化改造计划时，应分清先后主次，不能搞一刀切，更不能搞全盘抓。在装备项目上，应根据不同装备在现代战争中的地位和作用，优先满足主战装备和引进装备改造、更新的需要；在作战方向上，应重点加强作战准备方向装备保障力量的投入；在改造顺序上，应优先保障应急作战部队需要。

（3）处理好平时改造与战时改造的关系。在平时建设中，必须考虑战时需要，加强装备人力资源、物质资源和信息资源等方面的建设。

（4）处理好改造计划与改造管理的关系。必须采取多种有效方法，处理好装备信息化改造费用的供需矛盾和供管矛盾。一方面，费用短缺，会造成装备失修严重；另一方面，管理落后，使本来就少的费用不能很好地产生应有的效益。因此，要切实加强对装备改造计划工作的组织和领导，向管理要效益、要保障力、要战斗力。

二、外军装备信息化改造成本控制

现代战争表明，武器装备依然是夺取战争胜利不可或缺的手段。其中，直升机因其机动性高、敏捷灵巧、隐蔽性好、生存力强，具有较强的攻击能力和战区运输能力，备受到各国军队的青睐，被称之为"一种令人生畏、必不可少的武器"。在海湾战争中，AH－64A"阿帕奇"就作为打头阵的"杀手锏"之一，用机载武器袭击敌方的两座雷达站，为多国部队开辟了"安全走廊"。早在1972年，AH－64"阿帕奇"系列的前身AH－1就已面世。其后的三十几年中，1984年推出AH－64A、1991年推出AH－64B、1994年推出AH－64C，至1997年又推出AH－64D等机型。可以说，"阿帕奇"系列攻击直升机自面世之时就不同凡响，在三十多年的发展历程中，始终走着一条不断改造、不断出新的发展路径，"阿帕奇"的发展足可称之为老武器装备改造的典范。

无独有偶，俄罗斯在苏联"米－24"基础上所改进的"米－28N"，也可与"阿帕奇"相媲美。早在20世纪80年代苏联就提出改进"米－24"的计划，并于1982年造出"米－28"的原型机。直至1996年10月，在"米－24""米－28"基础上改进的"米－28N"进行了首次飞行，又于1983年4月进行首次飞行表演。"米－28N"在继承"米－24""米－28"优点的同时，一方面摒弃了"米－24"的弱点，如将原有的运兵舱去掉，使机身变细，解决了截面过大的问题。这样功能更加专一，截面更小，使飞机具有更好的灵活性。另一方面，通过采用一系列新技术、新设备，又极大地提高"米－28N"的攻击力。目前，"米－28N"已被俄罗斯确定为未来武装直升机的主力机型。在俄罗斯与"米－28N"齐名的武装直升机，还有卡莫夫直升机科技联合体在"卡－50"基础上改造的"卡－52"。

这些事实表明，自20世纪90年代之后，尽管经过海湾战争、科索沃战争、阿富汗战争和伊拉克战争等几场高技术局部战争的推动，新军事变革出现加速发展的趋势，但世界各主要国家的武器装备发展无不坚持走研发与改造并举之路。以美国为例，一方面不断加大对新型武器装备研究、开发的力度，另一方面也加大了对现有装备改造的力度，通过翻新与升级达到零小时·零英里的新装备标准。美国陆军在《2001年陆军现代化计划》中提出"翻新"和"有选择的升级"的概念。所谓"翻新"是指使老设备在外观、性能和预期寿命等方面达到新装备标准，同时还通过引入新技术提高可靠性和维修性；而"升级"则是有选择地更新型号、延长寿命周期，以达到改进作战性能和弥补能力缺陷的目的。俄罗斯则将"重点改进现有武器装备"作为武器装备发展的基本方针之一，按照21世纪初出台的《俄联邦2010年前武器装备发展规划》，对现有武器装备进行改造和修复是《规划》第一阶段的主要工作。

（一）外军装备信息化改造成本控制背景分析

为了满足现代战争对武器装备提出的更高要求，很多高新技术往往被优先应用于武器装备，从而使现代武器装备集机械、电子、现代光学和信息科学为一体，其复杂程度日益提高，这种趋势使得现代大型武器装备寿命周期各阶段的费用大幅增加。

在装备研制费用方面，以美国航空装备为例，据统计，1970 年研制费用为 18.82 亿美元，1980 年增长为 49.54 亿美元，10 年间增长了约 1.63 倍。美国国防部曾对 20 世纪 70 年代初新旧两代战机的 13 项主要性能进行对比分析，研究表明：性能每提高 1~2 倍，研制费用将增加约 4.4 倍，远远超过性能提高的速度。20 世纪 80 年代后，美国的几种战机，如 F-117A 型隐身战斗机，研制费用高达 30 亿美元，B-2 型轰炸机研制费用达 100 亿美元以上，集隐身、高机动、超声速巡航和智能电子火控为一体的 F-22 花费 683 亿美元，而 F-35 飞机，截至 1998 年时投资已达 435.7 亿美元[1]。英国军用飞机科研费 1964 年为 1.59 亿英镑，1983 年为 5.56 亿英镑，20 年间增加了约 2.5 倍[2]。

在装备购置费用方面，美国战斗机出厂价自 1930 年以来已增长了两个数量级以上。1960 年到 1980 年 20 年间，扣除通货膨胀因素影响，平均年增长率仍为 9%~10%，每 20 年增长约 5~6 倍。20 世纪 80 年代后，美国的几种战机，研制及造价更加昂贵，F-117A 型隐身战斗机，单价达 5600 万美元，最新型的 F/A-18E/F 战斗机，单价为 7600 万美元，美国第四代超声速战机单机采购费是第一代战斗机的 171 倍，F-22 战斗机单价高达 1.2 亿美元，且有上涨趋势，以至于采购数量多次减少；第三代战略轰炸机是第一代的 167 倍，B-2A 型轰炸机的单价则高达 11 亿美元；第三代军用运输机是第一代的 74 倍[3]。如此严峻的形势，难怪美国洛克希德—马丁公司董事长诺曼·奥古斯汀（Norm Augustine）曾于 1982 年在美国航空航天学会上发表以他名字命名的定律：到 21 世纪某时期，美国军队可能只能购买一架战术战斗机，每个星期中海军、空军各使用几天，这似乎有可能成为事实。虽然有些夸张，但在一定程度上确实反映了装备费用迅猛发展的实际。

装备费用变化不仅表现在采购费用昂贵，而且还表现在使用和保障费用以更大的幅度增加，它与采购费用的比例关系不断提高，即出现了所谓的"费用冰山"现象。例如，美国海军的舰艇总数，在 1972 年为 654 艘，维修和现代化改装费用为

---

① Department of the Army Cost Analysis Manual [M]. U.S. Army Cost and Economic Analysis Center, 2002.5.

② Slay F Michael, Craig C Sherbrooke. Predicting Wartime Demand for Aircraft Spares [R]. AF501MR2, 1997.4.

③ Komarek J. Life Cycle Cost Simulation in Defense Planning [C]. Cost Structure and Life Cycle Cost (LCC) for Military System. RTO Meeting Proceedings 96. RTO-MP-096.

14 亿美元；1978 年，舰艇总数减至 462 艘，费用却增至 30 亿美元，平均每艘舰的维修费用在 6 年内增加了 2 倍。整个美国国防的研制、购置、使用和保障费用之比在 1964 年为 1∶2.1∶1.6，1972 年为 1∶2.4∶2.8，1980 年达到 1∶2.6∶3.5[①]。目前，典型的装备寿命周期费用分配情况，如表 3 - 19 所示。

表 3 - 19　　　　　　　　　　典型装备寿命周期费用分配

武器装备种类	采购费用占比（%）	使用保障费用占比（%）
飞机（歼击机）	30 ~ 50	50 ~ 70
战车	20 ~ 30	70 ~ 80
军舰（驱逐舰）	25 ~ 40	60 ~ 75

从表 3 - 19 不难看出，武器装备使用和保障费用的迅速增长，不仅成了沉重的负担，而且会影响对新武器的预研和投资，从而削弱武器装备更新换代的能力，直接威胁到装备的现代化进程，这一联动影响如图 3 - 21 所示。

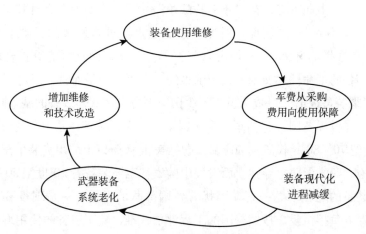

图 3 - 21　武器装备使用和保障费用联动影响

世界各主要国家为什么如此重视装备技术改造工作？第一，冷战时期，美苏

① Christopher M Olson. Comparison of Planning, Programming and Budgeting System（PPBS）Practices of the Military Department［D］. Naval Postgraduate School，Monterey，California，1994.

并峙竭尽全力开展军备竞赛，包括美苏在内许多国家都研制和生产了大量的机械化武器装备，现有的许多武器装备的服役期已长达 20~40 年。一方面，这些老式武器装备是机械化时代的产品，而新军事变革使武器装备已开始走向信息化时代，大量的机械化武器装备难以适应以信息化为特征的现代化战争的需要；另一方面，随着装备的不断老化，相当多的老式武器装备已达到或超过服役期限，使得各国军方越来越难以承受日益增加的使用与维护成本。据美国军方统计，M2A2"布雷德利战车"每小时/英里的使用与维护费用，已从 1995 财年的 32 美元上升至 1999 财年的 42 美元，上升幅度达 32%；而 CH-47"支努干"运输机的上升幅度则高达 81%[①]。第二，从技术与军事创新的角度看，武器装备的发展路径可以分为革命性与演进性两类。如传感器技术、计算机技术和通信技术在军事上的应用是属于革命性的，而车辆、舰艇、飞机与武器的变化只能是演进性的。技术与军事创新的革命性变化虽然保持着相当快的发展速度，但还是存在着相当大的局限性和脆弱性。在黎以冲突中，尽管以色列拥有世界一流的"高能战术激光计划"，但并未能阻挡真主党准确率极低且已高达 65 岁高龄的喀秋莎火箭弹；而技术含量相当低的"诺尔"反舰导弹则击中以色列最先进的"萨尔-5"型隐身护卫舰。由此可见，在"不对称战争"中，所谓具有革命性技术的新式武器并非"刀枪不入"。更何况，对那些只能通过演进式发展的武器装备，通过"翻新""有选择的升级"，不仅可以节省军费开支，而且可能更符合现实的需要。武器装备的革命性发展则是相当困难的，不可能一蹴而就。或许正是因为这些原因，"老装备改造"已成为世界不少国家军方发展武器装备的基本政策之一。

目前，在世界各国（包括军事发达国家）的武器装备体系中，现役主战装备多为 20 世纪 70~80 年代研发的产品，包括美俄 90% 以上的坦克装甲车辆、80% 的自行火炮、70% 的防空导弹。而发展中国家甚至还装备着 20 世纪 50~60 年代的产品，装备的老化问题一直在困扰着各国部队的发展：一是现役装备数量庞大，维修保养负担沉重。按照美国的工程评估标准，陆军装备的使用寿命一般为 20 年。也就是说，冷战时期遗留下来的多数武器装备已达到或超过正常服役期限，但为了满足部队现阶段的需求，美俄并未淘汰超期服役的老装备，而是投入大量资金继续维持使用，从而加大了装备维修保养的负担。美军的装备维护使用费，20 世纪 80 年代年均为 700 多亿美元，占国防费的近 30%；而 90 年代上升

---

① 张雪萍. 老装备改造是推进装备建设的重要途径 [J]. 国防科技工业，2007（3）：62.

到近 1000 亿美元，约占国防费的 40%。其中，陆军武器装备维护使用费从 20 世纪 80 年代的几十亿美元猛增到 21 世纪初的 100 多亿美元[①]。使用与保障成本不断增加的主要原因是修理老装备所耗费的人力物力越来越多。美国陆军高层人士指出，如不及时采取措施，装备使用保障费用的沉重包袱将把陆军压垮。二是装备老化程度严重，部队作战效能降低。现役装备日益老化的状况，直接影响效能和部队的战备能力。如目前俄军技术兵器的完好率只有大约 50%，其中飞机 50%、直升机 30%、坦克 60%、舰艇 50%。俄军近年来在训练中武器系统重大恶性事故频发，也大都是装备老化所引起的[②]。美国虽然在陆军武器装备的维护保养上投资近百亿美元，但军事装备的战备率并不容乐观。以 2000 年为例，平均服役年龄为 6 年的 UH–60L "黑鹰" 直升机的战备率为 82%，而平均服役年龄为 17 年的 UH–60A "黑鹰" 直升机的战备率仅为 65%。老装备的战备率低、故障频出，直接影响部队的战备和训练。美国陆军担心因此在战场上失去装备优势，使士兵付出生命的代价。

（二）外军装备信息化改造成本控制主要做法

世界军事发达国家在武器装备的发展上采取 "研改并举" 的策略。一方面发展具有一体化作战能力的综合作战系统，如美国 "未来战斗系统"、俄罗斯 "侦察打击一体化武器系统"、英国 "未来快速奏效系统"、法国 "空地一体化作战系统" 等。另一方面，在新型武器系统尚未大量装备部队之前，为了满足作战需求、降低转型风险，各主要国家均加强了对老装备的现代化改造。尤其需要指出的是，目前欧美发达国家在机械化部队建设日趋成熟的条件下组建 "数字化" 部队，而后者的武器装备建设正是从现役武器系统的现代化改造入手的。

1. 装备信息化改造成本控制的基本策略

世界各国军队对现役装备的改造大致有两种形式：一是生产和采购改进后的装备；二是对现役装备边大修边改进。出于改造成本和作战需求的考虑，美俄等军事发达国家将后一种形式作为首选。

（1）美国按照 "零小时·零英里" 的新装备标准改造现役武器系统。美国陆军研究过 4 种应对装备老化的方案：一是听任装备老化，使用与维护费用的年

---

① 岳松堂. 美国未来陆军［M］. 北京：解放军出版社，2005：172–173.
② 赵锋. 国外陆军如何进行装备改造［J］. 现代军事，2006（3）：42.

增长幅度将达到 1%～3% 以上；二是通过翻新与升级，使现有装备达到"零小时·零英里"的新装备标准，从而延长使用寿命；三是购买老型号的新装备，这样可以省下新型号的研制经费，但前提是生产线没有停止运行，而且所购装备可能无法满足未来作战的需要；四是用新一代先进装备来取代老装备，但新装备的价格往往要高出 1～2 倍以上，而且使用与维护费用也水涨船高。美国陆军最终选择了第二种方案，按"零小时·零英里"标准进行老装备改造。

（2）俄罗斯根据武器装备发展规划实施武器系统改造。20 世纪 90 年代中后期，俄罗斯就确定了"重点改进现有武器装备"的方针。21 世纪初，俄国防部又出台了《俄联邦 2010 年前武器装备发展规划》，分两个阶段实施：第一阶段（2006 年前）对现有武器装备进行现代化改造和修复，进行新式武器装备的试验设计工作。第二阶段（2010 年前）完成新一代武器装备的研制，组织生产并装备部队。俄陆军在老装备改造中采取的最有成效的方法，是对电子设备采取"总线—模块化"设计。通过通用化、兼容性、标准化等措施，将电子设备做成能与公共信息总线接口的各种功能模块。更换过时的电子设备时，只要安装上新的模块，便能使武器的战斗性能得到更新。同时，也可以根据订货方的不同需求，开发相应的改进型号。

（3）英、法、德等军事发达国家采用先进技术加强对武器装备的现代化改进。在装甲车辆的发展上，多数西方国家军队已完成主战坦克的"瘦身"计划，在今后相当长一段时期将不再研制新型主战坦克，现有主战坦克主要对武器系统和信息化指挥控制系统进行改进。例如，英国的"挑战者 2"主战坦克将通过技术改进使服役期延长到 2020 年以后，改进重点是换装新型 L55 型 120 毫米滑膛炮，以增大杀伤力和有效射程；法国的"勒克莱尔"主战坦克将采用"圣像"作战管理系统、新型弹药和多层防护系统，提高"网络中心战"能力、超视距作战能力和战场生存能力。

2. 装备信息化改造成本控制的主要经验

（1）统一管理，分级实施。在装备改造的实施过程中，既要突出部队提高装备作战效能的需求，还要考虑到科研单位、工厂等部门的投入。为了兼顾各方利益，必须在权威部门的统一指导和管理下进行武器装备的改造升级。在美国，陆军装备司令部是装备改造的领导机关。通过装备司令部、项目执行官及美陆军各大司令部的合作，确立启动和实施装备改造计划的程序和方法。陆军副参谋长和负责采购、后勤和技术的助理陆军部长则肩负监督的职责，每年都要联合主持陆军装备改造的年度审查。俄罗斯武器装备的改造升级和维修保障，基本上继承了苏联统一管理、分级组织实施的管理体制，国防部总装备司令部和各级装备部门负责全军通用武器装备的改造和维修，各军种司令部设立的技术保障部门负责本军种专用装备的改造和维修保障。总装备部通过下设二部一局（导弹机械部、汽车装甲坦克部及发明局），统管全军通用装备改造和维修。各军种司令部也相应设立了导弹军械部、汽车装甲坦克部（或汽车牵引车部）和合理化建议委员会（或发明局），由主管装备的副司令领导，负责本军种通用武器装备的采购、调配、使用、管理、改造和修理等业务。

（2）严格论证，突出重点。老装备的改造能够大大节省研究和采办经费，投入的经费只相当于新研装备的1/6～1/5。然而，装备改造工作也不能一哄而上，必须根据装备现状和部队需求，在考虑经济承受能力的前提下，进行严格论证、突出改造重点，选择最佳的改造型号和方案。美、俄等军事发达国家对陆军装备的改进和升级，主要选择那些尚未达到最高服役年限、有可能完全恢复寿命的武器系统来进行，一般可以继续服役10～20年。在对老装备进行改造前，还要进行成本效益的量化分析，以保证装备改造的效益，降低改造风险。为了将有限的改造资金用到最需要的地方，美陆军采取了"保证重点部队的重点装备"这一策略，最初选择31种装备作为改造对象，经过艰难的取舍，到2002年最后定下了17种对保持美陆军战场优势有重要意义的武器系统，如"阿帕奇""黑鹰"和"支努干"直升机，"艾布拉姆斯"坦克和"布雷德利"战车，多管火箭炮系统和"爱国者"防空导弹等。装备改造的重点部队为第3军的第4机步师和第1骑兵师。俄罗斯陆军也确定了装备改造的重点项目，主要包括T-72和T-80坦克、BMP-1和BMP-2步兵战车、"旋风"和"冰世"火箭炮，以及"米-8""米-24"和"米-28"直升机等。

（3）军地合作，共同参与。在美国陆军老装备改造的实施过程中，没有采用传统的军方提要求、工业部门承包的做法，而是军、工联手完成装备改造，改造地点主要选在维修供应基地和装备使用单位。这种做法的最大好处是，可以充分利用军队现有的技术力量和设施，发挥军工企业在专业知识和技能上的优势，最大限度地降低老装备改造的成本和风险。同时，通过维修与改进的过程，还能使部队全面了解和掌握装备的结构、原理及维修使用经验，有利于提高部队在野战条件下的维修保养能力。

3. 装备信息化改造成本控制的典型案例

武器装备各种费用大幅上升的趋势，给世界各国带来了前所未有的压力，因而如何在提高装备技术水平的同时，有效控制费用上涨，走经济有效的发展道路，是目前各国军队主管部门面临的共同问题。

（1）美军 F 型战机技术改造。①采用新的设计思想和原则。20 世纪 60 年代中后期，美国 F－111 和 C－5 A 飞机的研制日益暴露了由于决策失误和管理不当导致的严重后果，产品大量更改、费用超支、F－111B 飞机被迫取消。针对这一情况，1965 年，美国国防部和空军提出了研制 F－4 后继机 F－15 飞机的计划时，首先把决策和管理提到了重要位置，提出了一系列新的设计原则，采用了一套新的管理办法。在重大的管理思想和原则中，有一条就是"实行灵活的费用控制，根据任务的不同风险程度采用不同的费用控制方法"。1968 年，正式提出 F－15 飞机的设计要求，其主要设计原则是：采用新技术确保空中优势的能力，费用要低，以便迅速大批量装备部队。

②科学进行费用预测。在 F－15 飞机研制开始，就采用回归分析方法对研制费和生产费做出了科学的预测，预测出的结果是 73 亿美元。其中，20 架原型机占 22.3%，720 架生产型飞机占 70.5%，零备件占 7.2%，并详细地制定出了每年度的费用预算表。在广泛的竞争中，进一步要求降低 5%～10% 的费用[1]。

③稳妥进行方案优选。空军为了充分挖掘各公司的经验和潜力，使新机方案尽可能完善，采用了广泛竞争投标的方法，从各种方案中加以优选。整个评选工作分为初选和终选两个阶段。初选阶段历时 13 个月（1968 年 9 月至 12 月），从 8 家投标公司中选出 3 家，分别鉴定了一项为期 6 个月的方案细化合同。接着，从 1969 年 7 月～12 月对 3 家公司的方案作了最终评选，最后选定麦道公司为主承包商。

④灵活运用费用控制思想。在贯彻新的费用控制思想和原则中，采用灵活的费用控制法。把总任务项目分作两大类，对那些风险大、费用又难以估算的项目实施"成本加奖金"，对其他项目则实施"固定价格加奖金"的办法。具体做法如下：一是明确规定目标成本。不论哪类项目，都要根据各种因素，确定出目标成本；二是建立严格拨款制度。把费用批拨和"里程碑"控制结合起来。没有完成上阶段任务，就不给予下一阶段的拨款。费用超支需追加时，公司应在一年半前做出预算，上报型号办公室，经批准后纳入下一年预算，否则由公司自筹。自

① Kirby, M. R. A Methodology for Technology Identification, Evaluation and Selection in Conceptual and Preliminary Aircraft Design. Ph. D. Thesis. Georgia Institute of Technology, 2001. 3.

筹费用是否由军方承担需下一财年确定，即使军方认可，自筹的利息仍由公司自付；三是实行管理奖和利润提成。在全面研制阶段，军方拨款 200 万美元用做公司的管理奖，每年 40 万美元，由国防部和型号办公室评定。另外，根据费用的执行情况，实行目标成本提成，最高为 12%，最低为 2%，提成部分和成本节余部分由公司与军方按 1∶9 比例分担①；四是建立日常费用审核制度。对研制费用支付情况进行日常审核，使型号办公室随时掌握费用变化趋势，每季度向空军、国防部、甚至国会报告费用情况。这个控制环节的另一个重要意义在于积累资料，为下一步研制和生产费用的控制提供依据，找出规律，以便进一步挖掘节约的潜力。

⑤积极落实可靠性和维修性控制。在控制寿命周期费用时，特别是对使用和保障费用的控制，可靠性和维修性都是关键因素。F－15 飞机从方案论证开始，就把可靠性和维修性确定为审核内容之一。最后落实了以下 4 项措施：一是提高产品的互换性。包括左、右发动机的互换性；二是简化设备。如与 F－14 飞机相比，驾驶舱仪表从 48 个减少至 30 个，飞机操纵装置从 16 个减至 9 个，润滑点从 510 个减至 202 个等；三是尽量采用标准件。专门成立了零部件控制委员会，组织和推广标准化工作，微型电路的标准化程度达到了 13%，80 种设备用的微电路品种削减了 80%；四是增加检查窗口，采用自测试设备②。

（2）美海军 VAMOSC 系统技术改造。随着武器装备体系构成日益复杂以及装备复杂程度的不断提高，装备研制、生产、使用和保障各阶段产生的相关数据急剧增加，从而给装备信息化改造费用分析所需的数据收集和管理带来了前所未有的压力。因而，必须建立相应的数据收集制度，并采用先进的手段来管理所收集的数据，以便为数据的进一步分析处理提供支持。在数据收集与管理方面，国外的先进做法值得借鉴，下面以美国为例进行说明。

武器装备信息化改造费用数据历来受到美国国防工业系统各研制和生产单位以及军方的高度重视。早在 20 世纪 70 年代，美国政府条例就要求收集武器装备研制和生产费用数据，启动了承包商费用数据报告（Contractor Cost Data Reporting，CCDR）制度，建立了一个标准化的费用目录，为建立完善的武器信息化改

---

① Kirby，M. R. Mavris D. . N. A Method for Technology Selection on Benefit，Available Schedule and Budget Resources. AIAA－2000－5563.

② Wayne L Zorn，B S. USAF，Modeling Diminishing Marginal Returns：An Application to the Aircraft Availability Model ［R］. 1996. 4.

造费用数据收集和管理系统提供了保障。建立 CCDR 制度一个重要的目的是为了对费用数据进行系统、准确地收集，以便不同项目的费用数据在更详细的层次上进行相互比较。同时，为费用预测模型的建立提供良好的基础。CCDR 系统的作用主要表现在以下 3 个方面：①为主要武器系统信息化改造项目各决策点评审开展费用估算工作提供支持；②为政府开展独立的费用和价格估算并与技术改造外包承包商进行协商提供支持；③对与承包商协商所确定的费用进行跟踪。到了 70 年代中期，装备信息化改造费用数据的收集受到了军方高度重视，并采取了许多规范化措施。1992 年制定的国防部条例明确规定，要求国防部各部门对其全部武器系统建立并维护好信息化改造费用数据库，并制定了使用和保障费用可视化和管理（The Visibility and Management of Operating and Support Costs, VAMOSC）计划。该计划由国防部长办公厅、费用分析改进小组（OSD/CAIG）负责，完成对各军种数据库进行监督与管理，并在负责建立费用目录、定义费用项目、促进各单位数据收集标准化以及更有效地使用、分析数据库方面开展了大量卓有成效的工作①。

国防部下属各单位根据国防部条例 DoD 5000.4 - M，分别建立了各自的数据管理系统。美国海军针对其武器系统信息化改造费用信息，建立了名为"信息化改造费用可视化及管理"的数据库系统，该系统由海军费用分析中心（Naval Center for Cost Analysis, NCCA）负责管理，该系统收集有海军信息化改造目录 I 以及信息化改造目录 II 中一些武器系统的数据，包括海军所有舰船的数据，以及航空和与航空有关的武器系统的数据。主要数据包括人员、燃料、弹药、维修、改装、培训以及其他技术改造和技术保障方面的费用数据；在 CAIG 监督下，空军于 1998 年 4 月更新了其 VAMOSC 系统，代之以空军总拥有费用（The Air Force Total Ownership Costs, AFTOC）数据系统，该系统由空军费用分析办公室（Air Force Cost Analysis Agency, AFCAA）负责管理。AFTOC 数据库来源于不同渠道的原始数据，其中包含有来自指挥在线审计和报告系统（Command On-line Accounting & Reporting System, COARS）的真实数据，也有来自燃料自动管理系统（Fuels Automated Management System, FAMS）的燃料信息，来自军事人员数据系统（Military Personnel Data System, MPMS）的人员数据，以及来自可靠性和

---

① Implementation of a Cost - Accounting System for Visibility of Weapon System Life - Cycle Costs ［R］. D - 2001 - 164, Aug. 1, 2001. Office of the Inspector General Department of Defense, U. S. A.

维修性信息系统（Reliability and Maintain-ability Information System，REMIS）的飞行小时数据和库存数据等；美国陆军建立的数据库名为使用和保障管理信息系统（Operating and Support Management Information System，OSMIS），该系统由费用和经济性分析中心（Cost and Economic Analysis Center，CEAC）负责管理，该系统收集有各战术部队配备的超过500项武器系统技术改造所需的费用数据，各单位对其主要武器装备的技术改造和技术保障费用进行持续跟踪。

1975年，国防部办公厅下达指示，命令各有关部队收集武器系统信息化改造费用数据；1976年，海军作战主任提议海军及水上飞机数据系统由海军空中系统司令部负责管理。1977年，海军作战主任提议海军舰船数据系统由海军海上系统司令部负责管理；1984年，国防部建立VAMOSC指导委员会，明确VAMOSC项目有关政策；1988年，参议院拨款委员会指示各有关部队开发VAMOSC能力；1992年，国防部办公厅/费用分析改进小组（OSD/CAIG）负责"三军"VAMOSC管理，同时，海军VAMOSC系统改由海军费用分析中心（NCCA）负责管理；1996年，OSD/CAIG建立VAMOSC提高和增强工作组，其成员由国防部办公厅/项目分析和评价（OSD/PA&E）、海军费用分析中心（NCCA）、陆军费用和经济性分析中心（CEAC）和空军费用分析办公室（AFCAA）的代表组成；1997年，海军VAMOSC开始建立电子数据库环境；2001年，海军VAMOSC完全实现联网运行。目前，美军建立的VAMOSC在费用分析、费用研究、费用模型、费用仿真等领域得到了广泛应用，其他用途主要有以下几方面：①为可承受性论证、PPBS过程等决策提供支持；②提供足够详细的、可视化的子系统级的信息化改造费用，为在技术改造中考虑费用问题、保障方案权衡分析、改进等决策提供了良好基础；③通过该系统提供可视化的信息化改造费用，以便采取方法降低和控制寿命周期费用；④极大地提高数据的有效性和可信性，同时也减少了应用时收集数据所需的费用和时间。

通过上面介绍的美国海军VAMOSC项目发展过程可以看出，先进观念、顶层重视、统一规划、有效管理、持续发展，是该项目信息化改造得以成功的重要保证。

三、我军装备信息化改造费用估算

(一) 我军装备硬件系统信息化改造费用估算

1. 可靠性改进费用

装备信息化改造的最终目标都是通过提升其战术技术性能来实现预定的作战使用要求，最大限度地发挥其作战效能。影响装备改造费用的因素大致包括三个方面，即装备使用技术特性、装备战术技术特性和装备时间因素[①]。根据我国航空装备研制过程中要满足"五性"的要求，即可靠性、维修性、保障性、测试性和安全性（其中安全性要求是中央军委在原有"四性"要求的基础上针对新时期装备发展要求提出来的），可靠性作为现代装备重要的战术技术指标，是构成我军装备效能并影响其寿命周期费用的重要因素，具有重要的军事和经济效益。美国工业界武器装备系统效能咨询委员会（WSEIAC）建立的武器系统效能模型（ADC 模型）是一种为人们所普遍接受的分析系统效能的模型，该模型把系统效能参数分解为可用性、可依赖性和能力三大部分。其中，影响可用性的主要因素有装备的基本可靠性、维修性和保障性等；影响可依赖性的主要因素有任务可靠性、生存性等，充分反映了装备可靠性对系统效能具有重要影响[②]。

可靠性对装备采购、使用保障以及改造费用具有重要影响。一方面，要提高可靠性，一般需要采用新的设计手段，选择高品质原材料、元器件，利用先进的工艺技术与生产、试验设备等，必须增加相应的费用投入，从而增加了系统研制、生产和改造费用；另一方面，可靠性水平提高时，较高的寿命可靠性指标可延长装备大修间隔期限，从而使每工作单位小时大修费用降低。同时由于故障少，将导致预防性维修和修复性维修工作量减小，从而降低维修人力费用。此外，可靠性的提高还会引起装备对维修备件供应的需求减小，从而降低装备使用和保障费用。综合以上各种影响因素，装备改造费用随可靠性的变化表现出如图3－22 所示的规律。正是因为提高装备可靠性（包括维修性和保障性）既满足了军事需求，又带来了装备使用和保障费用以至整个寿命周期费用的降低或效费比

---

① 李鸣等. 装备采购经济问题分析 [M]. 北京：国防工业出版社，2009：66.

② Salvatore P，Hbrcurio Clyde，Skagge W. Reliability Acquisition Cost Study [R]. RADC－TR－73－334.

的提高，具有显著的军事和经济效益，由此可见，提高装备可靠性对于我军进行装备信息化改造而言意义重大。

处理好可靠性投资的关键问题在于搞好可靠性与性能、维修性和其他质量特性的权衡，以取得最佳军事经济效益。考虑到提高装备可靠性水平的两种主要途径：一是在新型装备研制过程中系统开展可靠性工作，实现预期的可靠性水平；二是针对现役装备使用中存在的问题进行可靠性改进。前者大都是属于一次性的基础性投资，开展可靠性工作的系统性强，也有专项的计划经费做支持。后者只是针对使用中提出的问题对可靠性进行局部改进，工作也往往受到系统其他部分的一些限制，其投资也相应较少。有鉴于此，本研究将新型装备研制过程中为实现系统可靠性要求所需的投资称为可靠性发展费用，而将可靠性改进过程中所需的投资称为可靠性改进费用，以示区别。

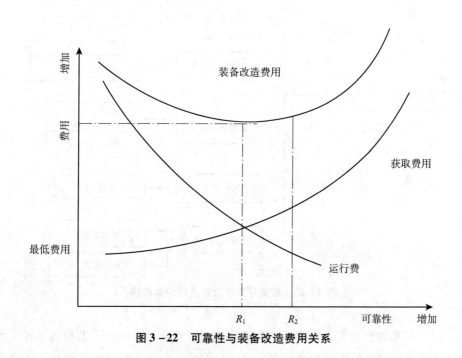

图 3 - 22　可靠性与装备改造费用关系

建立全面、准确的装备可靠性发展费用分解结构是进行可靠性费用分析的基础。它对于明确可靠性发展费用内涵、数据收集、建立可靠性费用模型等工作都具有参考作用。装备可靠性发展费用分解结构通常如图 3 - 23 所示。

（1）可靠性设计费。主要包括进行方案决策、设计、计算等工作涉及的费用，包括可靠性预计、失效模式及影响分析、可靠性评审等工作，以及采用各种可靠性设计方法，例如，容差设计、冗余设计、降额设计、热设计、电磁兼容性设计分析、潜在电路分析和软件可靠性设计等所支出的费用。

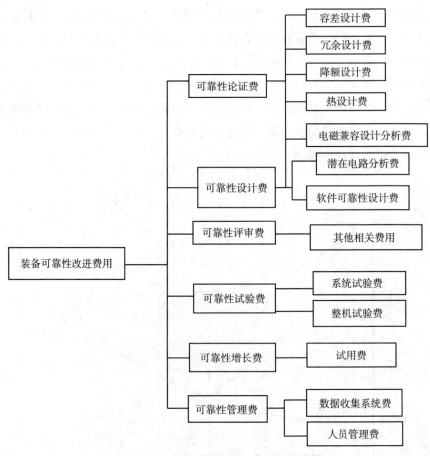

图 3 – 23　装备可靠性改进费用分解结构

（2）可靠性试验费。随着系统复杂程度及对可靠性要求的不断提高，现代大型装备可靠性试验种类和数量繁多，涉及很大的人力和器材消耗，例如，环境应力筛选试验、鉴定试验、验证试验等。

（3）可靠性管理费。大型武器系统研制过程都设有专门负责机构，完成可靠性数据的收集、处理和分析，并负责可靠性相关工作的协调等。其他的可靠性费用项目还包括可靠性论证费、可靠性增长费等。

2. 可靠性改进费用估算

可靠性改进费用与进行改进的具体内容和时机有密切关系，也是现代装备提高可靠性常常采取的措施之一。在进行可靠性改进费用估算时，要分清是在研装备还是现有装备的可靠性改进，是全面改进还是单项改进。一般情况下，可靠性改进费用难以通过建立估算模型的方法来估算。往往通过专家经验来进行估算。在估算可靠性改进费用时需要考虑以下几方面因素：（1）改进后可靠性指标提高的幅度，一般幅度越高费用越多；（2）被改进装备可靠性成熟程度，若可靠性比较差，少量投入可以获得可靠性大幅的提高；若可靠性已经较高，则需要大量投入才能使可靠性进一步提高；（3）改进时采用成熟的技术和先进的工艺，则适当的投入可获得较高的可靠性改进；（4）若已知被改进项的故障模式和失效机理，则适当的投入可获得较高的可靠性改进；（5）早期改进（如设计阶段）费用较少，后期改进（如使用阶段）费用较多。

我军在对现役装备进行可靠性改进实施中，可考虑采用工程估算法来进行成本控制[①]。工程估算法是采用自下而上的方法来估算可靠性发展费用，它通常用于装备工程研制阶段，工作量很大，在统计过程中会遇到一些实际问题，如费用涵盖范围的界定等，对此说明如下：（1）在论证费用中，可靠性论证费用所占比例与对装备可靠性的要求有关，若要求很高（如高可靠性装备），则可靠性论证费用（含预研费用）所占比例较大，反之则较小（一般推荐值为 5% ~ 10%）；（2）可靠性设计费用在系统设计总费用中所占的比例与采用的可靠性技术有关，若采用一般成熟的可靠性设计技术，所占比例较小，若采用新的可靠性设计技术，则所占比例较大；（3）可靠性评审费用的估算与评审次数和组织方式有关，对于一些大型的高可靠性装备，需要对可靠性进行多次专门评审，所需费用应按实际需要计算。对于一般装备，可靠性评审可能和系统综合评审试验结合进行，此时所占费用相对较小；（4）可靠性试验包括分系统（分机、整件）试验、设计样机验证试验、试用试验和定型鉴定试验等。若是专门进行的可靠性试验，应按实际需要（人力、物力、财力）估算，若是与整机例行试验结合进行的，只计算其费用的一部分；（5）在装备的研制过程中，为了实现可靠性增长，达到预期的可靠性指标，需要进行一些设计改进和试验，其所需费用应全部计入可靠性费用；（6）可靠性管理费用主要包括可靠性数据收集系统费用和可靠性管理人员

① 张晓春，刘将军，韩玉启. 军用装备可靠性与费用的参数估算方法［J］. 现代雷达，2003（9）.

费用。

3. 我军装备可靠性改进费用估算案例分析

（1）我军某型装备可靠性改进效益分析

①可靠性改进目标制定。可靠性改进目标使我军某型装备火控系统和发动机可靠性水平分别提高2倍和4倍；②可靠性改进影响因素分析。可靠性改进会带来相关系统甚至整机一系列指标的变化，主要有：零备件使用和投资水平（包括备用发动机和发动机舱），大修费用，维修工时，出动架次率；③分析方法。军方和负责该项目的承制军工企业利用规划和模拟模型，对该型装备可靠性改进影响结果进行定量分析；④可靠性军事经济效益分析。该装备的发动机和火控系统的2倍可靠性改进，所带来的可修复的零备件需求和发动机、发动机舱的寿命周期费用变化情况如下表所列。计算时，假设批架次为一固定水平，即60架。为计算方便起见，假定可靠性投资是在10年间是均匀的，见表3-20。

表3-20　　　　　　　　我军某型装备发动机和火控系统可靠性加倍后的效益[①]

（年份：2005年，单位：千万元）

投资项目	基本投资	节省			
		使可靠性加倍的费用	可靠性改进带来的节省	每架飞机节省	每架飞机年节省
发动机及发动机舱	78	49	29	0.483	0.038
可修复的一般使用故障	91	77	14	0.233	0.018
废弃/替换部件	83	52	31	0.517	0.041
元器件大修	117	84	33	0.550	0.043
总计	369	262	107	1.783	0.140

注：每型该装备年节省是以稳定水平的60套和10%贴现率计算得到的

从以上计算可以得出，每型该装备总共节约1783万元。所有这些装备的总投资节省了10.7亿元，其军事经济效益是非常可观的。

（2）我军某型近程防卫武器系统可靠性改进效益分析

①可靠性改进的背景。该型近程防卫武器系统用于防卫低空高速导弹或飞

---

① 张恒喜，刘晓东. 装备可靠性维修性的研制与生产费用预测模型研究［R］. 中国国防技术研究报告，2006.4.

机，某研究所设计了一个独立组合式装置，装有舰炮及闭路火控雷达系统，具有自动保护的轻质结构。20 世纪 90 年代初，该所会同某制造企业为海军进行了可靠性研究和试验，其后展开全面研制。海军于 1997 年收到首批订货，1998 年完成首次实地安装。1991～2002 年，对它的技改投入达 14.58 亿元，按 2002 年价格，约为 29.93 亿元。

海军在接收该型近程防卫武器系统后不到一年的时间里，就发现它有严重的可靠性问题。因为被安装在舰艇的露天甲板上，这一高度自动化的系统受到了海水的浸渍、海浪冲击、风吹日晒等恶劣环境的影响，而且由于其自动化的操作模式并不需要船员不停地进行监护，所以运行环境没有受到操作人员的密切监视。此外，它的设计不便于维护和修理。对于发现的这些问题，海军召集了一个技术调查组来负责解决。

②确定可靠性改进内容。技术调查组根据装备实际使用中存在的可靠性问题，结合技术发展和可能的投资水平，确定了以下两个方面作为改进的重点：一是改进高失效零件和系统结构的设计，以便为维护人员提供一个较好的工作环境，有更好的安全性能。二是改进该系统的制造质量控制。包括更有效的零件筛选等，将腐蚀试验时间从 1999 年的 5 小时延长到 2000 年的 20 小时，并在 2001 年又将所有子系统的试验验证都延长为 30 小时。这些改进的过程被称为武器改进的"一期工程"。从一期工程的某项任务开始，对服役野外的系统进行了改装，并着手改进它的制造工艺，以适应改变了的设计。到 2000 年底，已完成 10%～20% 的改型任务，到 2001 年底完成了任务的 95%，2002 年一期工程全面完成。三是可靠性改进军事效益分析。一期工程可靠性改进取得了显著的军事经济效益。一方面，通过这一工程，海军舰队可靠性水平有了显著提高。表 3-21 所列为全舰队平均 MTBF 变化的情况[1]：

表 3-21 　　　　　　　　我军某型全舰队可靠性的改进

时间间隔[1]	MTBF[2]	MMH[3]	可用度[4]
1999	34.6	0.34	0.23
2000	54.1	0.22	0.28

---

① 张怀强，梁新，刘宝平，黄栋等. 海军舰船装备技术维修保障经费需求分析研究［R］. 海军工程大学，2009.

续表

时间间隔①	MTBF②	MMH③	可用度④
2001	118.5	0.12	0.41
2002	157.8	0.06	0.48
2003	137.5	0.06	0.50

①时间间隔为 10 月 1 日至来年的 9 月 1 日；
②平均故障间隔时间（小时）；
③最大运行单位的每运行小时纠错维修工时；
④MTBF/（MTBF + 停机时间）×（假定的 100% 值班周期）

从表 3 - 20 可以看出，在改进设计和质量控制的过程中，整个系统的可靠性水平有了很大的改善。从系统的首次安装至工程完成，用 MTBF 衡量的可靠性水平增加了 4 倍多，每运行小时的维修工时（MMH）下降了 80%。由于失效周期延长、维修时间缩短、零备件短缺的可能性降低，考虑到舰艇的仓库容量有限，所以零件需求量的大小对系统可用度的影响很大，而且有了较丰富的维修经验和后勤保障的改善，系统可靠度翻了一番。另一方面，随着系统可靠性水平的提高，一期工程对零备件需求产生了很大影响，因设计改变而导致的直接零件需求下降了 53%，整个系统的总零件需求下降了 11%。

（二）我军装备软件系统信息化改造费用估算

1. 装备软件及其维护。计算机软件简称软件，是指能使计算机硬件完成计算和控制功能的有关计算机指令和计算机数据定义的组合。在现代武器装备系统中，还大量地使用着计算机的软固件（Firmware），它是硬件装置和作为只读软件驻留其中的计算机指令或计算机数据的组合。固件中的软件在程序控制下不易更改，一些专用计算机或处理器可采用"黑盒子"、插板组件甚至是单个插板形式嵌入式系统，它们在物理上与系统其他部分不可分，这种计算机称为嵌入式计算机。武器装备系统中还有一些相对独立的计算机，它们本身就是一个包含计算机硬件、软件和其他外部设备的系统。根据软件保障特点的不同，软件区分为武器系统软件和管理信息系统软件两类，其中武器系统软件包括嵌入式软件、C3软件、智能软件以及其他严重影响武器系统任务或作为武器系统一部分的软件。管理信息系统软件则包括信息系统资源（ISR）软件、自动信息系统（AIS）软件、信息资源管理（IRM）软件及其他非武器系统软件。

随着计算机的发展及其在武器系统中的广泛运用，软件的作用地位越来越重要，日益成为各类武器系统的重要组成部分。武器系统能力的提高在相当大程度上取决于系统的软件水平。计算机软件的质量和状况，成为装备能否完成其规定功能，执行作战与保障任务的重要因素。例如，各种火炮的弹道计算、火力控制、随动控制、弹丸末制导控制等；飞机中的飞行控制、动力控制、火力控制、导航、通信控制和显示、环境控制等，无不使用计算机及其软件。有资料表明，美国先进战机 F－22 中软件系统的代码行数将接近 700 万行，这些代码将完成飞机接近 80% 的功能。软件不但能执行过去由专门的硬件执行的功能，而且能执行一些专门硬件几乎无法执行的功能。表 3－22、表 3－23 所列为几种典型作战飞机航空电子系统由硬件和软件实现功能分配的变化情况：

表 3－22　　　　　几种飞机航空电子系统软硬件实现功能分配的变化①

飞机代数	型号	航空电子系统	
		硬件实现功能占比（%）	软件实现功能占比（%）
第二代	F－111	80	20
第三代	F－16	60	40
第四代	F－22	20	80

装备软件维护是指软件产品交付使用之后，为纠正错误、改进性能或其他属性，使软件产品能够持续完全地保障装备而进行的技术修改活动。过去几十年，在软件研发费用增加的同时，软件维护费用也稳步上升。我军在 2000 年用于维护已有软件的费用只占软件总预算的 10% ～15%；2005 年，这一比重上升到 40% ～60%；2008 年左右，更是上升到 70% ～80%，而且这一比重正逐年增长②。因此，软件维护费用已经成为软件系统寿命周期费用的重头。

---

① Kevin L Brummert, Philip R., Mischler Jr. Software Support Cost Estimating Models: A Comparative Study of Model Content and Parameter Sensitivity. MS Thesis. AFIT/GCA/LAS/98S－3. School of Logistics and Acquisition Management, Air University, Air Force Institute of Technology, Wright Patterson AFB OH, 1998.9.

② 郑宇军. 装备系统中软件的经济承受性分析 [C]. 装备可靠性维修性保障性研讨会论文集. 北京: 2009.

表 3 – 23   不同类型的装备软件维护费用统计值（2007 年）

软件类型	每行代码年均维护费用/元
嵌入式软件	780
非嵌入式软件	36
任务保障类软件	6.3

2. 装备软件费用估算。装备软件费用急剧增加的趋势，要求我们必须认真研究软件费用形成和变化的内在规律，进而采取必要的措施来控制和降低软件维护费用不断增长的趋势。国外对于软件费用问题非常重视，已开展了不少研究，制定了相关标准，开发了一些软件费用估算模型。目前，我军对装备软件费用问题也日益重视。

与硬件系统费用估算类似，软件费用估算是软件费用分析与控制的基础。从总体上讲，软件费用估算过程与硬件部分费用估算有相似之处，建立费用分解结构和选择估算方法是其中的重要内容，但软件费用估算也有其自身特点，这些特点主要来自于软件开发过程中存在的一些固有问题。例如，任何估算的首要工作就是理解并定义要估算的对象，然而对于软件来说，它是无形的、不可见的、难以处理的。要对其费用进行估算，存在着固有困难。软件本身在编写过程中不断成长和改变，当硬件未完成预期任务时，往往首先尝试通过改变软件来解决问题，这些改变可能发生在开发的后期，从而导致难以预料的软件费用增长。

软件工作分解结构（WBS）是解决软件产品可视化的有效工具，其详细程度可根据需要制定。在早期阶段，一个较为简单的工作分解结构即可满足要求，对于每一个外场可更换硬件（Line Replaceable Unit，LRU）总存在着一个与之相对应的计算机软件配置项（Computer Software Configuration Item，CSCI）。计算机软件配置项相当于硬件中独立进行技术状态管理的技术状态项目，是为独立的配置管理而设计并且能满足最终用户要求的一组软件。一般来说，软件工作分解结构只需描述软件的主要功能及其主要分项，每一主要功能通过计算机软件配置项加以模型化，更低层次的工作分解结构可通过计算机软件部件（Computer Software Component，CSC）加以模型化。目前，用来估算软件费用的方法各有利弊，不存在适合于各类软件项目费用估算的方法。有的方法可能忽略了系统层的工作，例如，集成，有些方法虽然包含了这些，但却在某些关键部件的软件部件费用估算方面存在不足。因此，专家建议应当根据项目特点、估算的时机，充分了解各种模型的假设及限制、功能和特点：（1）使用模型所必需的数据是否可以得到；（2）模型所使用参数的单位是什么；（3）模型是在哪些数据库的基础上建立的；（4）模型使用有效对输入参数范围有何要求。

（三）我军装备信息化改造费用风险控制

现代武器装备为满足军事需求，在研制、生产和改造过程中采用了大量新技术、新材料和新工艺，尤其对于大型装备来说，需要组织庞大的技术保障队伍，持续相当长的周期，在此期间存在着种种难以预见的不确定因素。美国的研究报告统计，美国在新武器装备和航天器的研制、改进中，由于对工程的风险估计不足或估计不准，实际费用支出往往超出预算很多。从 20 世纪 50 年代至 70 年代，国防合同实际总金额大大超过了最初确定的总金额，增长额达到几百亿美元。其中，合同金额 50 年代平均增长 200%；60 年代平均增长高达 400%；70 年代平均增长 100%；80 年代平均增长高达 40% 左右[①]。正因如此，一个精明的决策者在利用费用估算结果时，希望得到的不仅仅是一个点估算值，同时要进行费用风险及不确定性分析，以便提供更为丰富的信息，使决策者更好地理解其决策可能引起的结果及其变化范围、识别风险领域，进而控制高风险。因此，必须强化对我军装备信息化改造费用的风险控制。

1. 装备信息化改造费用风险分类。在装备信息化改造过程中，存在有多种类型的风险，对于费用分析人员来说，掌握各类风险内涵及其之间的相互关系，将有助于后续进一步全面理解和分析费用风险。一般来说，可将费用风险分为以下几大类：一是技术性风险。技术性风险是指为了发展某项新设计所包含的风险，它往往是由于对新设备提出了前所未有的性能要求而产生的，包括对物理特性、材料特性、工作环境、抗辐射特性的要求，对技术发展水平的要求，对试验的要求，对软件测试的要求和不满意的测试结果以及可靠性、维修性达不到要求时造成的风险，其大小一般取决于为满足性能需求所需技术改造的成熟程度。二是计划性风险。计划性风险是涉及获取和使用一些不受装备改造项目控制，但能影响技改项目方向的可用资源和活动的风险，包括各种事件、政策变化、决策或行动所造成的风险。这些事件并不一定针对该项目本身，但会对项目的原计划产生一定程度的影响。此外，还包括出现未预料到的技术工艺和资源需求以及能力不足等问题而造成的风

---

① Impossible Certainty：Cost Risks Analysis for Air Force Systems ［R］. RAND, MG－415－AF, 2005.

险。三是保障性风险。保障性风险是与装备系统部署和维护有关的风险，具有技术风险和计划风险两方面的特征，包括战备完好性和保障性目标确定不及时，可靠性和维修性要求不切实际，在方案探索阶段未作保障性分析，未实施或剪裁综合保障通用要求，保障合同签订不当以及综合保障要素规划不当等潜在的风险源。四是费用性风险。费用性风险是用超出装备技术改造项目费用表示的一种风险，它是由于费用估计不足造成的。五是进度性风险。进度性风险是装备技改项目不满足重大里程碑的风险，它主要是由于预计的进度目标不合理而造成的。

2. 我军装备信息化改造费用风险控制案例分析。军机的改型是指在已有定型的军机上，进行改进改型，与新研型号从工作量和其他要求方面有一定区别。改型研制费是改型研制阶段发生费用的总和，主要考虑在原型机上的改进部分以及牵涉的其他部分所发生的费用。这里以我军某型飞机机体改型研制费用风险为例，说明装备信息化改造费用风险分析方法。根据我国有关规定，飞机机体改型研制费用分解结构（CBS）[①]，如图 3 - 24 所示。

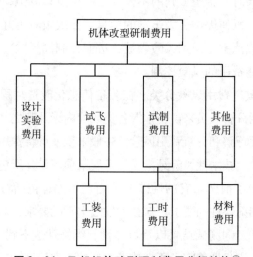

图 3 - 24　飞机机体改型研制费用分解结构[②]

---

①　符志民. 航天项目风险管理 ［M］. 北京：机械工业出版社，2005.

②　另一种对改型飞机研制费用分解结构的划分，主要的费用项包括：改型设计费；改型研制所需材料费；外协费；改型所需专用费，其中含新增工艺装备费、样品样机费、技术基础费、零星土建费等；改型所需试验费；设备费。其中含专用设备费、固定资产使用费等；工资及补助费用；管理费。具体的费用分解结构及费用元素划分视改型项目的不同而应略有所增删，但总的一个原则是应囊括所有发生改型研制阶段的费用。参见李鸣等. 装备采购经济问题分析 ［M］. 北京：国防工业出版社，2009：165.

（1）机体改型研制费用风险估算模型。这里，我们使用参数法对费用进行估算，目的是将估算结果和后面采用的蒙特卡洛仿真结果进行比较。选择机体改型研制费用参数：飞机空重 W、最大速度 V、代数 D、图纸费用率 λ、改型研制批小时费用率 Z、工装小时费用率 g、改型研制批架数 p、每架起落的平均费用 q 共 8 个参变量[①]。建立参数模型如下：

①设计试验费用。

$$设计试验费用 = 设计图纸数 \times 图纸费用率$$
$$= 19036.6756 \times W^{0.34375} \times V^{-0.34101} \times D^{0.459789} \times \lambda$$

②试飞费用。

$$试飞费用 = 试飞起落数 \times 每架起落的平均费用$$
$$= 6.7917 \times 10^{-5} \times W^{1.577567} \times D^{2.236164} \times q$$

③工时费用。

$$工时费用 = 单机改制工时 \times 改制批小时费用率 \times 改制批架数$$
$$= 0.005 \times W^{0.94293} \times D^{0.99136} \times Z \times p$$

④材料费用。

$$材料费用 = 单机材料费用 \times 改制批架数 \times 材料费用修正系数$$
$$= 0.004046 \times W^{1.17} \times D^{1.23097} \times p \times 1.2,$$

材料费用修正系数取值为 1.20。

⑤工装费用。

$$工装费用 = 工装工时 \times 工装小时费用率 = W^{0.6036} \times g$$

⑥试制费用。

$$试制费用 = (工装费用 + 工时费用 + 材料费用) \times 2$$

⑦机体改型研制费用。

$$机体改型研制费用 = 试飞费用 + 设计试验费用 + 试制费用$$

（2）参数概率分布。采用专家判断法或根据经验（历史）数据，得到各参变量的概率分布如表 3-24 所示。

---

① 许伟武. 型号产品研制的风险评估 [J]. 航空科学技术，1999（4）.

表 3 - 24 参变量的概率分布

参变量	单位	概率分布	参数
空重 W	kg	三角分布	T（15000，15800，16000）
最大速度 V	km/h	均匀分布	U（2100，2200）
代数 D			3.5
图纸费用率 λ	元/张	正态分布	N（10000，200）
改制批小时费用率 Z	万元/h	均匀分布	U（45，55）
工装小时费用率 g	万元/h	均匀分布	U（26，34）
改制批架数 p			6
每架起落的平均费用 q	万元/起落	正态分布	N（16，1）

将各种类型分布均值代入费用估算模型，计算结果如下：

费用类别	设计试验费用	试飞费用	工时费用	工装费用	材料费用
计算结果/万元	68350	73732	46696	10188	10966

试制费用 =（工时费用 + 工装费用十材料费用）×2 = 135700（万元），机体改型研制费用 = 试飞费用 + 设计试验费用 + 试制费用 = 277782（万元）。

（3）进行仿真计算，分析费用风险。利用蒙特卡洛仿真技术，根据上述费用估算模型和参变量的概率分布，运用 MATLAB 的随机数产生函数和各种概率分布函数，进行 1000 次仿真模拟得到的结果如表 3 - 25 所示。

表 3 - 25 各费用最大值和最小值 单位：万元

费用类别	最大值	最小值
设计试验费用	69683	67179
试飞费用	87492	61919
工时费用	51746	41633
工装费用	11548	8777
材料费用	11132	10778
试制费用	14727	122480
机体研制费用	288960	252970

机体改型研制费用数学期望 271120 万元，标准差 3561 万元，90% 的置信区间为（268310，275457），也即研制费用 90% 的概率落入区间（268310，275457），85% 的置信区间为（270725，272901）。通过绘出、比较机体改型研制费用分布频数概率直方图和累计概率分布图，可以看出机体改型研制费用在 277782 的概率为 75%。这说明，如果项目改型研制投入经费是 277782 万元的话，那么项目超支的概率为 25%。

四、优化我军装备信息化改造成本控制的政策取向

（一）优化我军装备信息化改造成本控制遵循的原则

1. 坚持需求牵引的原则，提高装备信息化改造成本控制的针对性。需求牵引始终是武器装备发展的主要动力，未来打什么仗，就发展什么装备。要打赢未来信息化战争，就必须加强对现有装备的信息化改造。国外改造老装备诸多成功范例的事实已经证明，在需求牵引下的老装备改造是装备实现跨越式发展的捷径。把装备改造纳入装备的总体发展规划，要综合考虑军事需求、改造技术和未来发展三方面的问题。应加强战争需求研究，从未来军事斗争的需求出发，建立作战部门、装备部门和研制生产部门的需求沟通机制，加强协调与沟通，提高装备改造的针对性；应在加快装备机械化建设的同时，加强陆军信息化整体建设，使装备改造兼顾机械化和信息化的双重要求，实现思想观念、管理指挥模式、装备体系的"跨越式发展"。

2. 坚持全局统筹的原则，提高装备信息化改造成本控制的科学性。外军对装备信息化改造过程中十分强调统一领导、分工负责，从组织上保证了信息化改造高效率展开。如美军从国防部到师（旅）的各级后勤，都设有权威的信息化组织管理机构，负责有关发展规划、计划的制定，从政策、理论和技术高度，保证"信息核心"原则在装备信息化建设中的贯彻实施。我军应对各类信息化装备进行分类，有计划、分步骤地实施信息化改造，以免走上"分散—改造—整合"的弯路，切实在资金投入上得以保障，促进武器装备系统的有机结合，真正实现装备"螺旋"式上升发展。在武器装备发展过程中，应充分借鉴国外发达国家装备建设成功经验，逐步从更新和增加平台建设转向发展武器平台与改造老装备并重的装备建设方向，加强改造老装备的资金投入。同时，有针对性地对我军已具备

较高机械化水平的部分现役装备进行信息化改造，使有限的建设资金最大限度地发挥作用。

3. 坚持点面结合的原则，提高装备信息化改造成本控制的有效性。我军装备信息化改造，要把握"有所为，有所不为"的基本原则。对于那些事关军队长远发展的大型武器装备的信息化改造，在资金投入上要确保到位。要充分利用关键技术，突出重点装备的改造，保证重点需求。尽管老装备改造相对新研制装备能大幅度节省装备经费，但装备改造工作也不能一哄而上，必须根据装备现状和部队需求，在考虑经济承受能力的前提下，进行严格论证，突出改造重点，选择最急需的改造装备和最佳改造方案，把有限的经费用在重点装备和薄弱环节装备的改造上。同时，要利用成熟技术有计划、有步骤地改造现有装备；争取利用国外技术和现成装备，加强技术引进和消化，为我所用；要形成高中低档并存、新老装备合理搭配、作战指挥装备和支援保障装备配套完善，以二代装备改进型为主体、部分三代装备为龙头、一代装备改进型为补充的装备信息化建设体制，从而最大限度地实现对有限国防资源的配置和使用。

4. 坚持效益导向的原则，提高装备信息化改造成本控制的经济性。鉴于装备研制、生产、使用保障和维修改造费用全面增长的严峻现实，人们逐渐认识到过去长期推行的"装备采购费用最低"（精明买主）的准则，即以采购费用最低作为采购装备的依据，本质上是一种"伪经济"的思想。"花太多的钱不精明，但是花太少的钱同样愚蠢"，从全寿命、全系统的角度认识、研究装备费用问题，在装备信息化改造过程中坚持"技术性为核，经济性为本"的原则，才是一条科学正确的发展思路。装备改造必须坚持经济性原则，从装备改造的方案论证到技术实施，都应该以降低装备费用为重要出发点。首先，要加强方案论证的科学性，运用统计理论、决策理论、经济理论等理论工具对改造方案实行量化评估，包括改造的成本效益、费用风险等方面。其次，要高度重视降低使用和保障费用，提高装备经费的使用效益。装备的可靠性、可维修性和可保障性，是影响装备使用和保障费用的重要因素。要通过广泛运用成熟的新材料、新工艺和新技术，对现有装备进行局部改造和改型，着重提高其可靠性，降低故障率，从而降低使用和保障费用。最后，要重视改造和使用低成本装备。未来高技术条件下的局部战争具有节奏快、强度高、毁伤重、消耗大的特点，改造和使用低成本装备有利于实施全天候作战，并能有效降低战争费用。

5. 坚持军民融合的原则，提高装备信息化改造成本控制的兼容性。广泛使用民用技术和商业产品改造现役装备，因其不需要专门的技术开发和产品研制，所以能够明显加快装备改造速度，降低改造成本。同时，在一些重要的高新技术领域，如信息技术、先进材料和先进制造技术，民用工业企业与军工行业在技术水平上已难分高低，甚至在某些产业（如信息技术）民用工业部门已超过军工行业。因此，充分利用民用高科技资源对装备实施改造，可以有效改善和提高装备性能。而且，运用民用技术及产品，也可以使得装备保障更加便捷。日本自卫队装备改造，多半采取由军方负责确定目标，提出计划，并在实施过程中进行审查、检验、鉴定，由地方负责设计、试制与生产的军民结合的方式。外军积极采取"以商促军"发展策略的经验表明，这种做法的最大好处是可以充分利用军队现有维修和供应基地的技术力量和技术设施，充分发挥军工企业在专业知识和技能上的优势，不仅有助于军事技术保持领先地位，而且大大缩短军队装备信息化改造的时间，同时节省开发军用技术的经费，减少技术风险。我军装备信息化改造应根据各类装备的不同作战、保障等用途，利用民用成熟的、满足军用需求的信息技术和产品来完成装备改造项目，只有涉密性极强的关键性技术项目，才能依托军内院校、研究所来完成。

（二）优化我军装备信息化改造成本控制的基本思路

利用高新技术特别是信息技术改造现役装备，改进和提高装备战术技术性能，是装备信息化建设的重要内容。国外典型数据统计表明，现役装备信息化改造所需费用只是研制同等能力新系统的33%～40%，而改进周期更是缩短至研制同等能力新系统的一半左右。发达国家军队利用信息技术改造的武器装备约占现役武器装备总量的40%～50%。世界各国军队在大力研制新装备的同时，都十分注重将高新技术应用于现役装备，以提高武器装备的作战效能。我们是发展中国家，国民经济对装备建设的承受能力十分有限，新研制的装备只能是少数。我军装备建设在总体上落后于世界先进水平，要在较短的时期实现跨越式发展，则必须科学处理好利用现代高新技术特别是信息技术改造现役装备的问题，这事关我军装备建设走出一条机械化、信息化复合发展道路的重大问题，事关推进中国特色军事变革的重大问题。

1. 顶层设计、宏观规划，谋求装备信息化改造跨越式发展。武器装备信息化改造科技含量高、投资规模大、项目周期长、涉及层面广，整体性和综合性都非常强。外军在信息主导下，注重顶层设计，着眼国家的战略利益和综合国力，提出了较全面的中远期发展规划，制定了较具体的建设计划和目标，其信息化改造逐步朝着重点打造少量武器型号，提高质量效能的方向发展。我军信息化建设正处在起步发展阶段，进行装备信息化改造，从宏观上做好装备信息化改造的发展规划和顶层设计，总体上必须坚持整体发展、全面建设、综合提高。加强系统论证和研究，制定完整系统的发展规划，以指导和规范各阶段、各类后勤装备系统的信息化建设，防止重复建设和资源浪费。要着眼于长远发展，在制定规划的同时，提出相应的步骤和建设对策，确保规划按步骤实施，实现顶层设计的目标，也便于检查评估。同时，还要充分利用成熟技术有计划、有步骤地改造现有装备；争取利用国外技术和现成装备，加强技术和整车引进，为我所用；形成高中低档并存，新老装备合理搭配，支援保障装备和模拟训练器材配套完善，以二代装备改进型为主体，部分三代装备为龙头，一代装备改进型为补充的装备体制。

2. 经济适用、研改结合，探索装备信息化改造集约型路子。信息化装备的科技含量高，研制、使用、维修等代价大，在进行装备信息化改造时，应坚持经济可承受性原则，研改兼顾，走集约型发展道路，加速推进装备信息化发展。对传统机械化装备进行信息化改造，是迅速提升装备保障效能的有效途径。与新研装备相比，改造一代装备的经费只需 1/10，周期可缩短 2/3。针对目前我军现役的许多骨干装备服役时间不是很长的现状，应采取改造策略，通过"附加""嵌入"等方式，使其具备定位导航、数据传输、智能操作、自动检测等信息化功能，通过提高信息技术含量促进机械化装备的升级换代。在改造更新机械化装备的同时，应重点开发新型信息化装备，广泛采用微电子、电子计算机、网络、卫星定位导航、人工智能等技术，提高其自动化、智能化水平，使其科技含量和整体保障效能大幅提升。在装备研制过程中，可采用模拟仿真、虚拟现实等技术，打破常规研制模式，实现在计算机虚拟的未来战场和应用环境中，对新概念装备、新型保障方式和关键技术进行先期演示和验证，提高研制时效，减少投资风险，密切科研机构与用户之间的联系，使研究人员及时掌握部队需求，提高装备的实用性。

3. 横向一体、综合集成，构建装备信息化改造一体化体系。未来的战争将是体系与体系的对抗，它不再强调单一作战平台的作战效能，而是突出武器装备体系的整体效能，这决定了我军装备改造必须注重系统集成、功能综合，注重体系改造。装备"综合集成"，是指应用系统工程思想和信息技术，按照统一的软件、标准和规程，将各独立的装备集成为功能齐全、优势互补、高效运转的保障系统，进而将装备系统与指挥通信系统、业务管理系统整合为一个综合大系统，减少各系统间的功能重叠，实现整体效能倍增的过程。综合集成，是系统科学方法论在军事领域的延伸，不单纯是一个技术问题，而是大系统的思想和方法在装备建设中的具体运用，是一种全新的军事理念，是装备网络化的高级形式。综合集成既是军队装备实现信息化改造的根本途径，也是装备信息化改造的最高层次。美军经验表明，部队经综合集成后，人员和装备约减少25%，作战效能提高3~5倍。我军装备综合集成建设，可借鉴美军经验，成立专门的装备综合集成领导机构和研究机构，并加强与指挥通信、业务管理各主管部门的协调，选择具有代表性的部队单位，进行成建制装备综合集成试验，对综合集成的总体建设方案，相关的软件、标准和规程，及新的装备编配标准和组织体制等问题进行研究论证。在此基础上，科学构建一体化装备体系，稳步推进装备信息化改造进程。一是要重视武器装备系统，而不局限于单件装备的改造，着眼于改进和提高武器系统的整体质量和效能。武器装备的信息化，要求运用系统工程和信息网络技术，充分考虑单件装备与整个系统的兼容和配合问题，将指挥、控制、通信、计算机、监视和情报侦察等各个要素加以系统集成，并扩展至各平台，使从探测器到武器装备操作人员的各个环节处于同一综合电子信息系统中。二是要打破装备改造的军种界限，注重从全军的高度重新组合各种作战力量，加强各军种装备在协调、配合、兼容等方面的改造。强调一体化的联合作战体系，强调全军装备的功能结构体系，把各军种的相应功能有机地纳入全军的大系统，实现真正意义上的互联互通。主要应用数据链技术、网络技术、接口技术、通信与信号技术等现代信息技术，对装备实施改造。三是要实现不同军种间的广泛合作，从而有利于我军装备实施"移植法"改造。所谓移植，就是将原用于某种平台的先进信息装备移植到其他平台，尤其是跨军种的移植。例如，美军打算使其 B-52H、B-1B 和 B-2A 等战略轰炸机分别服役到2044年、2038年和2040年，为此制定了对这几种机型的现代化改进计划。三种飞机都将移植海军的 Link-16 数据链和特高频（UHF）、极高频（FHF）卫星通信设备，以实现飞机与飞机、飞机与地面指挥所以及飞机与侦察监视平台之间的信息实时传递。美陆军打算移植空军的 AIM-120 中距空空导弹，用于防空。美海军移植了陆军的"毒刺"导弹，用于军舰防空。

4. 军民结合、国际合作，提升装备信息化改造协同性水平。当前，我军装备信息化建设尚处于起步阶段，水平较低。相对而言，国家信息化建设起步较早，已取得一定的成绩，可为军队信息化改造提供基础设施、人才、技术等多方面的支持。因此，应充分依托国家和社会技术力量，利用信息技术便于传播、不易垄断、可以共享的高度扩散性特点，采取军地联合、协作攻关、成果共享的研发模式，提高装备信息化改造水平，加速推进军队装备的信息化建设。近几年，美国军方提倡直接选用或稍加修改成熟的民用技术、民用产品"快速植入武器系统"，收到很好的效果，其中对 UH–60M "黑鹰"直升机的改造就是一个典型的例子。美军在 UH–60M "黑鹰"上引入为民用研制的增加容量的现代化飞行控制计算机（AFCC），这种民用技术或产品不仅经济可靠而且提高了飞机执行任务率，同时以较低的费用增加了其他机载航空设备的自诊断和维修能力。新的飞控计算机是作为民用商品采购的，平均故障间隔时间大大增加，故障能够自诊断并能立即排除，从而大大缩减了维修测试和停机时间，提高了战备完好性。另外，在"黑鹰"上还采用了 Sikorsky 公司为民用 S–92 直升机开发的旋翼。该旋翼提高了"黑鹰"直升机的航程，可在高速及提高飞行高度的情况下增大提升能力，增强了"黑鹰"直升机的灵活性，同时也降低了使用与保障费用。我们应该借鉴美军的成功做法，立足本国经济建设实际，走以民促军、军民结合、寓军于民的装备改造之路，积极与民用工业部门展开合作，充分发挥民营企业的技术优势，广泛采用民用先进技术和民用产品改造装备，努力提高装备的军事效益和经济效益。一是采取各种措施，促进民用高新技术向军品转化；二是在国家层面上统一制订军民兼容的高新技术发展计划；三是加强军民协调合作，及时把装备改造的需求反映到高新技术特别是信息技术研发主体中。此外，从武器装备的发展来看，开展国际合作，可以弥补本国财力和科技力量的不足，实现优势互补，降低投资风险。研究表明，两国合作研制武器比一国独自研制可节省30%费用，而多国联合研制则可节省费用50%左右。装备信息化改造也应借鉴此经验，加强国际合作，引进先进技术。这样既可提高研制起点，缩小差距，也可获取先进的国防科研和生产管理经验，提高我国军工技术和生产能力，为发展我国军工产业奠定基础，从而使我军装备信息化建设紧跟时代发展的步伐。

5. 打破常规、人才优先，培养装备信息化改造复合型人才。发展信息化装备，人才是关键。如果没有高素质的信息化建设人才，装备信息化改造将无从谈起。因此，努力培养和造就一支适应装备信息化建设需要、结构合理、综合素质高的人才队伍，既是装备信息化改造的紧迫任务，又是装备信息化改造持续健康发展的重要保证。装备信息化改造人才的培养，要着眼我军装备信息化建设的实际，在培养起点上求高，方法上求新，途径上求宽，全力打造新型高素质的装备信息化建设人才队伍。一是更新内容，调整知识结构。院校教育要打破专业限制，重视综合素质的培养，增加高科技知识、新型装备知识等内容，逐步加大信息技术课程比重，努力培养能够担负装备信息化建设重任的高素质人才；二是多途径、多方法培养人才。重视利用国家教育资源，依托地方高校培养军队所需的人才，形成制度健全、军地结合的干部培训机制。选派优秀装备人才到一些发达国家深造，学习先进技术和装备研发经验，以开阔视野，促进装备信息化建设和发展；三是树立正确识才用人观念。按照信息化建设要求，建立和完善人才激励机制。对表现突出、功绩卓著、潜力巨大的信息化人才，要敢于打破常规，破格使用，优先提拔，切实做到人尽其才，才尽其用，营造拴心留人的良好环境。

参 考 文 献

［1］黄毓义. 装备财务管理研究［M］. 北京：军事科学出版社，2003.

［2］黄毓义，熊斌. 装备财务管理学［M］. 北京：军事科学出版社，2009.

［3］王凌智. 军队装备财务的形成和发展研究［M］. 北京：海潮出版社，2011.

［4］魏汝祥，汤月华. 装备经费管理学［M］. 北京：国防工业出版社，2004.

［5］谈彩云，侯冲等. 科研费管理现状及对策［J］. 军队审计，2012（12）.

［6］王艺，刘晋伟等. 浅谈军队院校、科研机构科研经费管理［J］. 军用航油，2009（5）.

［7］杨闽湘，李翌琼. 我国装备科研投资存在的问题及对策［J］. 军事经费研究，2012（4）.

［8］肖斌，张洪滨. 装备财务信息资源管理问题研究［J］. 海军工程大学学报（综合版），2012（3）.

［9］卢兴森，辛学伟. 大力加强装备经费预算管理［J］. 基层建设，2009（5）.

［10］闫国瑛，杨成山等. 高校科研单位科研经费的预算管理［J］. 青海大学学报（自然科学版），2009（4）.

［11］祁玉峡. 科学事业单位科研项目经费预算管理［J］. 河南科技，2011（9）.

［12］王子江. 装备经费预算管理要强化"三性"［J］. 装备学术研究，2010.

［13］包楚林，陈玉锋. 装备经费经费预算绩效初探［J］. 军队审计，2011（4）.

[14] 孙海明. 对装备经费预算编制的思考 [J]. 装备学术研究，2010.

[15] 陈惠玲. 加强装备经费预算管理之我见 [J]. 西北装备，2009 (5).

[16] 万东铖. 经济增长与国防费规模 [M]. 北京：中国经济出版社，1998.

[17] 卢周来. 剑与犁——当代国防经济的理论与实践 [M]. 北京：石油工业出版社，2003.

[18] 赵黎明. 中国国防支出需求 [J]. 统计研究，2005，(1)：28 – 29.

[19] 陈渤. 国防开支与经济发展 [M]. 北京：解放军出版社，2004.

[20] 陈波. 中国国防经济学：2007 [M]. 北京：中国财政经济出版社，2008.

[21] 李国亭. 关于我国国防费投入的若干定量研究 [J]. 管理学报，2004，1 (3)：309 – 315.

[22] 曾立，张雄. 决定军费开支规模的主观性因素对比分析 [J]. 中国国防经济，2008，(1)：25 – 28.

[23] 刘国靖，胡伟，陈廷. 1996～2005 年美日俄印中五国军费支出项目结构的综合比较 [J]. 中国国防经济，2008，(5)：47 – 51.

[24] 黄继业，许保增，邱新力. 对科学确定军费投向投量的思考 [J]. 军事经济研究，2008，(3)：36 – 37.

[25] 赵梅，何洪伟. 和平发展背景下我国军费需求与投入分析 [J]. 经济师，2008，(11)：46 – 47.

[26] 张朝阳，郭佳，吕颖，赵熙. 国防费投入的优先次序研究 [J]. 军事经济研究，2007，(10)：20 – 22.

[27] 徐娟，王慧岚. 美军战斗力生成模式及对我军军费分配结构优化的启示 [J]. 军事经济学院学报，2009，16 (1)：94 – 96.

[28] 潘爽亮，程雄杰，陈金鑫. 适度军费规模与支出结构的估计与分析 [J]. 统计与决策，2008，(22)：120 – 122.

[29] 郭佳，吕颖. 我国国防费结构优化的现状判断及实证分析 [J]. 军事经济研究，2009，(2)：21 – 24.

[30] 袁迎珍，我国国防费最优结构的确定——对军兵种间分配比例的实证研究 [J]. 南华大学学报（社会科学版），2009，10 (4)：21 – 24.

[31] 林晖，刘玲霞. 国防费最优规模研究——以中国、美国为例 [J]. 中

国国防经济，2008，（5）：42 - 46.

[32] 王通信，黄文寿，徐克洲，王凤才．外国国防费的投入、投向和管理 [J]．军事经济研究，1995，（2）：90 - 92.

[33] 韩国玉，果增明，刘延年等．外军武器装备经费向量分析 [M]．北京：中国统计出版社，2006.

[34] 游光荣，李伯亭，孙小静，赵林榜，于东涛．世界武器装备建设经费投入规律及对我军的启示 [J]．军事经济研究，2000，（10）：31 - 34.

[35] 张怀强，刘宝平，魏汝祥．基于遗传小波网络的舰船购置费预测研究 [J]．装备指挥技术学院学报，2003，14（6）：9 - 11.

[36] 耿东华，李霖．美军武器装备科研费投量简析 [J]．中国国防经济，2007，（3）：94 - 98.

[37] 孙小静，游光荣．21 世纪初世界各国军队装备建设投入分析 [J]．中国国防经济，2003，（3）：95 - 98.

[38] 陈培培，果增明，张沙沙．基于极端"理性行为"模型的装备研制费投量研究 [J]．科技进步与对策，2007，24（11）：41 - 43.

[39] 焦旭金．我国国防装备费支出与经济增长关系的实证分析 [J]．中国国防经济，2008，（3）：47 - 50.

[40] 严佳，施剑峰．我军陆军武器装备经费投入预期 [J]．军事经济研究，2002，（9）：35 - 36.

[41] 孙小静，游光荣．美军 2003 财年装备建设投入分析 [J]．军事经济研究，2002，（11）：74 - 75.

[42] 孙小静，付勇，牛薇，游光荣．军队装备建设投入与国家经济增长 [J]．中国国防经济，2006，（5）：63 - 67.

[43] 刘汉荣，谢文秀．美国和台湾地区装备费分析及思考 [J]．指挥技术学院学报，2001，12（1）：78 - 81.

[44] 周洲．论国防装备经济投入与国民经济协调发展——基于中国和美国相关数据的实证分析 [J]．军事经济研究，2007，（3）：21 - 24.

[45] 胡雄斌，罗刚强．外军陆军武器装备价格变化与经费投入影响分析 [J]．中国国防经济，2002，（3）.

[46] 高峰，王剑英．我军武器装备经费配置结构优化探讨 [J]．军事经济学院学报，2010，17（5）：11 - 13.

[47] 王保存.“民技军用”是发展信息化武器装备体系的重要保障——世界主要国家推行“民技军用”情况与启示 [J]. 军事经济学院学报，2006，13 (1)：86 – 89.

[48] 胡滨，穆永民，霍梦兰. 以科学发展观统筹我军武器装备信息化建设 [J]. 南京政治学院学报，2006，22 (5)：90 – 91.

[49] 肖慧鑫，王静滨，彭小龙. 21 世纪外军武器装备信息化发展和对我军的启示 [J]. 国防科技，2006，(3)：17 – 20.

[50] 弥晨，胡晓峰，杨镜宇，张志伟. 信息化武器装备体系概念演示验证仿真系统 PSR 集成策略研究 [J]. 军事运筹与系统工程，2007，21 (1)：3 – 7.

[51] 倪忠仁. 武器装备体系对抗的建模与仿真 [J]. 军事运筹与系统工程，2004，(1)：2 – 6.

[52] 果辉，李霖，杨晋辉. 试论信息化武器装备体系建设 [J]. 装备指挥技术学院学报，2007，18 (6)：6 – 9.

[53] 张万年. 当代世界军事与中国国防 [M]. 北京：军事科学出版社，1999.

[54] 张最良，李长生，赵文志，等. 军事运筹学 [M]. 北京：军事科学出版社，1993.

[55] 周娟，魏汝祥. 基于 AHP 和 CCGP 的装备购置费分配优化模型 [J]. 装备指挥技术学院学报，2004，15 (1)：39 – 42.

[56] 霍华. 军事装备维修费效益研究 [D]. 国防科学技术大学硕士论文，2006.

[57] 余高达，赵潞生. 军事装备学 [M]. 北京：国防大学出版社，2000.

[58] 斯德哥尔摩国际和平研究所. SIPRI 年鉴 2005——军备、裁军和国际安全 [R]. 牛津大学出版社，2006.

[59] 贺艳方，樊恭篝. 军费论 [M]. 北京：军事科学出版社，1997.

[60] 辛克革等. 装备价格上涨趋势分析 [J]. 空军装备，2005 (6).

[61] 军事科学院世界军事研究部. 日本军事基本情况 [M]. 北京：军事科学院出版社，2006.

[62] （美）安·马库森，肖恩·科斯蒂冈. 武装未来 [M]. 北京：新华出版社，2000.

[63] 戚世权等. 论制信息权 [M]. 北京：军事科学出版社，2001.

[64] 王普丰. 信息战争与军事革命 [M]. 北京: 军事科学出版社, 1995.

[65] 国防科技要闻 [Z]. 北京: 中国国防科技信息中心, 1999.

[66] 总后勤部司令部内部资料. 日本的军费保障 [Z]. 北京: 解放军出版社, 2010: 75, 82 - 83.

[67] 曲阜来. 外军财力研究 [M]. 北京: 中国财政经济出版社, 1990.

[68] 军事科学院外国军事研究部. 日本军事基本情况 [M]. 北京: 军事科学出版社, 1992.

[69] 军事科学院外国军事研究部. 日本军事基本情况 [M]. 北京: 军事科学出版社, 1997.

[70] 翟刚. 日本国防费管理概况 [M]. 北京: 国防工业出版社, 2010.

[71] 财政部国防司, 中国国防科技信息中心. 世界主要国家（地区）军费管理概况 [M]. 北京: 国防工业出版社, 2003.

[72] 哈特利、桑德勒主编. 姜鲁鸣等译. 国防经济学手册（第2卷）[M]. 北京: 经济科学出版社, 2011: 546.

[73] 万寿义, 王红军. 1949~2009年中国企业成本管理发展历史考察 [J]. 经济问题探索, 2010 (2): 98 - 103.

[74] 王光明. 标准成本法在我国的发展困境及出路 [J]. 会计之友, 2010 (10): 103 - 105.

[75] 周瑜. 制造企业双层动态成本控制研究 [D]. 哈尔滨工业大学, 2012: 64 - 66.

[76] 伍中信. 企业财务控制和评价——基于人本与成本理念的创新研究 [M]. 北京: 经济管理出版社, 2006: 107 - 129.

[77] 柴建国. 浅析工程项目责任成本管理与控制 [J]. 山西建筑, 2010 (29): 245 - 247.

[78] 赵海明. 标准成本法与作业成本法的结合应用研究 [D]. 山东农业大学, 2014: 21 - 25.

[79] 李维, 吕彬. 美军武器装备采办里程碑节点审查 [M]. 北京: 国防工业出版社, 2015 (1): 135.

[80] 周璞芳, 刘志伟等译. 美国国防部指示（DODI5000.02）《国防采购系统的运行》[M]. 北京: 后勤学院学术研究部, 177 - 187.

[81] 丁宁. 电子装备形成过程成本监控策略研究 [J]. 海军工程大学学报

（综合版），2014（4）：70 – 73.

［82］崔学良，韩坚，钟强晖. 装备研制过程中"技术"与"经济"双控的几点思考［J］. 海军工程大学学报（综合版），2014（01）：50 – 54.

［83］陈芳仁，谢文秀. 装备研制过程成本监控机制研究［J］. 现代经济信息，2012（15）：107 – 111.

［84］杨天天. 军品目标成本价格管理困境及对策研究［J］. 科技创业月刊，2015（11）：66 – 68.

［85］秦旭. 现行军品定价机制对装备费用的影响［J］. 军事经济研究，2012（07）：29 – 31.

［86］曾鹏，魏法杰，乐群星. 基于 WBS + BP 的武器系统研制成本控制体系研究［J］. 中国管理科学，2005（10）：288 – 292.

［87］张丽叶，郑绍钰. 基于 LS – SVM 的装备研制费用建模与分析［J］. 兵工自动化，2009（2）：16 – 21.

［88］陆俊勇. 航天型号项目成本估算方法研究与实现［J］. 上海航天，2013（5）：68 – 72.

［89］熊华文，王光秋. 大型民用飞机涡扇发动机采购成本研究［J］. 民用飞机设计与研究，2014（3）：96 – 102.

［90］常金平. 武器装备研制费用数据信息的采集和分配方法研究［J］. 2012（1）：96 – 98.

［91］马景润，潘晓丹，成俊勇. 工艺成本控制在装备研制成本监控中的应用［J］. 军事经济研究，2015（3）：50 – 51.

［92］李思. 基于 TRL 武器装备研制项目定价模型研究［D］. 国防科技大学，2011：24 – 28.

［93］双海军. 武器装备采购中的监督和激励机制研究［D］. 重庆大学，2010：63 – 65.

［94］马应兴，顾桐菲. 重构装备市场进入管制的必要性及政策建议［J］. 军事经济研究，2013（4）：30 – 32.

［95］顾桐菲，赵宪武. 最优结构模型的装备市场进入管制重构［J］. 军事经济研究，2013（3）：27 – 29.

［96］技综字第 2439 号文. 武器装备研制合同暂行办法实施细则. 国防科工委和国家计委，1995.

［97］全军军事术语管理委员会和军事科学院．中国人民解放军军语（全本）［M］．北京：军事科学出版社，2011（12）：524．

［98］谢文秀，张跃东．装备经济管理［M］．北京：国防工业出版社，2010（5）：132．

［99］字第1765号文．国防科研项目计价管理办法．财政部和国防科工委，1995．

［100］现代汉语词典（第六版）［M］．北京：商务印书馆，2012（6）：597、630．

［101］理查德·L.达夫特．组织理论与设计（第10版）［M］．北京：清华大学出版社，2013（6）：12．

［102］刘宝平，钟强晖．装备科研价格审核［M］．北京：国防工业出版社，2015（1）：18．

［103］装字第329号文．国防科研项目"里程碑"拨款管理办法［Z］．总装备部，2001．

［104］张维迎．博弈论与信息经济学［M］．上海：致格出版社，2004（11）：35-36．

［105］道格拉斯·诺斯著，杭行译．制度、制度变迁与经济绩效［M］．上海：上海人民出版社，2014（4）：125-130．

［106］李维，吕彬．美军武器装备采办里程碑节点审查［M］．北京：国防工业出版社，2015（1）：27．

［107］张彩波，韩伯棠．武器装备研制费用管理与控制方法的国内外比较［J］．国防科技组织创新与装备费用管理高级研讨会论文集，2005：61-66．

［108］贺新闻，王艳，李玉同．美国国防科技重大工程组织管理模式及其启示［J］．2011国防科技工业科学发展论坛论文集，2011：487-493．

［109］王磊，张代平．美军装备采办管理的主要做法与改革走向［J］．科技创新与品牌，2013（12）：58-61．

［110］Derks H. R. Capitalism and the Rise of Double-entry Bookkeeping［J］. Business & Financial History, 2008, 18（2）：190-230.

［111］Mclean T, Tyson T. Standard Costs, Standard Costing and the Introduction of Scientific Management and New Technology into the Post - Second World War Sunderland Shipbuilding Industry［J］. Accounting, Business & Financial History,

2006, 16 (3): 389 –417.

[112] Smith J A. Handbook of Management Accounting [M]. Elsevier, 2007: 134 –137.

[113] Turner L E. Learning from Accounting History: Will We Get It Right This Time? [J]. Issues in Accounting Education, 2006, 21 (4): 383 –407.

[114] Roth W F. Is management by objectives obsolete? [J]. Global Business & Organizational Excellence, 2009, 28 (4): 36 –43.

[115] Malmi T, Granlund M. In Search of Management Accounting Theory [J]. European Accounting Review, 2009, 18 (3): 597 –620.

[116] Catherinestenzel, Joe Stenzel 著. 吕洪雁译. 成本管理精要 [M]. 北京: 中国人民大学出版社, 2004 (12): 10 –12.

[117] Searcy D L, Roberts D. Will Your ABC System Have What it Takes? [J]. Management Accounting Quarterly, 2007, 8 (3): 2007.

[118] Peter. B. The ABC Performance Breakthrough Cost Technology [M]. 1991: 70 –78.

[119] Perry, Robert, Smith, G. K. , Harman, A. and Henrichsen, S. System Acquisition Strategies [M]. Santa Moncia: Rand, 1971: 733.

[120] Martin, C. E. Team-based Incremental Acquisition of Large-scale Unprecedented System [J]. Policy Sciences, 1992, 25 (1): 34 –40.

[121] McNaugher, Thomas L. Defense Management Reform: For Better or For Worse? [M]. Washington DC: Brookings Institution, reprint, 1990: 232 –248.

[122] Austin, R. and Larkey, P. The Unintended Consequences of Micromanagement: The Case Study of Procuring Mission Critical Computer Resources [J]. Policy Sciences, 1992 25 (1): 3 –28.

[123] Peck, M and Scherer, F. The Weapons Acquisition Process [M]. Boston: Harvard University Press, 1962: 50 –56.

[124] Scherer, F. The Weapons Acquisition Process: The Economic Incentives [M]. Boston: Harvard University Press, 1964.

[125] Pugh. P. The Procurement Nexus [J]. Defence Economics, 1993 4 (2): 179 –194.

[126] Laffont, Jean –Jacques and Tirole, Jean. A Theory of Incentives in Pro-

curement and Regulation ［J］. Cambridge, MA: MIT, 1993 (4): 52 – 64.

［127］ Williamson, liver. Economic Organization ［M］. Brighton: Wheatsheaf, 1986.

［128］ Shubik, Martin. On Auction, Bidding and Contracting ［M］. New York: New York University Press, 1983: 44 – 47.

［129］ Cowen, Tyler and Lee, Dwight. The Uesfulness of Inefficient Procurement ［J］. Defence Economics, 1992, 3 (3): 56 – 62.

［130］ Leitzel, Jim. Competition in Procurement ［J］. Policy Science, 1992, 25 (1): 72 – 90.